翻译硕士培养研究:环境与结果

高 黎 著

科学出版社

北 京

内 容 简 介

翻译硕士培养工作开展的时间不长，研究工作亟待深入。本书较为系统地调查和分析了我国七所翻译硕士培养单位的环境和培养结果，一定程度上反映了翻译硕士培养环境和结果的"图景"，揭示了培养环境、专业承诺、学习投入和培养结果变量间的关系。整个研究融合了翻译学和教育学领域的理论，采用定量研究为主、定性研究为辅的混合研究方法，其研究发现将为推进和改革我国翻译硕士培养工作奠定一定的基础。

本书学理性强、逻辑严密、用词严谨，不仅可供翻译硕士教育管理者和研究者参考，而且对跨学科研究者具有一定启发意义。同时，本书提供的培养环境、专业承诺、学习投入和培养结果量表，为翻译硕士培养单位提供了自评工具。

图书在版编目(CIP)数据

翻译硕士培养研究：环境与结果/高黎著. —北京:科学出版社,2017.9
ISBN 978-7-03-054746-0

Ⅰ.①翻… Ⅱ.①高… Ⅲ.①翻译-研究生教育-培养模式-研究
Ⅳ.①H059-4

中国版本图书馆 CIP 数据核字(2017)第 240638 号

责任编辑:祝 洁 郝 悦 / 责任校对:桂伟利
责任印制:张 伟 / 封面设计:陈 敬

科 学 出 版 社 出版
北京东黄城根北街 16 号
邮政编码: 100717
http://www.sciencep.com

北京九州迅驰传媒文化有限公司 印刷
科学出版社发行 各地新华书店经销
*
2017 年 9 月第 一 版 开本:720×1000 B5
2018 年 5 月第二次印刷 印张:14 1/2
字数:284 000
定价: 88.00 元
(如有印装质量问题,我社负责调换)

前　　言

本书研究工作的开展缘起于我国翻译硕士专业学位的"大发展"。与 20 世纪 90 年代设立的专业学位相比,翻译硕士专业学位的发展令人瞩目。这一专业学位在我国开设的时间虽不足 10 年,但培养单位的数量已逾 200 所。也就是说,我国近 1/10 的大学已经开设了翻译硕士专业学位。然而,这些培养单位的翻译人才培养环境和人才培养结果还鲜有研究涉及。

本书对我国七所翻译硕士培养单位(有三个年级研究生)中的 844 名学生进行了问卷调查和访谈。所开展的研究具有如下特点。

(1) 内容新。一是较大规模地调查了我国翻译硕士培养环境与结果的状况及其人口统计特征和院校特征变量上的差异。二是较大规模地调查了我国翻译硕士专业承诺和学习投入状况及其院校特征变量上的差异。三是检验了翻译硕士培养环境和结果的中间变量。四是构建了翻译硕士培养环境、专业承诺、学习投入和培养结果四个变量的关系模型。

(2) 方法新。本书所开展的研究基于前人理论,编制并检验了翻译硕士培养环境量表和职业胜任力量表,提供了评估翻译硕士培养环境和职业胜任力的新方法。此外,研究中不仅使用了较为常用的 SPSS 软件进行统计分析,而且采用了管理学科中的 ANOS 软件来构建变量间关系模型。

(3) 见解新。首先,指出了我国翻译硕士培养环境主要问题之所在——社会环境,翻译职业的地位和收入直接影响了翻译硕士培养的社会环境。其次,发现我国翻译硕士职业胜任力不高的原因在于专业知识的欠缺。再次,通过量化实证研究,验证了翻译硕士专业承诺和学习投入是培养环境和职业胜任力的中间变量。最后,发现培养环境对于职业胜任力的间接作用大于直接作用,也就是说,培养环境只有通过专业承诺和学习投入才能更有效地增强翻译硕士的职业胜任力。

整个研究历时一年多,得到了很多老师的帮助,首先感谢南京大学教育研究院的汪霞教授。汪老师是我的导师,正因为她的悉心指导,这一研究才得以完成。同时感谢吕林海副教授和汪雅霜博士,两位老师的建议和帮助让我感动和难忘。还要感谢南京大学教育研究院各位老师和有缘认识的同窗,谢谢你们的帮助。此外,感谢协助问卷发放工作的老师们，谢谢你们！最后要感谢的是我的家人，你们是我永远的依靠，没有你们的支持，这一切是不可能开始的。

　　由于时间仓促，作者水平有限，书中难免出现不妥之处，敬请读者批评指正。

作　者

2017 年 4 月

于西北大学桃园校区

目　　录

第一章　绪　　论

第一节　研究背景与意义

一、研究背景

（一）培养专业人才已成社会发展的迫切需要

大学的一个重要职能是培养人才，而究竟培养什么样的人才，则与社会发展阶段和需要有密切的关系。美国最初设立"殖民地学院"是为了培养统治阶级（牧师和官员），注重的是"训练心智"和"装备心灵"（高黎，2012）。当社会发展到 19 世纪 60 年代，美国最古老的大学面对当时社会的需要，提出了"自由选修制"的课程改革方案，学生被赋予选课的自由（高黎等，2012）。同时期美国各地纷纷成立的"赠地学院"，也表明了大学对于社会需要的积极回应。

20 世纪初期美国经济发展对中层管理者提出专门性培养的要求（Daniel，1998），产生了世界上第一个专业硕士学位——工商管理硕士（master of business administration），此后其他专业学位如教育硕士也相继设立。60 年代英国政府根据社会发展需要，发布了《罗宾斯报告》（*The Robbins Report*），提出研究生工作重心应从学术型学位教育转向专业学位教育（Robbins，1963）。

21 世纪初期，与英美国家人才培养发展轨迹类似的是，专业学位教育，尤其是专业硕士学位，也成为我国研究生教育工作的重点。国务院学位办主任、中国科学院院士杨玉良指出，我国经济社会快速发展，经济结构处于调整和转型期，职业分化越来越细，职业种类相应越来越多，技术含量也越来越高，社会各专业领域对高级专门人才的需求越来越强烈，专业学位教育具有的职业性、复合型和应用型的特征逐渐为社会所认识，因此必须加大专业学位研究生的培养（教育部，2009）。不仅如此，积极发展专业学位研究生教育，已列入《国家中长期教育改革和发展规划纲要（2010—2020）》和《国家中长期人才发展规划纲要（2010—2020）》中（黄宝印，2010）。高等教育的应用性越来越彰显出专业学位教育的巨大的生命力（王建华，2013）。

由此可见，专业人才的培养与各国社会发展阶段及需要有密切联系。我国现阶段社会发展已将研究生教育工作重点转向专业硕士教育。选择翻译硕士专业学位为研究对象,一方面是缘于国家目前政治、经济和文化发展对于大量翻译人才需求的紧迫性,另一方面是因其在我国全日制专业硕士教育中占据的地位很高。

（二）国家发展需要大量高层次翻译人才

大力发展和培养专业学位研究生,毫无疑问已成为我国研究生教育工作的重点,而培养大量高层次翻译人才则是其重要组成部分。政治外交上,我国已与全世界193个国家中的175个国家建交(外交部,2017)。国家地位的不断提升和影响力的日益增强,参与国际事务程度的不断加深及不同层次和形式国际政治交往的增多,使得高层次翻译人才培养工作显得尤为迫切和重要(教育部,2009)。

经济外交上,知识经济和服务经济给翻译产业带来前所未有的发展机遇。国际贸易进出口额呈现的增势,更是反映了对于高层次翻译人才的需求量。李克强总理在夏季达沃斯论坛致辞中预计,未来5年中国进口将达10万亿美元,对外投资5000亿美元,出境旅游超过4亿人次(李克强,2013)。这些数字在展望未来经济发展走势的同时,也表明我国翻译产业将迎来更多机遇。

文化外交上亦是如此。以图书出版为例,我国已先后启动了一系列文化宣传工程。"大中华文库"出版工程被列入国家"九五""十五""十一五""十二五"出版重大工程,同时,国家还先后启动了"经典中国国际出版工程""中国图书对外推广计划""中国文化著作翻译出版工程"等项目。这些均说明中国文化典籍英译工作已上升为国家战略工程(王宏,2012)。然而,令人遗憾的是制约中国图书发展的仍是翻译(中央文明办,2015)。显然,培养更多高层次翻译人才是国家发展所需。

（三）翻译硕士发展速度与规模令人瞩目

全日制专业硕士研究生的培养,无疑已成为我国研究生工作的重点。事实也确是如此。仅2010年一年我国就新增19种专业硕士学位,报考2016年专业硕士研究生的人数更是出现新高,占报名总人数的48%,几乎与学术型硕士报名人数平分秋色(中国教育报,2015)。根据最新的《学科目录》,我国目前共有46种专业学位,其中1种为学士学位,40种为硕士学位,5种为博士学位(教育部学位与研究生教育发展中心,2017)。之所以特别关注翻译硕士研究生培养工作,则是基于该学位的发展特征。

翻译硕士专业学位虽只是我国2007年设立的第18个专业硕士学位,就其发展历史而言,只有10年的时间(李军等,2007)。就其发展规模而言,却已成为我国第二大专业硕士学位,仅次于工商管理硕士(上海外国语大学研究生部,2013)。若是与工商管理硕士作为我国第一个专业硕士学位所具有的二十余年发展历史相比,翻译硕士教育发展的速度和规模无疑是惊人的。具体来说,2007年首批翻译硕士培养单位仅为15所,2008年新增25所,2010年剧增118所后(孔令翠等,

2011),2014 年又增 47 所翻译硕士培养单位。截至 2017 年 7 月,我国翻译硕士培养单位已达 215 所(广东外语外贸大学 MTI 教育中心,2017)。无疑,翻译硕士培养单位的增速和规模,已使其在专业学位研究生教育中占据了重要地位。

选择翻译硕士进行研究的另一个重要原因,是其所处的特殊发展阶段。一方面是因其设立时间尚短,属于新兴专业学位,还较为缺乏培养高层次应用型翻译人才的经验;另一方面它虽无法与那些早期设立的专业学位相比,却比我国几乎近半的专业硕士学位都要"历史悠久"。研究翻译硕士人才培养工作因此具有"承上启下"的重要性。

我国目前共有 40 种专业硕士学位(教育部学位与研究生教育发展中心,2017)。若从 1990 年的第一个专业硕士学位算起,我国专业硕士教育目前已有 27 年的发展历史(黄宝印,2007)。然而,纵观其发展过程,这方面的工作不能说是有序的,所出现的异常增长现象是值得关注和研究的。具体说来,第一个 9 年里我国设立了 6 种专业硕士学位(工商管理硕士、建筑学硕士、法律硕士、教育硕士、工程硕士和临床医学硕士);接下来的 11 年则新增 13 种专业硕士学位;而 2010 年一年就增加了 19 种专业学位(周逸梅,2010)。可以看出,我国专业硕士教育工作只是实现了专业学位种类数量的增长,接下来的工作需要从"量"转移到"质"上。翻译硕士专业学位的发展特征,使其成为开展其他专业学位人才培养工作的"跳步"。聚焦培养环境对翻译硕士职业胜任力的影响,则是根据我国翻译硕士教育研究现状提出的。

(四)翻译硕士培养工作亟待深入

我国政治、经济和文化的发展,已为翻译硕士学位的设立提供了良好的契机和环境。不过,直面我国翻译硕士培养工作现状,不得不承认的是,这一学位设立的时间仅 10 年,仍处于探索期,其人才培养质量和培养环境的状况还有待深入研究。对于翻译硕士培养质量,有学者认为这些人才应能直接上岗,满足社会各行业对于翻译工作的实际需要,其培养应与职业岗位需求密切相关,应追求职业化(黄忠廉,2010)。不仅如此,他们还应具有专门的职业素质和职业道德,了解职业的特点,具有职业能力和素养(穆雷,2012)。

对于翻译硕士培养环境,我国则存在较多问题。翻译人才实际培养工作中,出现了培养目标偏高、实践基地匮乏、师资专业化程度不高、教学资源有限等问题(孔令翠等,2011)。对此,翻译硕士学位发起者之一广东外语外贸大学穆雷教授(2012)尖锐地指出问题所在:目前缺失职业翻译教育开设准入门槛,教学内容与职业能力培养脱节,一些高校在培养翻译硕士的过程中,仍沿袭学术型硕士教育的理念和模式,以致人才培养与市场需求脱节。也就是说,培养出来的翻译人才,并不能胜任翻译工作的要求。为此,她建议以职业翻译从业者的标准为培养目标,建立市场需求为导向的培养机制；教学环境应以模拟/仿真的职业环境为主，并要在真实职业环境中实践；教学内容应包括职业道德、规范、素养和技术等；教材应增加职业翻译相关主要内容，纸质和电子教材相结合；由高校教师和职业从业人员共同教学；教学管理由教学单位和业界相关单位共同进行（穆雷，2012）。

学者董洪学在考察了翻译硕士专业学位教育培养实践后，也表达了类似的观点。他从专业学科定位、课程设置与培养过程及管理与评价体系建设三个方面指出培养工作存在的问题：一些院校沿用了学术型人才培养模式和课程来培养专业学位研究生，也有院校过分强调翻译硕士的技能性和实践性，忽视了理论学习和素质教育；课程设置方面存在相关实践课程设置不足、理论课比重过大、未能根据院校和地区特点开设特色课程等问题；管理与评价方面，仍缺乏较完善的翻译硕士教育评估标准和评价体系（董洪学，2012）。显然，我国翻译硕士研究生培养工作存在诸多问题，培养环境虽为学者们所诟病，但尚未得到深入研究。

（五）研究兴趣与知识积累的选择

好的研究选题不仅应具有时代精神、符合国家发展所需，而且应符合研究者的知识结构、研究兴趣和研究积累。从知识结构来说，研究者应具有翻译学所属的外国语言文学学科和高等教育学学科的教育背景，具有这两个学科的知识储备。笔者本科教育所属学科为外国语言文学，硕士研究生教育为英语教育，并在高校从事英语教学和翻译硕士培养工作，具备较为丰富的语言学知识和翻译学知识。同时，笔者攻读博士学位期间的学习，发展了在高等教育学理论方面的知识。研究积累上，笔者近年主持和参与了大学课程与就业方面的研究项目，为继续深入开展这方面的研究提供了预备和训练。笔者主要参加的课题有国家社科项目"高校课程结构调整与大学生就业问题研究"和全国翻译硕士专业学位教育指导委员会项目"翻译硕士就业能力实证研究"。笔者主持的项目有江苏省普通高校研究生科研创新项目"就业能力嵌入式课程评价体系研究"（2012年）、陕西省教育厅项目"陕西省高校外语课程就业能力发展机会研究"（2013年）和"翻译硕士就业能力实证研究"（2015年）。

此外，决定写作本书的一个重要原因是研究兴趣。对于目前出现的堪称"火爆"的翻译硕士学位点飞速增长的现象，研究者在为翻译人才培养工作发展而喜悦的同时，不免对这种现象产生了担忧和疑问：我国不同地区、不同类型和层次高校，翻译硕士培养环境与人才培养质量究竟如何？两者间的关系如何？如何进一步提升翻译人才培养质量？带着这些疑问，本书研究就此拉开序幕。

二、研究意义

专业学位研究生教育是我国研究生教育工作的重点和发展方向。我国目前开设的专业硕士学位已达 39 种,而翻译硕士专业学位的发展规模,使其堪称第一大全日制专业硕士学位。研究培养环境对翻译硕士职业胜任力的影响,对于翻译专门人才培养工作和其他新兴专业学位的发展具有重要意义。具体来说,其理论意义和实践意义如下。

（一）理论意义

1. 有助于发展翻译专门人才培养理论

翻译硕士培养的是应用型翻译人才,不同于以往学术型人才的培养,需要进行专门研究。就翻译学的发展来说,它在我国成为一门独立学科的历史只有十多年,而应用型翻译人才培养工作发展的时间仅 10 年。虽然说学术型翻译人才培养工作,可追溯到 20 世纪 70 年代末,至今已积累了一些培养学术型翻译人才的经验,但就应用型翻译专门人才的培养而言,却还处于探索阶段。

目前我国翻译硕士培养单位已逾 200 所,翻译专门人才培养工作处于蓬勃发展期。但就我国专业学位整体发展来说,还不足 30 年,这方面的人才培养经验即使有些积累,但具体到翻译硕士这一新兴的专业学位上,则较为匮乏。尽管《翻译硕士专业学位设置方案》早已明确了该学位人才培养目标为"高层次、应用型高级翻译专门人才"（国务院学位委员会,2007a）,更具体说是"培养德、智、体全面发展,能适应全球经济一体化及提高国家国际竞争力的需要,适应国家经济、文化、社会建设需要的高层次、应用型、专业性口笔译人才"（国务院学位委员会,2007b）。然而,就目前我国翻译人才培养工作来说,人才培养过程和培养结果方面的研究,还较为缺乏。研究培养环境对翻译硕士职业胜任力的影响,融合了教育学、管理学、心理学和翻译学领域的理论,有助于深化对于翻译人才培养过程的认识,较为客观准确地把握我国翻译人才培养环境和职业胜任力发展现状,明晰影响翻译硕士职业胜任力的因素,并进而发展应用型翻译人才培养理论。

2. 丰富翻译硕士教育研究的方法论

我国专业学位教育研究虽有一定的研究积累,但就新兴的翻译硕士专业学位教育而言,各方面还处于探索发展期,方法论方面的建设亦是如此。翻译学本身是一门新兴学科,方法论的建设和研究者方法论意识的培养因而面临更多挑战（罗列等,2010）。若是进一步具体到应用型翻译人才的培养,方法论方面的工作更是亟待发展。

翻译硕士培养的是应用型翻译人才,不同于学术型人才的培养。研究翻译硕士培养工作,单一学科的视角不易全面深入地把握情况。翻译学是人文科学领域一门独立学科,但应用型翻译人才的培养,并不仅仅需要人文科学知识（谭载喜,

2004)。翻译硕士培养的是职业人才,为专业硕士教育的一部分。专业硕士教育的发展,需要多学科的合力。对于专业硕士培养的研究,也需要多学科知识的融合。研究培养环境对翻译硕士职业胜任力的影响,运用了教育学、心理学和翻译学的理论,以及管理学常用的结构方程模型方法,并应用了方差分析和多元回归分析等多种统计分析方法,一定程度上丰富了翻译硕士教育研究方法。

3. 有助于发展其他新兴专业学位人才培养理论

我国已有的 39 种专业硕士学位,大多为 2010 年当年或此后设立的学位,其人才培养工作经验显然还不够丰富,相应的人才培养理论也亟待发展。聚焦翻译硕士专业学位,研究培养环境对翻译硕士职业胜任力的影响,能够较为客观地揭示出翻译职业人才培养环境和培养结果的关系,以及其中间变量的作用。研究发现和结果对于其他新兴专业学位开展类似研究,发展和形成专业人才培养理论,具有一定的借鉴和启发意义。

(二) 实践意义

1. 提供评估翻译人才培养质量的视角和方法

翻译硕士课程是为了培养高层次翻译专门人才,人才培养质量需要通过具体的指标来衡量。2012 年开展的翻译硕士课程评估,是全国翻译硕士教学指导委员会对第一批 15 所翻译硕士试点院校课程的评估。这次评估关注了课程设置和师资队伍等方面的情况,但缺乏对于人才培养质量的测评,影响了评估工作所能发挥的作用。研究分析翻译硕士职业胜任力,提出了衡量翻译人才培养质量的新视角。同时,研究编制的翻译硕士职业胜任力量表和获得的翻译硕士职业胜任力的标准化回归方程,为客观测量翻译人才职业胜任力提供了具体方法。所编制的翻译硕士培养环境量表,为各培养单位测评本校翻译硕士培养环境提供了测量工具。

2. 提供改进翻译硕士培养工作的诊断性报告

目前我国翻译硕士培养单位已增至 215 家,然而,不同地区和不同类型高校翻译硕士培养工作的状况与差异还处于未知状态(广东外语外贸大学 MTI 教育中心,2017)。本书调查分析翻译硕士培养环境、专业承诺、学习投入和职业胜任力的现状,以及在人口统计和院校特征变量上的差异,客观真实地呈现了我国翻译硕士培养工作的实况,为下一步改进人才培养工作提供了诊断性报告。

第二节　翻译人才培养演进

翻译活动可以说是古已有之,是与语言的出现相伴随的。不过,翻译专门人才的培养则是近几十年才开始的,是社会发展和环境变化的产物。国外翻译专门人才的培养早于我国。总的来说,翻译课程经历了一个从教学翻译到翻译教学的较漫长的过程,翻译人才培养环境也随之发生了变化。教学翻译指的就是,把翻译作为教授语言的教学手段。欧洲大学很早就要求学生学习希腊文和拉丁文,此时的翻译就是一种教学手段,是用来帮助学生掌握两种语言,服务于修辞、文法及词汇学习,没有独立的学科地位(Dauzal,2008)。翻译教学指的是将翻译作为一门独立学科,进行本学科的教学工作,培养翻译人才(穆雷等,2006)。国外翻译学科地位确立的时间大致是 20 世纪七八十年代,我国则到了 21 世纪初(El-dali,2011)。

一、国外翻译人才培养演进

翻译人才的培养自古就有。无论是殖民地运动,还是文明交往活动,都使得翻译人才的培养不可或缺。较早的人才培养活动和机构有 1669 年在君士坦丁堡进行的法语翻译培养工作;1754 年奥地利女皇玛利亚·特蕾莎(Maria Theresia)所设立的培养翻译人才的东方学院(Oriental Academy);1835 年埃及成立的翻译学校(Pym et al.,2013);德国洪堡大学(Humboldt University)于 1884～1944 年也开设了翻译人才培养课程(Caminade et al.,1995)。此时欧洲翻译人才培养工作多是为了培养外交家(Pym et al.,2013)。

培养翻译人才的另一个主要目的是翻译官方文件和服务于司法工作。这一点可以从翻译人才管理和资格认证部门,以及具体培养翻译人才的院系看出。西班牙的宣誓翻译(sworn translator)(也就是经过认证的翻译)和翻译资格认证是由外交部负责,1885 年乌拉圭大学(University of Uruguay)翻译方面的学位由法律院系授予(Sainz,1993)。同样,1931 年巴黎第二大学的法律翻译学位由比较法律研究院(Comparative Law Institute)设立。时至今日,法律与翻译之间的密切度,仍可从美国社会对于大量法庭翻译需求中看出(Pym et al.,2013)。

现代意义上翻译专门人才培养的兴起,是由国际社会环境变化所致,与两次世界大战有密切关系。第一次世界大战改变了法语独霸国际事务的地位,带来了国际社会对于翻译人才的大量需求和翻译的职业化,为职业翻译人才的培养开辟了市场。当时的翻译人员主要来自国际婚姻或具有难民身份的人群,而当这些人员的数量无法满足市场需求时,培养翻译专门人才的大学课程便开始兴起(Bowen,1985)。1930 年,德国海德堡(Heidelberg)开始了专门翻译人才培养工作;随后,1941 年瑞士日内瓦(Geneva)、1943 年奥地利的维也纳(Vienna)都先后设立了翻译人才培养机构。大学由此开始承担培养翻译人才的任务。

　　第一次世界大战使得翻译人才培养工作进入大学，第二次世界大战则促使更多院校开始培养翻译人才。第二次世界大战结束后，出于翻译德国科技文献的需要，1946 年奥地利的格拉茨（Graz）和因斯布鲁克（Innsbruck）、1947 年德国的格尔斯海姆（Germersheim）和萨尔布吕肯（Saarbrücken）都相继开始培养翻译专门人才。美国也于 1949 年在乔治敦大学（Georgetown University）设立了专门的翻译学院。随后，巴黎第三大学的高等翻译学院（Graduate School of Interpreters and Translators）和巴黎高等翻译学院（French Institute of Interpreting and Translation）也于 1957 年成立（Pym et al.，2013），美国蒙特雷外语学院（Monterey Institute of International Studies）① 又于 1968 年开启了硕士研究生层次的翻译人才培养工作（王志伟，2012）。这一时期翻译人才的培养受到多国高校的重视。

　　翻译人才培养单位的快速增长期为 20 世纪八九十年代。1960 年全世界仅有 49 所高校培养翻译人才，1980 年就增至 108 所，1994 年高校总数则超过了 250 所（Caminade et al.，1998）。这一时期各国大学的改革消除了职业性教育与学术型教育的障碍，独立的翻译人才培养工作开始融入大学的人才培养体系中。巴黎高等翻译学院于 1984 年成为法国第二大学的一个学院，德国一些翻译人才培养院校也与大学的院系融合（Caminade et al.，1998）。翻译人才的培养不再由专门的翻译院校进行，而融入大学院系之中。

　　翻译人才培养单位发生变化的同时，各类国际翻译专业组织先后成立，促进了翻译人才培养环境的发展。国际翻译工作者联合会（Fédération Internationale des Traducteurs）于 1953 年成立，国际大学翻译学院联合会（Conférence Internationale permanente dInstituts Universitaires de Traducteurs et Interprètes）于 1964 年成立。这些专业组织的成立，对于学校翻译人才培养质量的提高和培养工作的开展发挥了重要作用（Caminade et al.，1998）。

　　进入 21 世纪，国际上有影响的翻译专门人才培养工作，当推欧盟翻译总司（Directorate General for Translation）于 2004 年 10 月启动的欧盟笔译硕士（European Masters in Translation，EMT）培养项目。EMT 本身不是一种具体的课程方案，而是一个质量品牌和标准，是对那些达到一定标准的高校翻译硕士课程质量的认可。它的设立是为了提升翻译人才培养质量，使其满足知识社会对翻译人才的要求，采用的方法主要是鼓励欧洲翻译硕士培养单位，统一使用市场为导向的人才培养标准。2009 年得到 EMT 项目认证的课程有 34 种（European Commission，2012），2010 年新增 20 种（European Commission，2011），2014 年至今 EMT 课程稳定为 64 种（European Commission，2017）。

―――――――――――

　　① 也有学者将其译为蒙特雷国际研究院。

目前国外翻译人才培养工作已形成较为完善的本科和硕士研究生层次的体系。美国、加拿大和澳大利亚等国翻译人才培养工作已较为成熟,而欧盟成员国也已开设了不同层次的课程。此外,亚洲国家,如日本和韩国也开设了各具特色的翻译人才培养课程。根据跨文化研究联盟(Intercultural Studies Group)的统计,部分发达国家应用型笔译人才培养课程层次、翻译领域及院校总数如表 1-1 所示。

表 1-1　部分发达国家应用型笔译人才培养课程层次、翻译领域及院校总数

国家	课程层次	翻译领域	院校数量/所
美国	证书、本科、硕士	文学、会议口译、法律、口译、法庭、社区口译、商务、非文学、技术文本、歌曲、广告、医药、化学、手语	103
澳大利亚	证书、本科、硕士	国际组织和政治、经济、金融、法律、环境、医药、科技、教育	14
德国	本科、硕士	经济、法律、计算机科学、技术文本、文学	7
法国	证书、本科、硕士	经济、商业、法律、国际关系、物流、农业、食品、科技	8
英国	证书、本科、硕士	国际组织、政治、经济、法律、商业、科技、工程、文学、剧本、公共服务、医药	22
日本	本科、硕士	日本文学、儿童文学、经济、国际事务、政治	8
韩国	本科、硕士	所有领域	7

资料来源:根据跨文化研究联盟网站信息整理而成(European Society for Translation Studies. Translator-training observatory. http://isg.urv.es/tti/tti.htm)。

大致可以看出,目前发达国家应用型翻译人才主要是通过本科和硕士研究生课程来培养;大部分国家的课程规定了具体方向和领域(多覆盖了经济、法律、政治等领域);美国和英国重视培养医药方面的翻译人才。

总的来说,国外翻译人才培养工作得益于社会环境的变化,同样,人才培养环境的变化也与社会发展有密切关系。翻译人才的培养不仅已成为大学的任务,而且已由专门院校融合到大学院系中。同时,专业组织的相继成立也带来了翻译人才培养环境的发展。此外,EMT 项目对于欧洲国家翻译人才培养课程的影响,进一步带来了翻译硕士培养环境的变化。翻译硕士的培养显然不仅受到来自课程、大学和本国社会的影响,而且受到国际社会的影响。

二、国内翻译人才培养演进

翻译硕士专业学位是我国设立的第 18 个专业学位,是为了培养应用型翻译人才而专设。虽然这一学位设立的时间只有 10 年左右,不过,在此之前我国就已开始培养翻译人才。总的来说,我国翻译人才培养大致经历三个时期:第一个是早期从属于英语专业课程体系时期;第二个是 2004 年开始的学术型翻译人才培养时

期;第三个是 2007 年开始进入的应用型翻译人才培养时期。下面分别论述各时期翻译人才培养工作。

(一) 从属于英语专业课程体系时期

我国早期翻译人才多为英语专业的毕业生,翻译类的课程是英语专业课程体系的一部分。这类课程是随着社会发展需要,因调整英语专业人才培养目标而增加的。新中国成立初期的英语专业从属于外国语言文学系,即英语语言文学专业,开设的课程偏重文学,多为文学史、小说、诗歌、散文等,没有翻译课(戴炜栋等,2009)。受苏联的影响,主要是训练学生的外语技能,课程以文学、语言学、英语国家概况课程为主(金利民,2010)。这一状态持续到了 20 世纪 50 年代初。

翻译类课程的出现使得翻译人员的素质也开始受到关注。1954 年有学者表示,民族院校教学的顺利开展需要口笔译人员的参与,并且从责任心、语文技能、业务知识、准备工作等方面对翻译人才培养提出了要求(段生农,1954)。20 世纪 60年代发表的笔译课学习体会的文章,表明这时已开设了专门的笔译课,只是课程学习者是具有口笔译实践经验的在职人员(国际关系学院英语高级班学生,1960)。这一时期出现的有关在英语专业中开设翻译课的争论,以及课程内容如何组织的讨论,说明翻译课已进入英语专业课程体系中(蔡毅,1963)。1965 年外语院系为英语专业高年级学生开设了汉英翻译课(高殿森,1965)。

由于历史原因,翻译类课程重新受到关注时已是 20 世纪 80 年代。为兼顾培养翻译、教师和外事人员的培养目标,《四年制高等外语院校课程设置问题》探讨了根据培养三方面人才的需要来开设相应课程。此时的外语专业教育旨在帮助学习者掌握五种能力(包括听、说、读、写、译),科目中有单独的翻译课,如现代国际关系、世界历史和地理、国家关系史、外国文学、目标语国家概况、第二外语甚至第三外语等。此时已开设今天翻译专业的部分科目。翻译课是英语本科教育 10 门必修课之一,开设的时间长达四个学期(三、四年级),每周为 2 学时(赵璧,1980)。可见,这一时期翻译人才的培养,是通过在英语专业教育中增设翻译类课程来进行的。

本科层次翻译人才培养如此,研究生层次又如何? 我国研究生层次翻译人才培养工作始于 20 世纪 70 年代末 80 年代初。部分院校在外国语言文学硕士点和语言学及应用语言学硕士点中,开始招收翻译方向的硕士研究生;90 年代中期又在这两个学科的博士点中,开始招收翻译方向的博士研究生(庄智象,2007)。研究生层次翻译人才的培养,显然也是处于从属地位。

可以看出,这一时期我国翻译人才培养工作,无论是本科层次,还是研究生层次,始终处于"有实无名"的状态。社会的发展虽然已经促使大学培养翻译人才,但翻译人才的培养只是通过在英语专业课程中增设翻译课的做法来进行。社会需要翻译人才,但翻译专门人才的培养还没有独立的人才培养方案。

（二）专业独立后翻译人才的培养

1. 学术型翻译人才

真正意义上翻译人才培养工作的开始,是以 2004 年我国第一个翻译学硕士点和博士点的设立为标志的(谭载喜,2004)。2006 年后翻译学本科专业也得以设立(中国教育在线,2006),复旦大学、广东外语外贸大学和河北师范大学成为首批教育部批准的设立翻译本科专业的院校(教育部,2006)。2008 年,翻译专业本科院校增至 19 所(文军等,2010),2013 年 7 月为 106 所,截至目前则已达 252 所(广东外语外贸大学 MTI 教育中心,2017)。

翻译学学士、硕士和博士学位的设立,表明翻译专业在我国已具有独立学科地位,本科层次和研究生层次的学术型人才培养体系已基本完善。大学开始了专门性的翻译人才培养工作,培养出来的翻译人才为学术型人才。

2. 应用型翻译人才

翻译学本科教育和研究生教育提供了培养学术型翻译人才的课程体系。这些学术型翻译人才是否能够胜任实际翻译任务,就成为值得思考的问题。就人才培养规格来说,不同类型人才具有不同的规格,应通过相应的培养方案来实现。2007 年翻译硕士专业学位的设立,拉开应用型翻译人才培养工作序幕,也为这些人才的培养提供了相应的培养环境。

纵观我国翻译人才培养工作发展和培养环境变迁,可以说,应用型翻译人才的培养已具备了优于以往的环境。翻译硕士专业学位与其他专业学位一样,已成为我国研究生教育的重点。翻译硕士自身的发展,已使其在专业硕士教育中占据了重要地位。

第三节　文献述评

翻译硕士是我国新兴的专业学位,这方面的研究成果还较为有限。国外翻译人才的培养,较其他专业学位人才的培养,发展较晚,成果也相对较少。因此,下面的文献述评将培养环境和翻译硕士职业胜任力的研究,置于专业学位研究生教育的视域中,从培养环境、职业胜任力及两者关系三方面来梳理。

客观全面把握国内外相关研究现状的前提是通过确定相关度较高的检索词,检索国内外重要数据库,并采取泛读和精读相结合的方式筛选和阅读,进而在前人已有研究基础上,提出研究问题。具体检索方法为:一方面以"培养环境、胜任力、翻译硕士、专业硕士、专业学位研究生"为搜索词,进行主题检索,分别检索了具有一定权威性和代表性的中文数据库,如中国知网(CNKI)、万方和维普数据库;另一方面又以"professional preparation environment、competence、competency、professional master、professional education、postgraduate education、translator training、interpreter training、outcome"等词的不同组合为搜索词,分别检索了 9 个相关的西文数据库和搜索引擎,包括 ProQuest、EBSCO、ELSVIER、Springer Link、Web of Knowledge、SAGA、Wiley、JSTOR 和 Google Scholar。为降低漏检重要文献的概率,研究者进行了多次反复检索。

一、专业学位人才培养环境

专业学位人才培养工作,也就是专业教育(professional education)。与自由教育(liberal arts education)相比,专业教育开始的时间较晚。世界上最早的大学虽是建立在医科学校和法律学校的基础上,但 19 世纪以前的大学主要是以培养通才为目标,专业教育兴起于 19 世纪(刘宝存,2003)。纵观世界高等教育发展史,美国无疑在专业教育方面堪称翘楚。无论是第一个专业硕士学位、第一个专业博士学位的设立,还是 20 世纪 80 年代 500 多种的专业硕士学位的涌现,都极好地证明了这一点(邓光平,2006)。

分析专业学位人才培养环境之前,有必要从学位课程类别上先来区分。20 世纪 60 年代麦克戈勒斯林(William McGlothlin)基于能力等方面的差异,较早地将所有专业学位课程分为"帮助型"(helping)和"辅助型"(facilitating)两大类(McGlothlin,1964)。70 年代商务和工程专业学位重要性得到认识,于是有学者将专业学位课程又分为"创业型"(enterprising)和"帮助型"(helping)(Anderson,1974)。90 年代考虑到不同专业学位对于能力评价的差异,专业学位课程细化为"帮助型"(helping)、"创业型"(entrepreneurial)、"技术型"(technical)和"表演型"(performing)(McGaghie,1993)。

比较而言,这方面有广泛影响的研究成果是美国课程专家斯塔克(Joan Stark)的研究。斯塔克以菲尼克斯(Philip Phenix)(Phenix,1964)、德雷斯尔(Paul Dressel)和马库(Dora Marcu)的框架为依据(Dressel,1982),从服务/技术性(service or technical)、学科关联性(connections and linkages)和价值观(values)等方面对专业学位课程进行了分类,根据服务类型不同,专业学位可分为客户服务型(如护理和社会工作)、信息服务型(如教育和新闻)、创业/生产型(如商业和工程)、艺术服务(如音乐和艺术)(Stark,1998)。

从层次上来分,联合国教科文组织(United Nations Educational, Scientific, and Cultural Organization, UNESCO)最新划分标准将中学后第四级和第五级的教育归为专业教育,而第六级至第八级分别归为本科、硕士研究生和博士研究生教育（UNESCO-UIS，2011）。经济合作与发展组织（Organization for Economic Cooperation and Development，OECD）2014 年的报告《超越学校的能力》（*Skills beyond School*）在调查分析 20 个 OECD 成员国的专业教育发展状况时，则把 6 个月以上的与特定职业关联的中学后教育囊括到专业教育中（OECD，2014）。

（一）专业学位人才培养环境研究进展

行之有效的专业学位人才培养体系通常具有四个特征：开设满足市场需求的课程；开展高质量的职业技能教学；进行与职业任职资格相挂钩的学习结果评价；具有支持性的培养条件（OECD，2014）。可以看出，培养条件是影响和决定专业学位人才培养的重要因素，这也就引发了对于专业学位人才培养环境的研究。培养环境（preparation environment）的概念是由斯塔克等于 20 世纪 80 年代提出的。不过，在此之前这方面的实际研究工作就已开展。有影响的早期研究当属 1908 年弗莱克斯那（Abraham Flexner）对美国和加拿大医学专业人才培养环境（即医学院）的研究。

19 世纪中期美国医学专门人才的培养是由营利性的"专门学校"（proprietary school）来进行，这些学校独立于大学之外，不开展任何科学研究。学校通常由 8～10 名教职员工组成，以营利的多少来衡量学校的成功与否。这些学校没有入学考试，不开设实验课或实习课，学生只要参加两个学期各 16 周的讲座，阅读教材并背诵相关内容，便可获得学位。不过，19 世纪 90 年代约翰·霍普金斯大学（Johns Hopkins University）医学院的成立开创了一个培养医学专门人才的新方式。该学院不同于已有医学院之处在于，将本科学位作为进入医学院学习的必要条件，同时，实行小班授课来开展四年制的课程学习，并开展实验和实践，经常进行测验（Ludmerer，2010）。

针对当时营利性医学院人才培养以营利为目的而出现的乱象，弗莱克斯那接受委托，调查了美国和加拿大 155 所医学院，并对医学院的数量和经费等方面提出了建议。他从五个方面收集数据，具体包括入学要求及课程要求的持续性、师资数量和资格、经费总量及使用情况、实验室状况及工作人员水平、大学和附属医院的关系（Hiatt，2003）。他所提出的建议涵盖了学院与大学的关系，以及医学院的分布、规模和资源配置，具体为：医学院应是大学的一部分；大城市要比小城市更适于医学院的发展；医学院的数量不宜过多，现有的医学院应减至 31 所；医学院需有足够的资源支持（Flexner，2002）。他的研究在明确了专门院系和大学的关系，以及医学院自身具有的研究性的同时，也为其他专业人才培养单位开展评估提供了参考（Ludmerer，2010）。

可以看出，尽管弗莱克斯那用于评估医学院人才培养环境的框架并不全面，却已然说明培养环境对于医科专业人才培养的作用在 20 世纪初就开始得到重视。

弗莱克斯那之后,有关专业人才培养方面的成果日渐增多。有影响的著作有 20 世纪 30 年代的专著《专业学位》(*The Professions*)(Carr-Saunders et al. ,1933),50年代的《专业教育》(*Education for the Professions*)(Blauch,1955)。70 年代的《专业教育趋势》(*Trends in Education for the Professions*)更是较为全面地从课程、教学、专业学院与大学关系等方面对专业学位人才培养工作进行了综合性的横向比较(Anderson,1974)。同时,对于大学环境的研究在 60 年代也开始增多,如麦克(William Michael)和博耶(Ernest Boyer)从学术环境、大学及学生特点、测量评估、师生文化和学生评价等方面对于大学环境进行的系统分析(Michael et al. ,1965)。不过,专业学位和人才培养环境研究的两条平行线,直到 80 年代中期才开始交汇。

斯塔克等 20 世纪 80 年代提出的专业学位人才培养环境的概念,将专业学位教育置于一个更大的研究视域。专业人才培养不仅受大学环境和课程环境的影响,而且与社会环境有密切关系。此时的美国专业学位教育备受"热捧",专业学位入学注册人数远高于学术型学位人才,专业人才培养问题因此引起关注。斯塔克等运用扎根理论对美国 11 种专业学位、专业期刊和课程介绍进行分析后,提出了专业学位人才培养环境的概念,即专业学位人才培养环境是外部社会因素、大学内部因素及课程教学作用的结果(Stark et al. ,1986)。随后开展的专业学位教师的量化实证研究,不仅验证了这一理论,更是发现了不同专业学位人才培养环境间的差异。其中对培养环境有显著影响的变量,主要是社会支持和大学内部专业声望。相对而言,社会工作、图书管理、护理和教育专业学位得到的社会支持较少,在大学院系中的声望也较低,而法律、医药、工程和商科的情况则与之相反(Stark et al. ,1987)。此后,他们提出的这一概念框架进一步被应用于不同专业学位培养环境状况分析研究中,如对于物理治疗(physical therapy)专业博士课程的分析(Threlkeld et al. ,1999)和对于会计专业人才培养的研究(Hilton,2013)。分析研究专业学位人才培养环境,在一定程度上已成为研究具体专业学位人才培养工作的一个指导性框架。

与国外相比,国内学者对于专业学位教育虽有一定程度的研究,但这方面的研究尚未进入培养环境的视域中。专业学位人才的培养似乎还更多地停留于大学和课程自身上。较早的研究分析了专业学位设置的政策(邓光平,2006),接下来的研究分析了我国专业学位研究生培养模式的系统结构(廖文婕,2010),比较了中国和美国专业学位研究生培养模式(张建功,2011),近来的研究则探究了专业学位研究生教育发展问题(陈静,2013)。除这些宏观层面研究之外,一些研究还从教育服务质量的角度,对满意度指数(冀惠,2012)和服务质量(崔慧玲,2014)进行了调查。此外,"老牌"专业学位,如教育硕士(1996 年设立)的教学质量(时花玲,2008)和临床医学专业学位(1998 年)设立的课程体系(秦永杰,2012)也得到了研究。专业学位人才培养环境方面的研究还较为鲜见。

（二）翻译专业人才培养环境研究

现代意义上翻译专门人才的培养开始于第二次世界大战后。翻译专门人才的培养至此不再是以往师傅带徒弟的"学徒制"形式，而开始成为大学人才培养工作的一部分。这一时期各国专门性的翻译人才培养院校如"雨后春笋"般涌现，无疑对此较好地做出了注解（见本章第二节）。可能是因其发展时间较短，入学人数规模有限，同时，翻译学在美国还只是刚刚成为一门独立学科，斯塔克等在20世纪80年代对于11种专业人才培养的研究，并未关注翻译专门人才的培养。

较系统性地研究翻译人才培养的是学者卡米纳得（Monique Caminade）和皮姆（Anthony Pym）于20世纪90年代所开展的研究。他们从历史的角度纵览了翻译人才培养单位的发展，从类型上将其归为法国式和德国式两种。前者指的是那些面向已具备相应语言能力的学生，为他们开设两年制硕士课程的院校，后者则是既培养语言能力又培养翻译能力的四年制本科院校（Caminade et al.，1995）。他们的研究对于把握翻译人才培养环境全貌，具有统领的作用。

相对而言，关注翻译专门人才课程层面环境的研究较多。其中有影响的是学者吉尔（Daniel Gile）对于口笔译译员培养模式（basic concepts and models for interpreter and translator training）的研究。他的研究提出翻译人才培养课程的设计，应以培养职业翻译人才为取向，并在不同时期采用不同教学方式（Gile，2009）。波兰学者勒曼斯卡（Izabela Lis-Lemanska）2013年的研究比较了不同类型高校学生对于各自翻译人才培养课程的评价，发现课程层面环境存在的问题具有一定共性（Lis-Lemanska，2013）。他们的研究为深入开展这方面的研究提供了基础。

与上面较为微观的研究相比，皮姆等于2013年对于欧洲国家翻译人才培养环境的比较则更为宏观和全面。他的研究描述并对比了不同国家翻译专门人才培养的社会环境，包括语言政策、专业组织、薪酬待遇等方面（Pym et al.，2013）。至此，社会层面环境因素对于翻译专门人才培养的影响得到关注，不过，中国翻译人才所处的社会环境实况仍未进入国际学者的视野。

或许受学科背景所限，源于人文学科的翻译人才培养研究对于培养环境的关注和研究较为有限。又或许是因学科发展历史较短的缘故，翻译专门人才培养还未能系统性地提升到培养环境方面上。国外翻译人才培养环境方面的研究尚有待发展，国内亦然，并以研究课程层面环境为主。若以翻译硕士专业学位设立的时间为界，学位设立前，国内学者主要是引介境外课程；设立后，具体分析比较国内外课程异同、解析案例高校课程及比较国内高校课程的研究增多。

早期引介境外课程的研究是20世纪80年代南京大学学者柯平，对香港五所高校翻译专业本科和硕士课程进行的分析（柯平，1988）。21世纪初期他又和美国蒙特雷外语学院学者鲍川运,较全面地概括了世界主要国家或地区的翻译人才培养工作。采用实地考察和网络访问的方式,收集分析了亚洲(中国香港和台湾地区及日本、伊拉克、以色列、韩国、黎巴嫩、沙特阿拉伯、土耳其、乌兹别克斯坦)、非洲(南非)、美洲(加拿大、智利、美国)(柯平等,2002a)、欧洲[奥地利、比利时、捷克共和国、丹麦、芬兰、法国、德国、希腊、荷兰、匈牙利、爱尔兰、意大利、拉脱维亚、挪威、波兰(柯平等,2002b)、葡萄牙、俄罗斯、西班牙、瑞典、瑞士、英国]和大洋洲(澳大利亚、新西兰)共 37 个国家和地区的 112 所高校的翻译人才培养课程。研究就课程层次和科目设置及教学给出了建议(柯平等,2002c),这对于我国翻译专门人才培养环境中课程层面环境的创建具有较强的借鉴意义。

　　21 世纪初期香港翻译学会会长、岭南大学学者刘靖之综合分析了香港七所大学(香港大学、香港中文大学、香港理工大学、香港城市大学、香港浸会大学、岭南大学和香港公开大学)的翻译课程,并论述了各自环境下人才培养的特色。香港大学培养的是从事研究的学者,香港中文大学、香港理工大学、香港城市大学和岭南大学则是训练双语人才,满足香港社会的需求(刘靖之,2001)。不同翻译人才类型及相应的课程设置开始得到关注。

　　翻译硕士专业学位设立后,研究成果数量大幅度增长,但多停留于课程层面环境上。有分析国外翻译人才培养课程,有比较国内外翻译人才培养课程,也有解析国内翻译人才培养课程和教学。EMT 培养项目课程得到关注(贺显斌,2009),英国曼彻斯特大学(University of Manchester)的翻译硕士课程得到深度解析(曾国秀等,2012)。对美国蒙特雷外语学院、英国纽卡斯尔大学(Newcastle University)、我国台湾师范大学和台湾辅仁大学的翻译硕士课程进行横向比较,提出依据培养方向设置相应课程的建议(何瑞清,2011)。还有学者对比研究英国曼彻斯特大学和广东外语外贸大学的翻译硕士课程的培养目标与课程设置(胡德香等,2010)。北京航空航天大学文军和广东外语外贸大学穆雷调查分析了国内八家翻译硕士专业学位点的课程设置,并与美国蒙特雷外语学院和加拿大蒙特利尔大学的课程对比,指出目前国内较少开设翻译职业相关课程,以及未能对学生的语言能力给予足够重视的问题(文军等,2009)。还有研究从师资力量、实习方式和课程设置三个方面,对国内外十所高校的翻译硕士培养方案进行了分析(苑欣等,2012)。此外,还有学者对国内外高校翻译人才培养课程的具体科目进行了比较,如国内外开设的计算机辅助翻译课程,并提出构建适应时代需求的新型翻译教学模式的建议(陈了了,2011)。

　　相比于上面的课程比较研究,更多研究案例分析了具体高校课程层面翻译人才培养环境。北京大学的计算机辅助翻译硕士课程(俞敬松,2009)、山东师范大学的计算机辅助翻译教学的设计和实施(徐彬,2010),以及河南大学口译教学的情况和所建构的翻译硕士口译课程教学体系(付江涛,2011)得到具体分析。同时,还有学者构建了适应地方需要和自身传统的地方理工大学翻译硕士课程的实践模型（丁素萍等，2012），西南大学翻译硕士课程体系的高级口译课的设置和教学（肖峰，2011）也得到解析。这些研究虽然有助于改善课程层面培养环境，但因其多为经验总结式，所具有的推广性较为有限。

较新的研究成果也比较了不同类型翻译人才培养环境的实况，结果发现学术型和应用型翻译人才的培养并无课程上的明显区别（曹莉，2012）。对不同大学环境下翻译人才培养课程的比较，也得出了类似的结论（穆雷等，2011）。此外，一些研究还就具体科目，如翻译伦理、翻译史（陈浪，2011）、术语学（冷冰冰，2012）、汉语言文学文化课及论文写作课（马燕红，2012）、文化翻译课（杨晓华，2012）进行了研究，这些对于完善课程层面培养环境不无裨益。

除了上面这些课程层面培养环境的研究，个别研究将目光投向市场，分析翻译市场需求。代表性的成果有南开大学苗菊教授等对 60 家翻译公司网站 434 条招聘信息的分析，研究从社会环境角度出发，对翻译人才培养提出建议（苗菊等，2010）。郑州大学王志伟的研究，从政府和专业组织的角度出发，提出通过立法提高人才培养认识（王志伟，2012）。

综合上面的研究成果，可以看出，若是与国外研究相比，我国翻译人才培养环境的研究，主要集中于课程层面上。尽管有研究开始从社会层面和大学层面，探析翻译人才的培养，但就研究的系统性和深入程度来说，还亟待发展。

二、专业人才职业胜任力

（一）专业人才职业胜任力研究进展

职业胜任力是本书用来评估翻译硕士培养结果（或称学习结果）[①]的指标。毫无疑问，世界高等教育的发展已经从重视教育"投入"，发展为重视教育"结果"的评价。评价学生学习结果或收获，日益成为各国高等教育测评教育质量的重要方式（吕林海，2012）。究竟如何科学地测评教育质量和培养结果，尽管莫衷一是，不过，知识经济时代显然已对专业学位研究生提出了职业胜任力的要求，因而职业胜任力成为本书用于评价专业学位人才培养质量的指标。

梳理专业人才职业胜任力研究之前，有必要简要论述"基于结果"的概念。这一概念首次是由 1981 年《基于结果的教学管理：社会学的视角》（*Outcome-based Instructional Management：A Sociological Perspective*）的著作所提出。教育的重心开始从学校"教了什么"转移到学生"学了什么"上，而课程设计也强调围绕学生实际"带走"的能力来进行，学生适应未来和社会的能力受到重视（马金晶，2012）。

---

① 本书中将根据行文的需要，互用学习结果和培养结果的指称。两词所指实则相同。

　　基于结果的教育改革发展得虽不顺利,但已得到一些专业组织的认可。以工程教育为例,美国工程及技术教育认证委员会(Accreditation Board for Engineering and Technology)在 2000 年确立了基于结果的认证规范,改革美国工程教育,进而带动了英国、澳大利亚、加拿大、新西兰、日本和爱尔兰等国调整认证规范。2004年和 2005 年通过了《华盛顿协定毕业生特征》(*Washington Accord Graduate Attributes*),确立了会员国毕业生应具备的核心能力要求。不仅如此,这一委员会还制定了基于结果的准则(如设计和进行实验及分析数据的能力,责任及专业道德)来认定学位(ABET,2014)。

　　显然,基于结果的专业学位教育已得到一定程度的发展,“能力”也已成为评价人才培养质量的指标。此处的“能力”与本书的职业胜任力在概念内涵上有较多重合之处,是提出职业胜任力概念的基础。同时,职业胜任力概念是建立在胜任力(competence)理论基础之上的。该理论最初是由美国哈佛大学教授麦克利兰(David McClelland)于 1973 年提出的(项成芳,2003)。所谓胜任力,就是区分表现优异者和表现平平者个人潜在的深层次的特征,包括动机、特质、自我形象、态度或价值观、某领域的知识、认知或行为技能等(McClelland,1973)。需要说明的是,并不是所有的知识、技能和个人特征都归属于胜任力,而需要满足下面的三个特征:一是与工作绩效密切相关;二是与工作情境相关联;三是能区分不同绩效表现者(李明斐等,2004)。

　　分析胜任力的内涵和特征,不同行业和不同职位对其从业人员有不同要求。胜任力具有的情境性,意味着不同组织和不同任务会提出适于具体工作情境的胜任力要求。胜任力与工作及特定职业密切相连,出于方便理解的考虑,本书使用职业胜任力这一称谓来指称,并将其用于衡量学习(培养)结果。

　　深入具体行业论述胜任力研究前,还需要对相关概念进行概述和区分。20 世纪 70 年代德雷福斯兄弟(Hubert Dreyfus 和 Stuart Dreyfus)“技能获得模型”(model of adult skill acquisition)中的“胜任力”(competence)是首先需要概述的重要理论。“胜任力”是技能获得模型中的第三个阶段,前两个阶段分别是新手(novice)和高级初学者(advanced beginner),后面的两个阶段为精通阶段(proficiency)、专长阶段(expertise)(Dreyfus et al.,1986)。发展至今,技能获得模型又新增两个阶段:一个是驾驭阶段(mastery);另一个是实践智慧阶段(practical wisdom)(Dreyfus,2001)。德雷福斯兄弟提出的这一模型无疑具有很大的影响,特别是对于人工智能和知识论的发展(姚艳勤,2012),此外,该模型还被应用到专业性工作,如护理中(Benner,1982)。不过,正如学者们对其所持的褒贬不一的评论,这一理论似乎将开车等简单性技能的获得与科学研究的能力相等同。综合考虑学者们的观点,如临床医学技能的获得与该模型相符程度还需进一步检验(Pena,2010),以及 OECD 2014 年职业教育报告中建立基于胜任力(competence-based)职业教育的建议(OECD,2014),本书选取了麦克利兰针对特定职业所需能力提出的胜任力理论作为理论基础。

此外,其他有影响的有关能力或技能的研究还可追溯到 20 世纪 50 年代的英国(叶晓倩,2011),90 年代的《迪尔英报告》(*Dearing Report*)(BBC,2015)和美国劳工部发布的 SCANS(*Secretary's Commission on Acquiring Necessary Skills*)(US Department of Labor,2015)。它们都明确指出:年轻人需要具备实现就业的特定技能。

就职业胜任力研究发展来说,具体专业学位人才提出了各自的要求,如对于专业城市规划人员职业胜任力需求的深入研究(Saghir,2012)。斯塔克等在提出专业学位人才培养环境理论的同时,提出的培养结果(outcomes)概念涵盖了专业学位人才具有的专业能力(professional competence)和专业态度(professional attitude)。前者包括理论知识、技术能力、理论实践、职业社会角色理解、适应能力、人际交往;后者则包括职业认同、职业道德、市场竞争力、勇于进取精神和继续学习愿望(Stark et al.,1986)。

他们的这一理论概念也被广泛地应用于具体专业学位人才专业能力和专业态度的评估中,如对于物理治疗专业博士人才培养结果(Threlkeld et al.,1999)和该专业本科专业学位与硕士专业学位学生能力的比较(Brown,2011)。也有学者依此建立培训需求分析模式和构建课程(张静,2011)。该框架也因此成为研究翻译硕士专业学位学生培养结果的指导。总的来说,职业胜任力的研究,已在教育领域和管理学领域得到广泛运用。

(二)翻译专业人才职业胜任力研究

翻译职业化、翻译专门人才院校的兴起,以及与大学院系的融合,见证了翻译人才培养环境的变化,也推动了翻译人才职业胜任力的研究。与其他专业学位人才培养结果研究相类似的是,翻译专门人才的培养也一直围绕着"能力"培养而展开。

究竟是培养"翻译能力"还是"译者能力"(translator competence),以及能力的具体组成,长期以来都是翻译学界热议的主题。不过,就目前的发展来说,社会建构主义已将翻译人才培养目标从"翻译能力"转向"译者能力"(Prieto et al.,2010),翻译人才培养要帮助翻译专业毕业生具备职业胜任力。

对于"译者能力"的具体组成,20 世纪 70 年代德国学者鲍施(Karl Richard Bausch)分析职业翻译能力后,将其归为三个方面:广义的语言能力、语言之外的知识(knowledge of extra-linguistic reality)、翻译的能力(translational competences)(Bausch,1977)。语言学家乔姆斯基(Noam Chomsky)提出的"语言能力"(language faculty)和普遍语法(universal grammar)的理论明晰了语言能力获得的可能和过程（Cook et al.，2007），但翻译的能力却不同于单纯性的外语能力（Koller，1992），需要通过翻译实践来获得（Shreve，1997）。至于"译者能力"公认的标准定义，目前还未形成一个定论（Rothe-Neves，2007）。其中一个有广泛影响的概念，是 EMT 课程要求所规定的译者能力（Schaffner，2012）。因此，本书也将译者能力作为翻译人才培养的目标。EMT 应具备的译者能力，将在概念界定部分具体论述。

翻译人员职业胜任力的问题，目前已得到多语言和多文化国家高度重视。有实证研究表明，职业译员和非职业译员的翻译质量存在差异，前者提供的翻译服务比后者更有助于开展医疗诊治工作（Karliner et al.，2007）。有关美国医生和西班牙语患者交流的研究发现，译员职业胜任力存在问题，缺乏相关术语（Prince，1986）。翻译人员的职业胜任力，并不仅是语言能力的问题。美国护士和患者（柬埔寨难民）能否成功交流，取决于译员能否成功实现从局外人到局内人的角色转换，而实现该转换则不仅需要双语运用能力，还需要双语文化和医疗方面的知识（Carol，1991）。

概括国外对于翻译人才职业胜任力的研究，可以看出这方面的研究已具体到使用翻译服务的行业上，并以医疗、法律和教育方面的研究居多。首先来看医疗业。近年各国医疗界这方面的研究普遍指出，译员的职业能力需要提高。美国旧金山州立大学研究者 2005 年针对 14 个难民心理治疗中心的译员和心理治疗师所做的探索性研究表明，这方面的译员不仅需要具备两种语言能力，而且需要具备心理治疗师的一些能力，如移情、人际交往、心理素质（Miller et al.，2005）。2007 年澳大利亚的研究指出译员对于儿童保护方面的术语不熟悉的问题（Kaur，2007），2013 年进一步的研究提出了提高译员翻译质量的建议，指出应对其进行相应培训（Sawrikar，2013）。加拿大学者 2011 年的研究也指出担任儿童心理疾病治疗翻译工作的译员需要接受医疗方面的培训，同时，还需具有在相应语言文化中生活的经历，需要掌握的知识和能力包括儿童发展的基本知识及不同文化间存在的差异，与儿童年龄相适的非言语交际及不同文化间存在的差异，不同文化间在教育、家庭角色和价值观上的差异，以及能够与儿童、家长和治疗师建立联系的能力（Marie-Rose，2011）。2011 年实证测评三个翻译行业组织（美国翻译协会、国际医疗口译员协会、医疗口译员认证国家委员会）成员在基因方面的专业知识和相关术语掌握情况，发现译员们虽已具有一些相关术语知识，但对于基因方面及提供心理辅导实践的原则还不清楚，而这些内容则成为翻译培养中需补充的部分（Langford，2011）。

法律界对于译员的能力也提出了要求。加拿大学者 2000 年的博士论文深入分析了法律翻译的准确性问题，发现法庭审判的场域下，提供美国手势语-英语翻译服务的翻译，需要具备根据不同情况来选用不同翻译形式的能力，以提供准确性较高的翻译服务(Debra,2000)。对于欧盟国家法律翻译人才的能力,研究者认为应由法律专家(如法律学教师)、语言教师和法律翻译者联合培养,以保证法律文本翻译质量(Northcott et al.,2006)。

教育界也对翻译人才的能力提出了要求。这方面对于翻译服务需求较为迫切的是聋哑学生,他们在学校各场所的活动都离不开手势语翻译服务。美国1991年的博士论文,研究了服务于宾夕法尼亚州聋哑学生的译员职责,发现存在着职责不明的问题,提出需要从课程方面来改进翻译人才培养的建议,如进行儿童发展方面知识、聋哑文化的学习(Hayes,1991)。除了聋哑学生,公立学校少数族裔的学生也有翻译服务的需求。美国学者1990年的研究,分析了如何根据伊利诺伊州公立学校的英语水平有限的少数族裔学生的翻译需求,建立一个融合伦理因素和译员作用及职责因素的口译人员培养的示范课程(Martinez,1990)。

显然,无论是医疗、法律还是教育界,都对译员胜任工作的能力提出了相应的要求,通用型翻译人才已难以满足具体行业的需要。提高翻译专门人才的职业胜任力,成为各领域在翻译服务使用中所发现并呼吁解决的问题,所提出的具体能力要求,对于本书编制翻译硕士职业胜任力提供了有益的参考。

培养翻译人才的职业胜任力,已然成为翻译职业面临的挑战和市场的要求。国外学者指出应开展基于胜任力培养的翻译教学,这样不仅能透明、公开翻译人才培养课程的目标,更加重视基于结果的学习,而且更加具有灵活性(Albir,2007)。也有学者从翻译学科的视角深入地研究了翻译能力的发展过程(Marta,2008)。还有学者细致地描述了如何评估翻译职业胜任力中分能力的评估方式和方法(Galon-Manas et al.,2015)。这些对于翻译人才职业胜任力的研究已经进入了新阶段,不过,可能是受院系和学科所限,专业学位教育的研究成果目前还未得到翻译学领域学者的充分关注。关于翻译人才职业胜任力,较多地研究单一学科内部,跨学科的研究还有待发展。

与国外发展相比,国内学者对于翻译人才职业胜任力的研究较为滞后。这或许与其在我国成为独立学科时间较短有关。学科自身尚处于建设中,更不要说开展跨学科的研究。不过,欣喜的是这一问题已开始得到研究,有学者已开展了一定的探索工作。但目前存在的主要问题是,翻译硕士学位设立之初,虽已明确培养职业化翻译的目标(黄忠廉,2010),实际上毕业生却仍是"眼高手低",无法满足社会对于翻译人才多层次、多领域和多角度的需求(杨朝军,2012)。翻译专门人才不能胜任翻译职业,其职业胜任力显然需要得到提升和加强。

对于翻译人才应具备的能力,国内研究已经开展了一定的研究。与国外类似的是,这些研究也主要集中于翻译能力和译者能力上。一些有影响的观点指出:翻译能力是由语言能力、审美能力、文化能力和转换能力综合而成(姜秋霞等,2002);还有观点认为是由策略及技巧能力、语言及文本运用能力、自我评价能力和理论研究能力构成（文军，2005）；一种五要素观点认为翻译能力包含文化辨析和表现能力、语言分析和语用能力、双向转换和表达能力、审美判断和表现能力、逻辑分析和校正能力；而三要素观点将其归纳为认知能力、语言能力和交际能力（苗菊，2007）；也有从认知视角出发把翻译能力分为翻译图式和认知机制两部分（冯全功，2010）。这些研究虽然还未就翻译能力的构成达成共识，但对于本书翻译硕士职业胜任力量表的编制无疑是有益的。

这些研究中特别值得一提的是学者钱春花2012年开展的实证量化研究。她对151名英语专业本科生、31名翻译方向研究生和73名英语培训学校翻译班级学员进行了问卷调查，指出翻译能力由内驱动力、知识能力、认知能力、语言能力和行动能力组成；内驱动力是译者的内在能力，直接或间接地影响其他能力的发展，而知识能力、认知能力和语言能力对于行动能力具有促进作用，行动能力是翻译能力的最终体现（钱春花，2012）。与之前的研究相比，她采用不同以往的量化方法，有助于增进对于规律的认识，但囿于研究样本为方便取样，结论的适用性较有限。

与翻译能力方面研究成果相比，译者能力方面的研究可谓"寥若晨星"。其中需要关注的研究成果是2013年年底学者周亚莉和何东敏进行的职业翻译胜任力结构的实证研究。他们运用关键事件访谈法，深度访谈了北京、上海、武汉、兰州等地24位译员后，发现职业笔译员胜任力由七个维度构成，即知识、技能、职业操守、市场倾向、创新导向、成就取向和价值观（周亚莉等，2013）。他们的成果对本书编制翻译硕士职业胜任力量表有重要参考价值。

有价值的研究还有南开大学学者苗菊等的成果。他们从用人单位的角度分析翻译人才应具备的能力。分析了434条翻译职位招聘信息后，结果发现翻译职业所需能力主要是：计算机操作能力、中外文语言及互译能力、网络知识及资源使用能力、专业领域知识、职业道德及行业规范、文本审校能力、术语知识及翻译能力、文献检索和管理能力、承压能力、沟通能力、不同文体处理能力、翻译软件使用能力、解决问题能力、本地化能力、组织管理能力（苗菊等，2010）。

此外，翻译硕士专业学位发起者广东外语外贸大学教授穆雷等的观点也值得重视。对于翻译硕士能力的培养，他们提出应注重培养良好的双语运用及转换能力、了解基本翻译理论、了解相关专业知识、熟练使用翻译工具、熟悉翻译流程和职业规则、较高的职业道德与译者素养（穆雷等，2011）。此外，曾任中国外文局副局长、国际翻译家联盟副主席、中国翻译协会副会长黄友义从翻译资格证书（二级）获得的角度，对翻译人才培养结果提出要求（黄友义，2007）。翻译资格证书成为衡量人才职业胜任力的重要指标，也成为后面进行人口统计特征差异分析的变量。

综合国内外翻译人才职业胜任力方面的研究成果，可以看出对于"翻译能力"和"译者能力"的讨论，都是为了培养翻译人才胜任实际翻译工作的能力。对于这些概念，学者们虽然还尚未达成共识，但可以肯定的是，职业胜任力无疑已成衡量翻译人才培养结果和培养质量的重要指标。

三、专业学位人才培养环境对职业胜任力的影响

上面对于专业学位人才培养环境和职业胜任力研究的梳理,表明专业学位人才培养环境研究已得到一定程度的发展,其理论已得到验证,并被一些专业学位应用于培养环境评估上。专业学位人才培养环境的研究已经呈现出纵深化发展的趋势。与该理论同时被提出的衡量人才培养结果的专业能力和专业态度的理论,也已被具体专业学位应用于人才培养结果评价上。分析专业能力和专业态度的构成,不难看出,其构成与本书借用的职业胜任力的所指实则相同。也就是说,专业学位人才培养环境与其职业胜任力存在线性关系。由此而产生的疑问是:专业学位人才培养环境是如何影响其职业胜任力的?

对于环境和认知活动的关系,瑞典学者麦克凯威(Maureen McKelvey)20世纪90年代的研究从总体上为我们勾勒出两者间的关系。总的来说,认知活动分为技术活动和科学活动,两者均受市场和政府的影响,由此而形成的四种认知活动环境见图1-1(McKelvey,1997)。

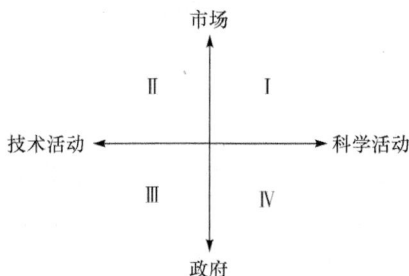

图 1-1　认知与体制环境关系图

图1-1中的两对数轴表示两对矛盾,分别为科学活动—技术活动、市场—政府。所构成的四种认知(培养)活动环境为:环境Ⅰ为学校与企业合作的科学经济环境;环境Ⅱ为企业投入研发的技术经济环境;环境Ⅲ为政府支持企业的技术政府环境;环境Ⅳ为政府支持学校的基础科学环境。可以肯定的是,无论是何种认知活动,市场或政府必然对其发挥不同程度的影响。

这里的环境Ⅰ(科学经济环境)正是适宜培养应用型人才的环境。它是学校与企业合作的培养平台,学校为企业培养所需的专业人才,企业参与人才培养并为学校的科研活动提供课题和经费。认知活动受到环境的影响,社会层面、大学层面和课程层面又是如何影响的,下面将分别论述。

（一）社会层面

教育具有时代性,与特定社会的政治、经济、文化和历史有直接关系(劳凯声等,2000)。高等教育强国美国 1862 年的《莫里尔法案》(*Morrill Act*)、1958 年的《国防教育法案》(*National Defense Education Act*),以及近年的 STEM(Science,Technology,Engineering,Mathmatics)倡议都清楚地表明了这一点。同样,我国古时的科举和现代的高考制度,都与特定历史时期社会政治和经济制度有"千丝万缕"的联系(刘海峰等,2002)。现阶段我国研究生教育重点从学术学位走向专业学位的发展,也已说明大学的人才培养从来不是一座"孤岛"。据法国思想家涂尔干的论述,教育转型始终是社会转型的结果与征候,更是极好地概括了教育与社会的关系(涂尔干,2003)。

若是进一步纵向来看,不同时代的社会都对大学人才培养工作打上了相应的"烙印"。无论是中世纪大学、近代大学还是现代大学,以及进入知识经济的后现代大学,都不可避免地要回应社会的要求。培养什么样的人,也要因时而异,否则将可能被市场法则所淘汰。这或许就是历史上美国高校课程改革的重要原因,这也正是将社会环境因素纳入人才培养环境研究的原因。

不仅如此,专业组织对于高校人才培养也发挥重要影响作用。以美国全国教育协会(National Education Association)为例,该协会在规范教师及教学专业、推进不同层次和领域教育、参与地方教育事务和干预国家决策方面具有"不容忽视"的力量,也难怪曾在美国最具影响力游说团体排行榜名列第九(龚兵,2006)。又如,澳大利亚医学方面的专业组织,他们从制定行业标准、提供教育、培训、考核、发证、监督和审评等环节,来保证医学服务质量(杨辉等,2006)。再看工程专业组织中的英国工程理事会(Engineering Council of UK),其对不同类别工程师的资质和能力,都有明确的标准(崔军,2013)。专业组织在培养专业人员和提供专业服务等方面扮演了关键角色(赵康,2000),因此成为研究翻译专门人才培养所考虑的又一个因素。

（二）大学层面

国外学者对于大学环境的研究已有较丰富的积累,在 20 世纪 60 年代就涌现了不少有影响的成果,如巴托(Allen Barton)的著作《组织测量及其与大学环境研究的关联》(*Organizational Measurement and Its Bearing on the Studies of College Environment*)(Barton,1961)。阿斯汀(Alexander Astin)和斯特恩(George Stern)两位学者的研究成果尤其值得关注。前者在这方面开展了大量的研究,在区分大学环境影响因素研究中,指出财力因素的载荷最大(Astin,1961),财力雄厚大学的师资水平和学生质量也相对较高(Astin et al. ,1962)。其后续的研究进一步发现学生学习收获与学校财力、同学智力水平正相关的假设不成立（Astin，1968）。大学环境并不是学生学习结果的决定性因素。那么，大学环境对于学习收获有什么影响？

斯特恩（George Stern）的研究一定程度上回答了这个问题。他对于不同类型大学学术环境的量化研究，揭示了大学类型、规模等因素与学术环境间的相关性，指出高学术氛围环境中的学生比低学术氛围环境的学生在学习志趣，愿意认识自己和了解他人，理解社会、政治问题并找出解决方案等方面的表现更突出（Stern，1963）。也就是说，大学的学术环境对于学生学习收获的某些方面有影响。那么大学环境包括哪些方面呢？

大学环境是以大学校园为空间范围，社会文化和学校历史传统为背景，大学人为主体，以校园特色物质形式为外部表现，制约和影响大学人活动发展的一种环境；大学环境文化则包括学校地理环境、学校规划布局、校舍建筑、人文景观和网络文化等方面（王少安，2008）。大学自身具有的文化个性和精神品格（阎光才，2002），不仅成功地区分了大学，也塑造了各自培养的人才。因此，将大学的地理位置、层次和类型等因素纳入本书中具有一定的必要性。东西部"985工程"大学、"211工程"大学与普通高校成为区分大学地理位置、层次和类型的依据。

大学环境与学习结果关系的研究在近年得到深化，进一步回答了大学环境如何影响学生学习收获的问题。美国学者派克（Gary Pike）与库恩（George Kuhn）对3000名大一和大二学生学习参与和智力发展关系的研究发现，学术环境和校园环境在学生智力收获过程中起至关重要的作用（Pike et al.，2005）。学者对于本校学生和转校生学习投入的比较，则表明大学层面环境通过影响学生学习投入，进而影响其学习收获（McNeese et al.，2010）。此外，我国学者对于大二和大四学生学习体验的调查进一步揭示：环境要素的投入并不能对学生自身成长收获发生直接强有力的影响，而必须要经过学生参与度提升的环节，来间接达到培养学生能力和素质的目的（刘宏哲等，2012）。大学环境、学习投入、学习结果三个变量间的关系，于是成为值得继续研究的对象。

（三）课程层面

大学课程是一个学术计划（academic plan）（Lattuca et al.，2009）。制定课程就是决策一系列问题，如学制、所学内容等。大学环境显然影响学生学习结果，所涉及的因素包括大学类型、层次、地理位置等，所包含的中间变量为学习投入。影响学生学习收获的因素还有哪些？有研究发现，班级层面的教师、同伴、班级环境、课业负担等因素均与学习投入有显著相关（张娜，2012）。也就是说，学生的学习结果不仅受大学环境的影响，同时，"受制"于课程层面的环境。大学课程如何影响学习结果？

斯塔克等于 20 世纪 80 年代提出的理论已勾画出培养环境与结果间的线性关系，纵览不同专业学位课程学制和内容的变化，反映出课程对于人才培养的重要性。史密斯（David Smith）和斯蒂特（Susan Street）于 20 世纪 80 年代横向比较了教师、律师、工程师等专业人才培养课程，发现律师和工程师等专业人才课程的学制不仅随时代发展而变长，专业内容部分比例也上升，他们因此对可能带来的人才培养质量提高做出了预言（Smith et al., 1980）。学制的长短和专业内容的比重成为影响学习结果的重要因素。此外，教师的态度对于学生学习成功的重要性也得到证实（Noel, 1985）。克里夫顿（Rodney Clifton）的研究亦同样发现教师和同伴的支持对于学生学习结果的影响作用（Clifton, 1997）。类似的研究还有我国台湾学者对于中学生学习结果与教师教学方法和课堂环境关系的研究（Chang et al., 2011）。师资和教学等方面的因素显然也得到了重视。

课程对于专业学位人才培养还有什么影响？克莱克曼（Paul Clikeman）等的研究发现了课程学制与专业承诺等因素的关系。通过对比五年制和四年制会计专业课程人才培养结果的差异，具体测量并分析 480 位毕业生专业承诺、道德取向（ethical orientation）和专业化程度（professionalism）后，他颇为意外地发现：五年制课程与四年制毕业生在专业承诺、道德取向和专业化程度并无显著差异（Clikeman et al., 2001）。这一研究发现不仅与其他学者之前的研究结论截然相反（Skousen, 1996），也与常识相悖，探究课程学制与专业人才专业承诺关系的研究也就成为必要。

四、已有研究总结和评价

综合前面对于专业学位人才培养环境、职业胜任力及两者之间关系的研究，可以形成的总结和评价如下。

第一，国外对于专业学位人才培养环境的研究是专业学位发展到一定阶段的必然选择。美国医学专业人才培养院校发展到 20 世纪初，出现"蓬勃"有余而"秩序"不足的问题，终借弗莱克斯那对医学院实证调查研究而得以昭示并得以改变。相类似的是，斯塔克等 20 世纪 80 年代的研究，也是缘起于专业学位当时"炙手可热"的场面。与专业学位开创之国的美国相比，我国当前（2010 年后开始）出现的专业学位人才培养工作"迅猛"发展的局面，似乎是美国历史的缩影，尽早开展专业学位人才培养环境方面的研究，对于我国专业学位教育的发展显然不无裨益。

第二，国外专业学位对于人才培养环境，已经开展了较为深入的理论研究，也已将其应用于具体专业学位人才培养环境的分析和评估工作中，而国内这方面的工作似乎还处于亟待开垦的状态。人才培养环境对于人才培养无疑是重要的，从不同层面开展培养环境的量化实证研究，已然是国外高等教育研究的热点，我国高等教育研究需要加强这方面的研究，尤其是量化研究。

第三,质量的问责显然是世界高等教育目前所必须面对的,专业学位人才培养结果不可避免地也要面对质量的问责,系统研究专业人才职业胜任力成为必然。尽管学者们对于胜任力的理解存在语境上的差异,但总体来说,职业胜任力这一指标已经普遍被用来衡量专业人才的培养结果和质量。虽然我国翻译专门人才的职业胜任力尚未得以明确,也未能实现制度化,不过,学者们围绕翻译能力和译者能力的持续讨论,已经表明了能力对于翻译人才的重要性,这些都为下一步研究翻译人才职业胜任力奠定了基础。

第四,国内外学者开展的人才培养环境对培养结果影响的研究,已从不同角度探析了培养环境的构成,不同环境因素可能产生的影响,以及培养环境和结果的中间变量。可以肯定的是,培养环境是影响人才培养结果的重要因素;培养环境不同对于人才培养结果的影响不同,且存在争议;培养环境自身不仅影响人才培养结果,而且通过中间变量来影响,而影响机制究竟如何还需要进一步的研究;翻译专门人才培养工作虽"规模"有余,但人才培养环境和结果的研究显然有些滞后。

总的来说,国内外已在专业学位人才培养环境和培养结果(职业胜任力)及两者关系方面开展了一定的量化实证研究,对于培养环境和结果之间的中间变量也进行了一些探索。这些都为下面的研究奠定了基础。不过,就研究的视域来说,高等教育研究者一般注重分析专业学位教育共性的问题;特定专业学位教育研究者通常专注于该领域专业人才的研究。这种做研究的局面虽然说是可以理解的,但就社会的发展来说,从问题切入,开展跨学科研究已经成为研究发展的趋势。打通学科壁垒,融合不同学科研究成果,成为值得探索的道路。

具体说来,值得进一步探索和研究的方面有以下几个方面。

专业学位人才培养环境的理论虽已经被国外学者应用于具体专业学位人才培养环境研究上,但我国专业学位人才培养工作尚未开展类似研究。培养环境方面的研究还较为缺乏量化实证研究的成果。无论对于专业学位总体培养培养环境的研究,还是就具体专业学位人才培养环境的研究而言,都还处于亟待研究的状态。翻译硕士这一堪称我国"第一大全日制专业硕士学位"的培养环境,是这方面探索可以开始的地方。

专业学位人才职业胜任力的研究,不仅得出了适于衡量所有专业学位培养结果的框架,而且在具体专业学位上得到了应用和检验。就翻译专门人才的职业胜任力而言,国外内学者虽然已从翻译能力和译者能力的角度进行了探究,但目前这方面的研究尚未形成一致认可的理论。具体到我国翻译人才的职业胜任力,这方面的研究则更是少之又少。应用国内外相关理论,开展较大规模的量化实证研究,是发展已有理论和建设我国翻译人才职业胜任力理论可以开始的路径。

此外,上面对于专业学位人才培养环境和培养结果(职业胜任力)研究的梳理,虽然一定程度上表明了这两个变量的关系,也反映了其作用机制中可能存在的中间变量，不过，要真正理解和认识专业学位人才培养环境和职业胜任力的关系，还需要开展系统性的定量研究。翻译硕士专业学位因其现有规模和增势，成为深入推进这方面研究的"试金石"。

第四节　研究目的与问题

一、研究目的

大力发展专业学位研究生教育，是国家目前发展的需要，是为了满足知识经济时代对劳动力的要求。翻译硕士专业学位的设立，正是为了满足国家发展对于高层次应用型翻译专门人才的需要。从发展的速度来看，从第一个专业硕士学位的设立，到专业硕士学位快速发展，美国大致经历了七八十年的历史，我国则只有二十来年的时间。就发展的规模而言，翻译硕士堪称我国第一大全日制专业硕士学位。这一学位的规模无疑使其在全日制专业硕士教育工作中占据了重要地位。研究培养环境对翻译硕士职业胜任力的影响，是为了实现以下几个研究目的。

一是调查研究我国翻译硕士培养环境的现状，对比不同地区、不同类型大学及人口统计特征变量上，翻译硕士培养环境可能存在的差异，为客观把握我国翻译硕士培养环境状况提供一手数据支持。

二是调查研究我国翻译硕士职业胜任力发展的现状，比较不同地区、不同类型大学及人口统计特征变量上，翻译硕士职业胜任力发展所存在的差异，为提升我国翻译硕士职业胜任力提供参考。

三是分析翻译硕士培养环境对职业胜任力的影响，对存在的中介变量进行检验，建立翻译硕士职业胜任力关系模型，为翻译硕士人才培养工作的改进提供理论基础。

四是针对我国翻译硕士培养环境和职业胜任力的现状，基于变量间的关系，提出改善我国翻译硕士培养环境和提升他们职业胜任力的建议，实现提高翻译人才培养质量的目的。

二、研究问题

研究问题的提出是文献阅读和思考的结果。研究翻译硕士培养环境对其职业胜任力的影响，是基于广泛阅读国外研究生教育、专业学位研究生、翻译研究生培养，以及专业学位研究生培养环境和结果方面的文献，同时结合国内这几方面已有研究成果和不足而提出的。根据前面文献述评而提出的研究问题如下。

研究问题 1：我国翻译硕士培养环境状况如何？
研究问题 2：我国翻译硕士职业胜任力状况如何？

研究问题 3：我国翻译硕士培养环境如何影响翻译硕士职业胜任力？

研究问题 4：如何改进我国翻译硕士培养环境以提高职业胜任力？

第五节　核心概念界定

一、培养环境

界定"培养环境"这一核心概念前，需要先来理解"环境"。分析国内外思想家对于环境与人发展间关系的论述，可以看出"环境"这一概念的内涵。国内比较早的观点是孔子和墨子所提出的。孔子的"性相近也，习相远也"（杨伯峻，2012），表明了环境包含社会、学校和家庭等方面的因素。墨子的警示"染于苍则苍，染于黄则黄。所入者变，其色亦变；五入必，而已则为无色矣。故染不可不慎也"（墨翟，2014），说明了环境犹如所"浸入"的染缸。同样，荀子论述的"蓬生麻中，不扶而直；白沙在涅，与之俱黑"（张觉，2012），表明成长境遇无疑是"环境"内涵的一部分。

西方古代文化又是如何理解"环境"的？古希腊思想家柏拉图认为，美德要在与环境的相互作用中学习，在受训练的基础上得到。也就是说，"环境"中包含训练的因素，对于实现培养目标发挥重要作用。亚里士多德在继承这一理论的基础上，表示形成美德的途径是养成习惯（田友谊，2007）。这里的"环境"显然指的是日常生活。

可以看出，东西方先贤都非常重视环境对人的作用，他们所理解的环境既包括社会等宏观因素，也包括训练等微观因素，同时，直接接触的环境所发挥的作用得到了强调，只是缺乏对于不同层面环境的分类。

本书对于"培养环境"的研究，正是基于环境对人的作用而提出的。"环境"一词在不同语境中有不同含义，有自然环境和社会环境之分。可定义为环绕中心事物的外部空间、条件和状况，具有中心性、外部条件及两者间的关联性（王新刚，2011）。环境与中心项的关系可大致分为环境决定论和环境无用论。马克思主义的观点是，环境决定人，人也对环境具有能动的反作用（田友谊，2007）。这也正是本书的观点。研究培养环境对翻译硕士职业胜任力的影响，其中心项是翻译硕士职业胜任力，而中心项所处的外部条件为培养环境。

本书所使用的培养环境的概念，引用了 20 世纪 80 年代美国课程专家斯塔克等对于专业学位的研究成果。这里的专业学位人才培养环境是由外部因素、组织因素和内部因素共同构建的（Stark et al. ，1986）。其中外部因素包括来自社会和专业组织的影响，为易于理解和说明，本书将其命名为社会环境因素。组织因素是大学内部不同院系课程地位等方面的因素，包括大学类型、课程与大学声望和收入方面的关系，因此，将其命名为大学环境因素。内部因素指的是与课程自身相关的因素,如课程目标、课程结构、师资力量,将其命名为课程环境因素(Stark et al.,1986)。

因此,所谓翻译硕士培养环境指的就是影响翻译硕士职业胜任力培养的社会环境、大学环境和课程环境。其中社会环境包括翻译职业社会地位、收入和翻译专业组织的影响,大学环境指的是大学层次、类型和翻译硕士所在院系受重视程度等的影响,课程环境包括师资水平、课程目标、结构和内容方面的影响。

二、翻译硕士

翻译硕士是研究生教育中硕士层次的一种专业学位。该学位设立于 2007 年,英文名称为 master of translation and interpreting,是为了培养具有专业口笔译能力的高级翻译人才,招生对象一般为学士学位获得者,鼓励非外语专业毕业生及有口笔译实践经验者报考(国务院学位委员会,2007c)。本书中的翻译硕士专指英语笔译方向的专业学位,同时,也用于指称攻读这一学位的研究生。

翻译硕士专业学位在我国目前大力发展的专业硕士培养工作中占据了重要地位。我国目前已有 46 种专业学位,其中 1 种为专业学士学位,40 种为专业硕士学位,5 种为专业博士学位(教育部学位与研究生教育发展中心,2016)。翻译硕士学位已发展为仅次于工商管理硕士的第二大专业硕士学位(上海外国语大学研究生部,2013)。

我国翻译硕士学位设立的时间晚于其他国家。1919 年的巴黎和会标志着现代口译(交替传译)的起始(柴明颎,2007),1927 年同声传译开始出现,1945 年的纽伦堡审判使得同声传译被广泛认识(Bowen,1985)。第二次世界大战后,世界各国开始重视职业译员的培养工作,20 世纪 60 年代后高校开始专业翻译教学(穆雷,2007)。英国正规的翻译教学始于 20 世纪五六十年代,60 年代开始口笔译研究生课程(陈浪等,2008)。1966 年巴斯大学(University of Bath)现代语言和国际研究学院开设了一年制的口笔译研究生文凭课程(postgraduate diploma),埃塞克斯大学(University of Essex)也于同一年设立了一年制的文学翻译理论与实践的硕士课程(Chan,2009)。美国乔治敦大学(Georgetown University)1949 年设立了专业的口译和笔译方向,蒙特雷外语学院(Monterey Institute of International Studies)于 1968 年开启了美国硕士研究生层次的翻译人才培养(王志伟,2012)。加拿大研究生层次的翻译人才培养工作于 1951 年由渥太华大学(University of Ottawa)拉开序幕(唐萍,2008)。

20 世纪八九十年代,在世界范围内更多高校开始了翻译专业硕士研究生教育。1984 年香港中文大学设立两年制兼读式(part time)课程。香港城市大学同期开设了两年半学制兼读式硕士课程和一年零九个月或两年的全日制研究型(mphil)硕士课程(也可为两年半到四年的兼读式),以及全日制的两年零九个月至四年的博士课程。1988 年西班牙的拉古纳大学(Universidad de La Laguna)设立了一年制的同声传译和交替传译硕士研究生课程。台湾辅仁大学于 1988 年也开设了两年制的笔译硕士课程和会议口译硕士课程(Chan,2009)。

20 世纪 90 年代澳大利亚西悉尼大学(University of Western Sydney)开设翻译专业学位研究生课程。1992 年捷克斯洛伐克查尔斯大学(Charles University)、法国梅斯大学(Universite de Metz)和拉脱维亚的拉脱维亚大学(Latvijas Universitāte)设立翻译硕士课程。匈牙利西部大学(University of Western Hungary)于 1994 年设立应用语言学和翻译的硕士学位课程(Chan,2009)。

目前国际上(中国大陆和港台地区未计入内)已有 270 多所高校开设翻译的教学与研究课程,培养专业口笔译实践人员和翻译理论研究人员(穆雷,2007)。所授予的翻译硕士专业学位被细分为:会议口译硕士(MA in conference interpreting)、法庭口译硕士(MA in legal interpreting)、翻译与地区化管理硕士(MA in translation and localization management)、口笔译硕士(MA in translation and interpreting)、笔译硕士(MA in translation)(穆雷,2007)。此外,还有文学翻译、计算机辅助翻译等翻译硕士学位。国外高级翻译人才培养工作已经高度专业化和精细化。

2004 年我国设立了第一个翻译学硕士点和博士点(谭载喜,2004),2006 年设立了翻译学本科专业(中国教育在线,2006)。翻译学的学科地位至此得到了明确。2007 年 3 月国务院学位与研究生教育办公室,下发了《翻译硕士专业学位研究生指导性培养方案》(国务院学位委员会,2007a),开启了我国应用型翻译人才培养工作。首批翻译硕士试点院校有 15 所,第二批有 25 所,目前我国已有 215 所翻译硕士培养单位(广东外语外贸大学 MTI 教育中心,2017)。

2009 年国家开始面向应届本科毕业生招收全日制专业硕士研究生。这一举措使得这方面工作成为研究生教育工作的重点,也使得翻译硕士专业学位的发展更受重视。翻译硕士培养单位的增速和规模,在我国全日制专业硕士培养工作中占据了重要地位。开展这方面的研究,对于整个专业学位工作的开展具有以点带面的辐射作用。研究中选取的翻译硕士样本,为我国东西部高校中有三个年级翻译硕士研究生群体的七所大学。

三、职业胜任力

职业胜任力是本书用于衡量翻译硕士培养结果的指标。这一概念的界定与"胜任力"概念有密切的关系,因此有必要先定义胜任力(competence)。胜任力理论最初是由美国哈佛大学教授麦克利兰(David McClelland)于 1973 年提出的,是区分表现优异者和表现平平者的个人潜在的深层次的特征,包括动机、特质、自我形象、态度或价值观、某领域的知识、认知或行为技能等(McClelland,1973)。需要满足三个特征:一是与工作绩效密切相关;二是与工作情境相关联;三是能区分不同绩效表现者(李明斐等,2004)。

分析胜任力的内涵和特征,不难看出行业和职位的不同会对其从业人员有各自的要求。胜任力具有的情境性,使得不同组织和任务会提出相异的具体工作情境的要求。显然,胜任力这一概念具有专属性,与特定工作和职业相连。因此,根据研究的需要,本书使用职业胜任力这一名称来指称,以便于理解。

对于职业胜任力的内涵,根据斯塔克等的研究,它其实包括两方面,即专业能力和专业态度(Stark et al.,1986)。基于此,研究综合了国际上有影响的翻译人才课程要求、发达国家翻译职业能力的要求及相关文献的论述,将其中认可程度高、认可范围广的部分,拟定为翻译硕士应具备的职业胜任力。

欧盟翻译总司认为,翻译人才应能应对各种复杂问题,对发生变化的环境能做出快速反应,能有效地管理信息并进行沟通;具有主观能动性、想象力、学术好奇心和动机;能独立或与团队共同应对工作压力并进行持续性工作,能适应多元文化工作环境;能保持在大的公共服务机构里工作所需要的自制力(European Commission,2015)。需要具备的具体技能(specific skills)包括语言能力、领域知识、翻译能力(translation competence)三部分。语言能力上,能对母语的文体等各方面完全驾驭;充分掌握两门以上欧盟官方语言(其中至少一门应是英语、法语或德语)。专门领域知识上,要求熟悉经济、金融、法律、技术或科技领域。翻译能力的要求上,应能够理解源语文本,用合适的文体和语域将其准确地从源语译成目标语;能进行源语和目标语相关内容和术语的研究;能熟练掌握计算机辅助翻译及术语工具并会使用各种办公自动化软件(European Commission,2015)。

第二个有影响的翻译人才职业胜任力的定义,是西班牙学者们提出的翻译能力的理论。他们指出翻译能力就是译者工作时所必须具备的知识与技能体系,也就是本书所指的职业胜任力。该理论体系初期认为翻译能力是由六种能力构成,即双语能力、语言外能力、转换能力、心理-生理能力、工具-职业能力、策略能力,其中转换能力为核心能力。后来对其进行修正,将六种能力缩减为五种能力和心理-生理因素,即双语能力、语言外能力、翻译专业知识、工具能力、策略能力;心理-生理因素则包括认知因素、态度因素和心理机制(PACTE,2005)。修改后的体系将策略能力置于能力集合的核心,表明翻译过程的核心任务并非单纯的文字转换,而是调动各种知识和能力,在特定语言、文化、法律和职业规范框架下,寻找解决翻译问题的方案(王传英,2012)。

第三个值得关注的翻译人才的职业胜任力是英国国家职业标准(National Occupational Standards)的规定。始于20世纪80年代中期的英国国家职业标准,是由行业协会(Sectors Skill Councils)建立的关于各行业对于从业人员要求的标准(NOS,2015)。起先这一标准只规定了各行业的绩效(performance)指标,但很快就认识到应注明对于知识和理解力的要求,以确保从业人员能更好地适应工作需要。

这一国家职业标准最初于 2001 年对笔译人员资格做出了规定,目前使用的标准是 2007 年制定的笔译人员资格修订版。标准对于不同级别的笔译职位应具备的能力做出了具体的规定。笔译人员分为四个级别,分别为专业译员(professional translator)、高级译员(senior translator)、资深译员(advanced professional translator)和项目主管(senior project manager)。不同级别需要负责不同事务,需具备的知识和能力也有所区别。高级译员不仅需要具备专业译员的能力,同时还需要具备指导新译员的能力;资深译员和项目主管都需要具备管理翻译任务和系统的能力,能够管理新的翻译任务,能够进行双语转换并能不断发展自己作为资深译员的绩效。此外,资深译员还需要指导新译员,而项目主管则需要评估和改进笔译服务,来满足客户的需求(CILT,2013)。

这里主要介绍专业笔译译员所需的知识和能力等方面。首先,他们应具备管理翻译任务和保持所需的翻译技能,如能不断更新语言能力水平和对于目标语文化的知识,能获取翻译领域的信息及相关研究进展。其次是能够管理新任务,如能够准确评估翻译任务的难度并知道如何满足客户要求,能分辨一般性词汇和专门术语并会进行检索。再次是进行实际的笔译工作,如能根据目标语文化和交流规范,对源语进行本地化,具备专门领域知识,管理任务并能按期完成。最后是应能不断提高自己作为专业翻译的能力,能评估自己的翻译质量和规划及持续自己的专业化发展,具备翻译质量评价知识和方法,会自我评价所管理的翻译任务,知道如何增进知识和提高自己的翻译质量,具有不断进行专业化发展的消息源(CILT,2013)。

我国对于翻译人才职业胜任力又是如何界定的? 目前最新的翻译硕士指导性培养方案中并无明确规定,而是将其概括为"高层次、应用型、专业性"(广东外语外贸大学 MTI 教育中心,2014)。曾任中国外文局副局长,也是国际翻译家联盟副主席和中国翻译协会副会长的黄友义表示,翻译硕士在毕业时应获得全国翻译资格(水平)二级证书(黄友义,2007)。证书成为衡量我国翻译硕士研究生职业胜任力的重要指标。

综合欧盟笔译总司和英国国家专业笔译人员标准,西班牙学者提出的"翻译能力"理论,以及我国翻译硕士研究生培养方案中的规定,基于胜任力理论,本书将翻译硕士职业胜任力归纳为职业知识、职业能力和职业态度三个方面。

职业知识方面包括翻译专业领域知识、其他领域专业知识、一般性百科知识等内容。

职业能力方面包括中文语言能力、英文语言能力、双语转换能力、翻译软件使用能力、数据挖掘能力等。

职业态度方面则包括翻译职业认同、职业伦理及持续学习愿望等。

后面将对据此编制出的翻译硕士职业胜任力量表进行探索性因子分析和验证性因子分析，并根据分析结果进行修订。

四、专业承诺

专业承诺（professional commitment）源于对"承诺"（commitment）的研究。"承诺"是心理学、组织行为学和人力资源管理等领域的一个重要概念和研究领域（许长勇，2013）。美国社会学家贝克（Howard Becker）最早提出组织承诺（organizational commitment）的概念，用来反映雇员和组织间的心理契约（Becker，1960）。不同学者对于这一概念的理解不同，也因而形成了有一定差异的定义。大致可归为两种流派：一种是行为说，认为组织承诺就是员工为了不失去现有位置和多年投入带来的当前福利待遇，而不得不选择继续留在组织内的一种承诺；另一种是态度说，认为组织承诺是员工个体对于所在组织的一种积极态度或肯定性的心理倾向，所表现出的是员工对于所在组织感情上的依附程度和参与组织活动的程度（许长勇，2013）。员工的组织承诺已成为有效预测员工工作绩效和离职倾向问题的一种工具。

职业承诺（career commitment）是在组织承诺的基础上发展起来的概念（赵明，2013），指的是员工愿意保持原职业的意愿，工作环境中有心理归属感和更加努力工作的责任感（Allen et al.，1990）。职业承诺与组织承诺有较高相关，但不能排除可能存在的冲突（刘小平，1999）。专业承诺（professional commitment）是指对某种专业认同和卷入程度，一般专指职业承诺中具有较高专业性、需要严格职业资格准入条件的专业工作人员，如教师和护士的职业承诺即为专业承诺（许长勇，2013）。对于专业承诺的测量，一些学者采用的是龙立荣和连榕等编制的情感承诺、继续承诺和规范承诺的三维度量表来进行（许长勇，2013），所测量的人群主要为教师和护士。

近年来我国专业承诺研究所涉及人群已扩展到大学生这一群体上。大学生的专业承诺是指大学生对于所学专业的认同并愿意为之付出努力的积极的态度和行为（连榕等，2005）。随后，又有学者进一步将研究目光投向研究生的专业承诺上，如程陶等对上海市7所高校700名研究生的专业承诺进行了调查（程陶等，2008）。他们所采用的研究生专业承诺量表，是基于连榕等2005年对大学生专业承诺研究后所提出的四维度量表，即情感承诺、继续承诺、规范承诺和理想承诺（连榕等，2005）。

本书对于翻译硕士专业承诺的测量也选用这一成熟量表。翻译硕士专业承诺指的是翻译硕士对于翻译职业的认同和卷入程度。所包含的情感承诺指的是翻译硕士对于自己当前学习专业的兴趣和感情；规范承诺是指翻译硕士在专业学习和态度上表现出能遵循职业道德、社会规范和父母及好友的期望；继续承诺是指翻译硕士待在所学专业是出于自身能力、就业机会及翻译职业地位和收入等因素的考虑;理想承诺是指翻译硕士选择所学专业是因为该专业能发挥自己的特长,有利于实现自己的理想和抱负。

五、学习投入

学习投入(learning engagement)的概念主要来自两种观点:一种是作为学业倦怠的对立面进入研究视野;另一种则是随着工作投入研究范围的扩大,逐渐受到研究者的重视。前一种的观点源于 20 世纪 30 年代,学者泰勒(Ralph Tyler)指出学生投入学习的时间越多,学到的就越多。80 年代,佩斯(Robert Pace)提出了努力的质量(quality of efforts)的观点,指出仅关注学生学习时间投入是不够的,还应关注学习投入中的专注程度。随后,阿斯汀(Alexander Astin)进一步将其发展为学习投入(student involvement)理论(Figueroa,2014)。90 年代,有学者把用于掌握知识、技能或工艺的心理投资和努力等同于学习投入。学习投入已不仅指听课和完成作业等,还包括学生在学习中体验到的兴奋、对学习负有的责任和对掌握的知识感到骄傲等方面(张娜,2012)。目前一种较普遍的观点认为,学习投入是行为投入、情感投入和认知投入的组合。基于这一理论的量表,从这三个方面来进行测量,而所测量的群体多为基础教育和中等教育的学生。

另一个有影响的学习投入的概念是来自工作投入的研究,而工作投入的研究则源自工作倦怠的研究。积极心理学和组织行为学研究的兴起,使得对于工作倦怠的研究开始转向对于工作投入的研究,相应地学习投入的研究也得到研究者的关注(许长勇,2013)。率先提出学习倦怠和学习投入概念的是荷兰学者施奥斐利(Wilmar Schaufeli)等,他们认为学习投入是一种与学习有关的积极的、充实的精神状态,包括活力(vigor)、奉献(dedication)和专注(absorption)三个维度(许长勇,2013)。活力是指学习工作时精力充沛、思维敏捷,愿意并能为工作付出;奉献则是对于学习重要性的认识,有高度热情,受到激励的,具有自豪感和能迎接挑战的感觉;专注是指精神高度集中,全身心快乐地投入工作中,以至未能觉察时间的飞逝(Schaufeli et al.,2002)。他们在工作投入量表的基础上编写了学习投入量表,并对西班牙、葡萄牙和荷兰三所高校的本科生的学习投入进行了测量。

他们的研究很快就得到我国学者的关注,有代表性的是中国科学院研究生院学者方来坛等的研究成果。他们对施奥斐利等编制的学习投入量表在中国文化背景下所具有的信效度进行了检验,结果表明中文版学习投入量表的三维度结构模型有效,且学习投入各维度对学习绩效具有显著积极影响(方来坛等,2008)。我国其他学者进一步在他们修订的中文版学习投入量表的基础上进行了不同群体的实证研究。比较大规模的调查有对浙江省 6 所高校 1200 名大学生进行的调查(崔文琴,2012),对 8 所省属"211 工程"院校 2000 名本科生学习投入的调查(许长勇,

2013)，还有学者开展了对于上海某行业高校 391 名理科、工科和管理学科本科生学习投入的研究(袁文娟,2013)。

分析比较上面两种学习投入的概念及测量,不难看出源于工作投入的学习投入概念,较多地被应用于大学生和研究生学习投入方面的研究,这可能是因为大学阶段的学习与职场的工作有较多共性的缘故(张娜,2012)。鉴于国内这方面研究较多使用的是方来坛等修订的中国版学习投入量表,本书关注的也是研究生群体,因此也使用该量表并根据翻译硕士的特点进行必要修订。

本书所指的学习投入是指翻译硕士具有的与学习有关的积极的、充实的精神状态,包括活力、奉献和专注三个维度。活力是指翻译硕士学习工作时精力充沛、思维敏捷,愿意并能为学习付出;奉献是指他们对于学习重要性的认识,有高度热情,受到激励,具有自豪感和能迎接挑战的感觉;专注是指他们精神高度集中,全身心快乐地投入学习中,以至未能觉察时间流逝。

第六节　　理论建构与研究假设

前面的文献述评已经表明,国外学者对专业学位人才培养环境的共性进行了研究,有具体专业学位已将这一理论应用于培养环境的评估上,而我国学者还未开展类似研究,更不要说开展具体专业学位培养环境的研究。翻译硕士专业学位作为我国新兴专业学位,所呈现的增势和规模使得开展这方面的研究成为必要。

与其他专业学位一样,翻译专门人才培养的兴起也是源于社会环境变化。社会环境因素是研究翻译专门人才培养必然要考虑的因素。分析国内外翻译人才培养环境方面的研究成果,不难发现较多学者是聚焦课程层面的环境。大量研究成果分布于课程设置方面,已然说明了这一点。课程环境成为影响翻译专门人才培养的第二个重要因素。此外,国内外学者对于大学组织文化和学术生态环境的研究,表明大学类型和层次对于人才培养具有影响作用。另外,国内外学者对于翻译专门人才能力(即"翻译能力"和"译者能力")的持久讨论,显然说明"能力"是衡量和评估翻译专门人才培养结果的重要指标。学者们对于具体行业翻译人员职业胜任力的研究,更是以能否胜任职业来评估翻译人才能力。

专业学位人才培养环境和职业胜任力的研究,显然已经成为国外专业学位教育所关注的重点。这些研究成果为研究翻译硕士培养环境和职业胜任力研究奠定了基础,也提供了方向。下面的理论分析将构建本书的理论框架并提出研究假设,为下一步的量化实证研究提供基础。

一、专业学位人才培养环境和结果理论

翻译硕士培养的是从事翻译工作的专门人才。对于专门人才的培养,美国课程

专家斯塔克等在20世纪80年代综合分析了11种专业学位后,提出了专业学位人才培养环境和结果模型(图1-2)。这一模型是本书理论框架构建的重要理论基础。

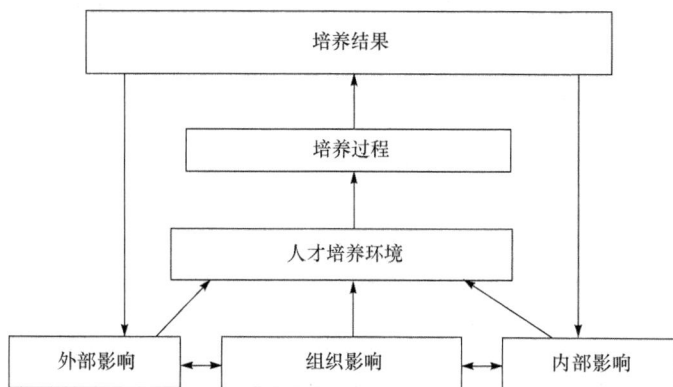

图1-2　专业学位人才培养环境和结果模型(Stark et al.,1986)

斯塔克等的专业学位人才培养环境和结果模型是通过问卷调查了美国551所高校专业学位课程负责人和教师的基础上所构建的。这一研究提出了专业学位人才培养环境的概念,指出专业学位人才培养环境受三方面因素的影响,即外部环境因素、组织环境因素和内部环境因素,并对此通过实证研究进行了验证。具体来说,外部环境因素包括来自社会和专业组织的影响;组织环境因素是大学内部不同院系课程地位等方面的影响,包括大学类型、课程与大学声望和收入方面的关系;内部环境因素是课程本身的因素,如课程目标、课程结构、师资力量等(Stark et al.,1986)。根据三方面环境因素的内涵,为方便理解,本书将其依次命名为社会环境、大学环境和课程环境。

这一研究成果建立在对11种专业学位(本科和硕士)研究的基础上,具有较强的概括性和一般性。前面对于专业学位人才和翻译硕士培养环境和职业胜任力的分析表明,社会环境因素和课程环境因素是影响翻译硕士培养环境的重要因素,大学环境是影响学生学习投入的因素,但不同类型和层次大学对于翻译硕士培养结果的研究,则需进一步的研究来检验。根据我国东西部地区经济发达水平差异较大,不同类型和层次高校间的资源配置存在一定差异,翻译硕士培养环境因而可能会存在差异,因此提出下面的假设。

H1:我国翻译硕士培养环境感知人口统计特征变量上有显著差异。

H2:我国翻译硕士培养环境感知院校特征变量上有显著差异。

对于专业学位人才培养结果,斯塔克等将其分为专业能力和专业态度两部分。前者包括理论知识、技术能力、理论实践相结合能力、社会环境理解力、应变能力、人际交往能力;后者则包括专业认同、专业伦理、竞争力、研究发展知识能力和持续学习能力(Stark et al. ,1986)。结合前面文献综述中有关翻译能力和译者能力的梳理及职业胜任力理论,翻译硕士职业胜任力可以概括为知识、能力和态度三个维度。根据文献述评和概念界定部分,可将翻译领域知识、其他专业领域知识和一般性百科知识等归入知识维度,中文语言能力、英文语言能力、双语转换能力、翻译软件使用能力等则归入能力维度,翻译职业认同、翻译职业伦理和持续学习能力等归入态度维度(图 1-3)。

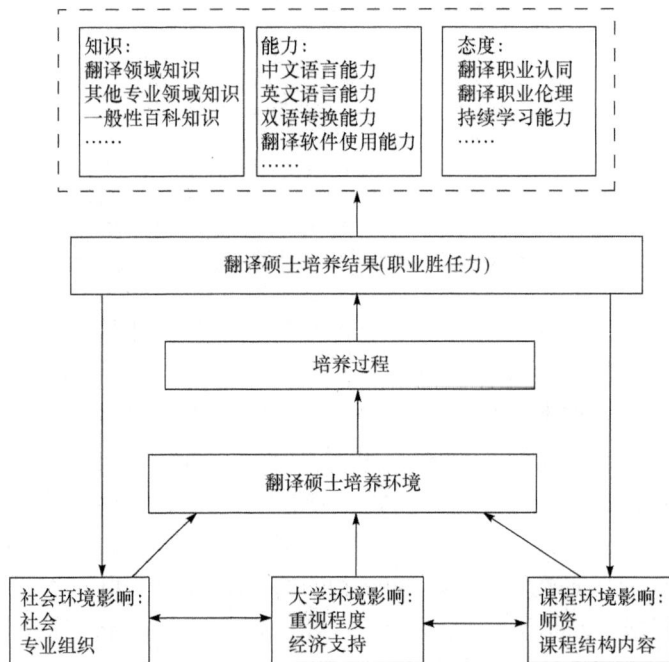

图 1-3　翻译硕士培养环境和结果模型
资料来源:根据斯塔克等理论,结合翻译硕士培养修订而成

　　这种分类的科学性将通过后面对于翻译硕士职业胜任力量表进行的因子分析和信效度分析来检验。考虑到不同年级和不同层次大学硕士研究生的职业成熟度有显著差异,翻译硕士的职业胜任力因而可能存在人口统计特征变量上的差异(杜文新,2008)。同时,根据前面对于培养环境概念的论述及斯塔克等的培养环境和结果模型,可以看出培养环境是培养结果的前因变量,对其产生直接影响,古时"孟母三迁"也正是出于这一考虑。

　　具体到翻译硕士专业学位上,可得出翻译硕士培养环境是其培养结果前因变量的推论。用翻译硕士职业胜任力这一指标来评价翻译硕士培养结果,由此而提出的研究假设如下。

　　H3:翻译硕士职业胜任力人口统计特征变量上有显著差异。

H4：翻译硕士职业胜任力院校特征变量上有显著差异。

H5：翻译硕士培养环境对翻译硕士职业胜任力有正向显著影响。

二、建构主义学习理论

上面的分析表明专业学位人才培养环境是由社会环境、大学环境和课程环境三方作用而成，培养环境作用于培养过程产生培养结果。对于培养过程的决定性因素，建构主义学习理论提供了理论依据。

建构主义思潮前的行为主义和认知主义，认为学习"无异于信息的传播"，关注的是如何将反映客观真实的知识从教室传递给学生（李妍，2007）。这种工业时代里，传统教学所培养出来的"产品"不需要有太高的思考能力。然而，知识经济时代对于人才有更高的要求。那些记忆事实性知识和程序性知识的学习，所培养出来的人才已无法满足时代的需要。

建构主义学习理论因此于 20 世纪 90 年代开始盛行，并在近年得到我国学者的高度重视。这一学习理论的产生和形成是哲学思潮、心理学和技术发展作用的结果。它认为知识是一种意义的建构，每个人按各自理解方式建构对客体的认识，知识是个体化、情境化的产物，也就是说知识离不开"每个人"的构建。对于学生，建构主义学习理论认为，学生是以原有知识经验为背景接受学习的，他们不仅水平不同，类型和角度也不同，因而不能设想所有人都一样，而应以各自背景为新知识产生的生长点。这就使得培养过程更具复杂性和重要性。至于学习，它不是教师传递知识给学生，而是由学生自我来建构知识，是学习者在原有知识经验基础上，主动对新信息加工处理、建构自己关于新知识意义的过程。学生的投入显然是影响这一过程的重要因素。对于学习条件，该理论注重情境的作用，特别是真实情境（邹艳春，2002）。培养环境的因素显然也得到了重视。

综合建构主义学习理论的观点，并具体到翻译硕士专业学位上，可以得出的推论有：①知识经济时代对于人才的要求，已使得建构主义学习理论受到重视。翻译硕士专业学位产生于同一时代背景下，建构主义学习理论成为其人才培养理论的重要基础。②建构主义学习理论和方兴未艾的学习革命，已经使得教学活动从"教"为中心转向以"学"为中心。学生的主体作用受到高度重视。同时，学习不再是被动接受的过程，而是由学生主动选择和加工，也就是说，其投入度是影响学习结果的重要因素。③学习条件是建构主义学习理论所重视的因素，这一点为开展翻译硕士培养环境的研究提供了理论支撑。综上，提出以下研究假设。

H6：学习投入是翻译硕士培养环境和职业胜任力的中介变量。

三、概念框架

哲学家对"概念框架"进行了描述，并做出肯定性的评价。概念间是彼此联系的,并且联系于一个概念网络,它们依次得以理解,并形成概念框架(也叫概念架构)来指导研究者的理论活动和实践,使其工作系统化,使得他在此处的发现影响着他对彼处发现的理解(瓦托夫斯基,1982)。概念框架是科学理论得以构建起来的保证,是人们探索世界的方法,同时也是科学理论间有效交流的保证,是理解科学自身的手段(李红章,2008)。概念框架的建构离不开文献阅读和综述,其本身可是前人的理论或模型的反映,也可根据前人各种理论,综合产生一组相互联系的概念群(张红霞,2009)。

　　对于国内外专业学位人才培养研究的分析,表明培养环境和结果已经成为研究的重点。之所以研究培养环境对翻译硕士职业胜任力的影响,主要是基于美国课程专家斯塔克等20世纪80年代的研究成果。他们提出了一个用于比较不同专业学位的,由培养环境、培养过程和培养结果(职业胜任力)构成的理论模型。这一模型对于比较不同专业学位的培养环境有益,不过,他们的研究尚未对培养环境和培养结果之间的中间变量进行研究。

　　20世纪90年代建构主义学习理论在西方受到重视,教学的中心也从"教"转向"学"。国内外研究都显示了这一点。前面对于建构主义学习理论的论述,表明学习是由学生自我建构知识,这也就为在培养环境和结果间引入学习投入的变量提供了理论支撑。同时,专业承诺和学习投入的相关研究表明,前者对后者有显著正向影响,这也就为引入专业承诺变量提供了基础。

　　由此而构建的翻译硕士培养环境和职业胜任力概念框架如图1-4所示。这一概念框架是建立在斯塔克等对于专业学位培养环境和结果研究的基础上,结合了建构主义学习理论、专业承诺和学习投入方面研究成果而构建的。

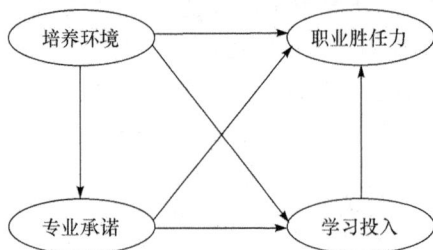

图1-4　培养环境对翻译硕士职业胜任力影响研究的概念框架

　　框架中四个椭圆表示的变量为潜变量,分别为翻译硕士培养环境、专业承诺、学习投入和职业胜任力。翻译硕士培养环境为外生潜变量,翻译硕士职业胜任力是内生潜变量。翻译硕士专业承诺和学习投入是需要检验的中介变量。据此而提出的研究假设如下。

　　H7:翻译硕士培养环境对翻译硕士专业承诺有正向显著影响。

　　H8:翻译硕士专业承诺对翻译硕士职业胜任力有正向显著影响。

H9:翻译硕士专业承诺是翻译硕士培养环境和职业胜任力的中介变量。

H10:翻译硕士培养环境对翻译硕士学习投入有正向显著影响。

H11:翻译硕士专业承诺对翻译硕士学习投入有正向显著影响。

H12:翻译硕士学习投入对翻译硕士职业胜任力有正向显著影响。

四、分析框架

概念框架或分析框架仅仅是一种理论框架,是从一个时代某些特有的社会现象中概括和抽象出来的,并不是事实本身,而是一种认识、一种概念模式,所反映的是事物的某个方面而不是事物的整体。概念框架和分析框架紧密相连,但分析框架并不一定局限于概念框架(张红霞,2009)。它是对教育事实或现象的宏观处理方式,是研究教育事实的具体方法论,是依据一定的理论体系或逻辑顺序出发,针对研究对象提出的一种研究思路或研究工具。根据研究目的的不同,教育事实或现象研究分为价值研究和事实研究两类,前者是揭示教育事实的价值理性,多采用定性思辨的方法,而后者是揭示其中的规律,更多采用定量实证的方法(孙华,2007)。

本书关注的是培养环境对于翻译硕士职业胜任力的影响,是为了发现不同环境因素对于职业胜任力的影响,是揭示培养环境与培养结果关系规律的事实研究,因而采用定量实证的方法。根据斯塔克等对于专业学位培养环境和培养结果研究的成果,前面构建的概念框架及本书的研究问题和研究假设,所构建的用来发现不同地区、大学类型和大学层次培养环境对翻译硕士职业胜任力影响研究的分析框架见表1-2。

表 1-2 培养环境对翻译硕士职业胜任力影响研究的分析框架

研究对象	影响因素	研究对象	影响因素
翻译硕士	社会	翻译硕士	活力
培养环境	大学	学习投入	奉献
	课程		专注
翻译硕士	情感承诺	翻译硕士	知识
专业承诺	规范承诺	职业胜任力	能力
	继续承诺		态度
	理想承诺		

本 章 小 结

　　本章论述研究的起缘和意义，概述了国内外翻译人才培养演进历程，对专业学位人才培养环境、职业胜任力及两者间的关系进行了文献述评，并提出研究问题。此外，还对本书中的核心概念进行了界定，构建了概念框架并提出了研究假设和分析框架。

　　对于国内外专业学位人才培养环境和职业胜任力研究的述评，表明专业学位教育发展到一定阶段，必然会开展培养环境方面的研究。职业胜任力也已成为国外专业学位教育用于评价人才培养质量的指标。与之相比，我国专业学位方面的研究和翻译硕士专业学位这方面的研究还亟待开展。

　　另外，本章以美国课程专家斯塔克等提出的培养环境和培养结果理论和建构主义学习理论为基础，构建了开展本书研究的概念框架，并提出了 4 个研究问题和12 个研究假设，来探究翻译硕士培养环境对其职业胜任力的影响。

第二章　研究方法与设计

研究方法分不同层次，有基于认识论基础提出的研究方法（research methodology），有针对特定研究问题和研究目的需要提出具体研究方法（approaches），以及具体研究设计中选用的基本研究方法。根据认识论基础、研究过程框架和研究规则的差异，社会学研究范式主要分为两类：经验主义—实证主义和自然主义—诠释学，而具体的研究方法因研究对象的复杂性呈现多样化，一般为实证研究方法、人类学研究方法，以及哲学思辨。研究设计中根据研究问题和目的，选用的基本研究方法包括实验方法、调查方法、人类学方法、历史研究方法、比较研究方法（张红霞，2009）。

研究设计是针对具体研究问题而言，是根据研究问题选择一种或几种基本研究方法的过程，是对研究过程中各步骤（文献综述、数据收集、数据分析、指出不足和得出理论）、内容和相互联系的总体规划，是在特定研究方法指导下进行的。其内容主要包括四个方面：构建方法框架、构建概念框架、选择观察和研究的对象、确定收集和分析数据的手段（张红霞，2009）。下面将具体论述本书采用的方法论，具体研究方法和研究设计。

第一节　研　究　方　法

一、研究方法论

方法论层面是关于是否有客观知识，知识是否能被人类所认识，怎样的条件下知识才能被正确认识的哲学问题；具体研究方法是在回答了方法论问题的前提下，对获得知识的具体路径和步骤的设计。社会学研究范式中的经验主义—实证主义是具有假说并基于事实对假说进行科学论证的方法，也正是本书所采用的研究范式。本书关注的是不同地区、类型和层次高校翻译硕士培养环境和职业胜任力的关系，提出了12个研究假设（详见本书第一章研究假设部分）。因此，与自然主义—诠释学相比，可以看出经验主义—实证主义的方法论更适于本书研究。

二、具体研究方法

教育研究实践中，共有三类研究方法：实证方法、人类学方法和思辨方法。实证方法是具有假说并基于事实对假说进行科学论证的方法，而人类学方法是以理解和同情为主要目的之一，不强调客观观察，因此可以说实证方法是典型或经典的科学方法。实证方法的代表人物有孔德（August Conte）、斯宾塞（Herbert Spencer）、韦伯（Max Weber）、涂尔干（Emile Durkheim）、马克思（Karl Marx）和斯金纳（Burhus Skinner），他们的方法在本体论上有较大差异，但在认识论和方法论上以不同的方式表达了可知论，推崇科学方法在人文和社会科学研究中的应用（张红霞，2009）。本书使用的具体研究方法为实证方法，通过收集我国不同地区、类型和层次大学的翻译硕士研究生对于培养环境的感知，对于专业承诺、学习投入和职业胜任力的自我评价，来分析培养环境对职业胜任力的影响及中介变量的影响作用。

第二节　研究设计

　　研究设计包括四方面内容：构建方法框架、构建概念框架、选择观察和研究的对象、确定收集和分析数据的手段。方法框架的构建是在研究策略的层面上确定实现研究目的的方法和路径，是确定运用哪些方法及其相互间的组合和协调，以实现寻找差异和解释差异的目的（张红霞，2009）。概念框架已在前面论述，下面将根据各部分研究内容和目的的需要，构建方法框架、选择观察和研究的对象并确定收集和分析数据的手段。

　　（1）研究内容一：我国翻译硕士培养环境的现状及人口统计特征和院校特征变量上的差异。

　　研究目的：影响翻译硕士培养环境的因素包括社会环境、大学环境和课程环境。不同地区和不同类型大学翻译硕士培养环境的现状及人口统计特征差异，是开展深入研究的基础，也是首先需要研究的问题。这部分研究的目的是回答研究问题 1 和检验研究假设 H1 和 H2。

　　研究方法：为了调查我国翻译硕士培养环境的现状并进行人口统计特征和院校特征变量上的差异分析，需采用实证主义研究范式。具体的研究方法为实证方法，数据收集方法是问卷调查，数据分析方法是描述性统计分析、因素分析、独立样本 t 检验和方差分析。

　　观察和研究的对象：研究内容所对应的研究问题和研究目的，决定了这部分的研究对象是我国不同地区（东西部）、不同类型大学翻译硕士的培养环境，而学生对于所处培养环境的感知，成为这部分数据的来源。

　　此处对于东西部高校的划分，沿用了 2000 年国家西部大开发战略中划分的西部地区，具体包括重庆市、四川省、陕西省、甘肃省、青海省、云南省、贵州省、广西壮族自治区、内蒙古自治区、宁夏回族自治区、新疆维吾尔自治区及西藏自治区等 12 个省（自治区、直辖市）（国家信息中心，2015）。截至 2016 年，我国共有 206 所翻译硕士培养单位，其中西部地区有 35 所。这些高校中有 2 所为外语类高校（西安外国语大学和四川外国语大学),10 所为综合性大学(其中 2 所为"985 工程"大学,8 所为"211 工程"大学),具体学校名称、类型和层次见表 2-1。

表 2-1 西部地区翻译硕士培养单位(综合类大学)

层次	名称	所在地
"985 工程"大学	四川大学	四川省成都市
	兰州大学	甘肃省兰州市
"211 工程"大学	西南大学	重庆市
	广西大学	广西壮族自治区南宁市
	贵州大学	贵州省贵阳市
	内蒙古大学	内蒙古自治区呼和浩特市
	宁夏大学	宁夏回族自治区银川市
	西北大学	陕西省西安市
	新疆大学	新疆维吾尔自治区乌鲁木齐市
	云南大学	云南省昆明市

相对于西部地区,东部地区则包括北京市、天津市、上海市、黑龙江省、辽宁省、吉林省、安徽省、河北省、山东省、江苏省、浙江省、福建省、台湾省、广东省、香港特别行政区、澳门特别行政区和海南省。根据全国翻译专业学位研究生教育指导委员会公布的院校名单,我国自 2007 年以来(截至 2013 年)东部地区设立翻译硕士的院校有 80 所,其中外语类高校为 9 所,综合类高校为 26 所(其中 6 所为"211 工程"大学,10 所为"985 工程"大学),具体名称见表 2-2。

表 2-2 东部地区翻译硕士培养单位(综合类大学)

层次	名称	所在地
"985 工程"大学	山东大学	山东省济南市
	东南大学	江苏省南京市
	浙江大学	浙江省杭州市
	北京大学	北京市
	复旦大学	上海市
	南京大学	江苏省南京市
	南开大学	天津市
	同济大学	上海市
	厦门大学	福建省厦门市
	中山大学	广东省广州市

续表

层次	名称	所在地
"211工程"大学	苏州大学	江苏省苏州市
	东华大学	上海市
	福州大学	福建省福州市
	海南大学	海南省海口市
	暨南大学	广东省广州市
	上海大学	上海市

比较东西部高校翻译硕士的学制，会发现大部分高校实行两年制的翻译硕士教育，仅有 7 所高校为 2.5 年或 3 年。为调查我国翻译硕士不同年级专业承诺、学习投入和职业胜任力的发展差异，研究特意选择了有 3 个年级学生群体的大学，具体大学名称和学制见表 2-3。

表 2-3　东西部高校中有三个年级学生群体的大学

地区	大学	翻译硕士课程学制/年
东部	上海外国语大学	2.5
	天津外国语大学	2.5
	南京大学	3
	山东大学	3
西部	西安外国语大学	3
	贵州大学	3
	西北大学	3

(2) 研究内容二：我国翻译硕士职业胜任力现状及人口统计特征和院校特征变量上的差异。

研究目的：斯塔克等研究了多种专业学位，将其培养结果概括为专业能力和专业态度。翻译硕士培养结果的评价是通过职业胜任力来衡量的。通过自评报告的方式来调查我国翻译硕士职业胜任力的现状并比较人口统计特征变量上的差异，回答研究问题 2 并检验研究假设 H3 和 H4。

研究方法：调查我国翻译硕士职业胜任力的现状并分析差异，需使用合适的量表来收集数据。研究使用自编的翻译硕士职业胜任力量表，通过项目分析、探索性因子分析、验证性因子分析的方法来检验量表的信效度。使用独立样本 t 检验和方差分析方法，分析职业胜任力在人口统计和院校特征变量上的差异。

观察和研究的对象：翻译硕士生对于自己获得的知识、能力和态度的评价，是这部分所要观察和研究的对象。我国东西部高校中有 7 所高校 3 个年级群体的翻译硕士整体,对于自己职业胜任力的评价,是这部分研究的数据来源。

(3) 研究内容三:我国翻译硕士专业承诺和学习投入现状及中介作用。

研究目的:为了回答研究问题 3 并检验研究假设 H6 和 H9,研究需要收集我国翻译硕士专业承诺和学习投入方面的数据,从而为下一研究做好准备。

研究方法:专业承诺和学习投入方面的研究已有成熟量表,使用成熟量表收集翻译硕士专业承诺和学习投入的数据,并分别进行验证性因子分析来检验两个量表的效度。同时,研究对翻译硕士专业承诺和学习投入进行描述性统计分析,并分析其在院校特征方面的差异。

观察和研究的对象:所要观察和研究的对象为我国翻译硕士的专业承诺和学习投入,具体要收集的是,我国拥有 3 个年级翻译硕士群体的 7 所大学翻译硕士专业承诺和学习投入的数据。

(4) 研究内容四:我国翻译硕士培养环境对于翻译硕士职业胜任力的影响。

研究目的:这部分研究分析翻译硕士培养环境对于翻译硕士职业胜任力的影响,以回答研究问题 3 并检验研究假设 H5、H7、H8 和 H10~H12,是本书研究的主体。研究目的是建构翻译硕士培养环境和职业胜任力的关系模型,计算培养环境对于翻译硕士职业胜任力的直接效应、间接效应和总效应。

研究方法:研究需要对翻译硕士培养环境、职业胜任力、专业承诺和学习投入两两变量进行验证,使用多元回归方法分析对于职业胜任力有预测作用的变量。同时,使用结构方程模型构建四个变量的关系,并分析和计算变量间效应。

观察和研究的对象:翻译硕士培养环境、专业承诺、学习投入和职业胜任力变量间的关系和效应。

研究内容、方法、对象和数据收集及分析匹配如表 2-4 所示。

表 2-4 研究内容、方法、对象和数据收集及分析匹配表

研究问题	研究假设	研究内容	研究方法	观察和研究的对象	收集和分析数据的手段
1	H1、H2	一	调查法	翻译硕士培养环境感知	调查问卷、探索性因子分析、验证性因子分析、独立样本 t 检验、方差分析
2	H3、H4	二	调查法	翻译硕士职业胜任力自评	调查问卷、探索性因子分析、验证性因子分析、独立样本 t 检验、方差分析
3	H6、H9	三	调查法	翻译硕士专业承诺和学习投入状况及中介作用	调查问卷、验证性因子分析,结构方程模型
	H5、H7、H8、H10~H12	四	统计分析法	培养环境对职业胜任力的影响	相关分析、多元回归分析、结构方程模型

第三节　研究数据收集和整理

研究数据的收集和整理,因研究目的和研究问题的不同而异。根据本章第二节内容和表 2-4,本书主要采用问卷调查法收集数据,使用 SPSS 软件整理收集到的问卷数据。使用 AMOS 软件分析翻译硕士培养环境、专业承诺、学习投入和职业胜任力的关系并构建模型。本节将主要从抽样框设定和数据来源、调查工具和问卷设计、数据收集和整理三个方面来具体论述。

一、抽样框设定和数据来源

抽样框是指在实际抽样实施中准备抽取的或可能被抽取的总体中的亚总体(张红霞,2009)。科学合理的抽样框不仅能节约研究成本,更重要的是能够较为客观地代表和反映研究对象的整体情况。抽样框的制定应根据研究目的和研究问题的需要来进行。翻译硕士职业胜任力研究的一个重要目的,是调查我国翻译硕士研究生培养环境、专业承诺、学习投入和职业胜任力的现状,因此所制定的抽样框应涵盖不同地区、不同层次和不同类型的大学。限于研究时间等因素,最终确定的抽样原则为:翻译硕士培养单位中学制大于两年的硕士群体。我国共有 7 所大学符合这个条件,依据地理位置划分,东部地区有 4 所,西部地区有 3 所;依据大学类型划分,4 所为综合类大学,3 所为外语类院校。

选取学制为两年以上的翻译硕士课程,也就是有三个年级翻译硕士群体为被试的主要考虑是:研究关注的是培养环境对于职业胜任力的影响,学制的长短必然会决定培养环境对于学生影响的程度。大学犹如一个"泡菜坛子"(张春雷等,2015),浸泡的时间自然影响浸泡的效果。因此,选取了有三个年级翻译硕士学生群体的高校为被试对象。鉴于该学位招生人数较有限的实际情况,采用整群抽样的方法抽取了这七所大学三个年级的所有翻译硕士研究生为研究样本。

研究数据主要来源于问卷调查和访谈内容。问卷调查是为了调查翻译硕士三个年级学生对于所处的翻译硕士培养环境、所具有的专业承诺、学习投入和职业胜任力的评价,由一份问卷来收集。访谈内容为访谈翻译硕士研究生和毕业生的结果,是通过半结构性访谈提纲来获取。

二、调查工具和问卷设计

所使用的调查工具为自编的一份翻译硕士研究生培养研究调查问卷和一份用于翻译硕士学生的访谈提纲。调查问卷由问卷填答者信息和四个量表构成。这四个量表分别测量翻译硕士培养环境、专业承诺、学习投入和职业胜任力方面的情况,共包括 119 个问题,其中开放式问题为 2 个,其余为封闭式问题。

　　问卷第一部分由 23 个问题构成,其序号由两部分组成,字母 d 和阿拉伯数字(d 代表 data,即数据)。d1、d2、d3 题收集学生的个人信息,包括性别、年龄、家庭所在地。d4～d11 和 d14 题收集学生学习背景信息,包括学制、年级、实习经历、第一学历背景和外语水平等方面信息。d12 和 d13 题收集大学信息。d15 和 d16 题调查学生对于翻译职业信息的了解程度。d17 题询问学生未来规划,剩下的 6 题收集学生对于在读的翻译硕士课程的评价。

　　问卷第二部分为翻译硕士培养环境感知量表,由 28 个问题组成。这部分是基于美国课程专家斯塔克等在 20 世纪 80 年代的专业学位培养环境的研究成果,从社会环境、大学环境和课程环境三方面来调查学生对于培养环境的感知。斯塔克等的研究虽然提出了培养环境和结果的概念,并进行了专业学位课程间的比较,但所提出的三个环境层面是否适于我国翻译硕士培养环境的评价,还需根据翻译硕士课程的特点进行修订和验证。

　　问卷第三部分为翻译硕士专业承诺量表,包括 25 个题目。这部分主要是借鉴了连榕等 2005 年提出的大学生专业承诺量表,并根据翻译硕士研究生特征修订而成,由情感承诺、规范承诺、继续承诺和理想承诺四个维度构成。

　　问卷第四部分为翻译硕士学习投入量表,由 17 个题目构成。这一量表也是在前人研制量表的基础上修订而成,分为活力、奉献和专注三个维度。

　　问卷第五部分是自编的翻译硕士职业胜任力量表,由 26 个问题组成。这部分依据了职业胜任力理论,在横向比较不同国家翻译硕士培养目标的基础上,设计了涵盖知识、能力和态度三方面的题项。具体问卷结构见表 2-5。

　　问卷最后一部分是一个开放性问题,收集翻译硕士培养环境改进建议。

表 2-5　培养环境对翻译硕士职业胜任力影响研究问卷结构

问卷组成	问卷结构	题项	题项数/个	题号	题项类型
第一部分	问卷填答者信息	性别	1	d1	封闭
		年龄	1	d2	开放
		家庭所在地	1	d3	封闭
		学制	1	d4	封闭
		年级	1	d5	封闭
		实习经历	1	d6	封闭
		身份(在职)	1	d7	封闭
		第一学历背景	3	d8～d10	封闭
		外语水平	1	d11	封闭
		大学信息	2	d12、d13	封闭

续表

问卷组成	问卷结构	题项	题项数/个	题号	题项类型
第一部分	问卷填答者信息	翻译资格	1	d14	封闭
		翻译职业信息	2	d15、d16	封闭
		未来规划	1	d17	封闭
		课程评价	3	d18～d20	封闭
		大学环境评价	1	d21	封闭
		社会环境评价	1	d22	封闭
		学习经历评价	1	d23	封闭
第二部分	翻译硕士培养环境感知	社会环境	6	h1～h6	封闭
		大学环境	8	h7～h14	封闭
		课程环境	14	h15～h28	封闭
第三部分	翻译硕士专业承诺	情感承诺	8	c1～c3、c5、c8、c9、c15、c18	封闭
		规范承诺	5	c12、c13、c17、c20、c24	封闭
		继续承诺	9	c4、c6、c10、c11、c19、c21～c23、c25	封闭
		理想承诺	3	c7、c14、c16	封闭
第四部分	翻译硕士学习投入	活力	6	t1～t6	封闭
		奉献	6	t7～t11、t17	封闭
		专注	5	t12～t16	封闭
第五部分	翻译硕士职业胜任力	知识	4	s1～s4	封闭
		能力	13	s5～s17	封闭
		态度	9	s18～s26	封闭
第六部分	翻译硕士培养环境改进建议	社会、大学、课程	1	—	开放
	合计		120	—	—

三、数据收集和整理

数据收集是通过实施问卷和访谈来进行。本小节主要描述量化数据的收集，质性访谈内容详见第七章。量化数据是通过实施翻译硕士研究生培养调查问卷来收集。问卷实施并收回的时间集中于 2014 年 9 月和 10 月。2014 年 9 月收集了五所大学翻译硕士研究生填答的问卷。由于十一假期的缘故,有 2 所大学的问卷在 10 月收回。7 所学校发放的问卷合计 844 份,收回问卷 685 份,其中有效问卷 602 份,有效回收率为 71.3%。

问卷实施采用纸质问卷和电子问卷发放相结合的方式,具体方式根据被试实际情况而定。一般给在校学生发放纸质问卷,给在外实习的学生发送电子问卷。对于纸质问卷的具体发放,首先确定了 7 所高校负责发放问卷的负责人。这些负责人均为该校翻译硕士课程相关的专职任课教师或管理者,具有实施问卷的便利性,所具有的专业素养也为成功实施问卷提供了保证。其次,根据各校翻译硕士的人数印制了所需问卷,并根据需要购买了小礼品,通过快递的方式发给问卷实施负责人。为保证数据的真实性,研究者不仅通过电话和网络的形式予以强调,还随问卷附上了实施说明信,尽可能地提高数据收集质量。同时,每份问卷开始部分的封面信,还特别说明了研究的目的和性质,来打消被试的顾虑,以获得可靠的数据。最后,问卷实施的方式主要是由任课教师在课堂上发放,由学生当堂填写,以保证问卷的回收率。问卷填答的时间一般为十分钟左右。

电子问卷的发放工作有两种形式:一种是由问卷发放负责人转发电子问卷,由学生填答后直接返回给研究者;另一种形式是由问卷发放负责人或班长统一收集后返回。给出的问卷返回建议时间为一周。具体发放情况见表 2-6。

表 2-6　东西部七所样本高校问卷发放和回收情况表

地区	大学	纸质问卷数/份		电子版问卷数/份		收回问卷数/份	占总收回问卷数比例/%
		发放	收回	发放	收回	合计	
西部	A	103	89	47	29	118	17.2
	B	144	117	77	25	142	20.7
	C	41	39	18	12	51	7.4
东部	D	72	62	—	—	62	9.1
	E	80	62	—	—	62	9.1
	F	94	93	5	2	95	13.9
	G	122	116	41	39	155	22.6
合计		656	578	188	107	685	100

问卷回收主要以快递寄回的方式。发放问卷负责人收回填答过的纸质问卷,使用给出的回邮地址和建议的快递方式寄回问卷。问卷收回后进行了编码处理。编码由两部分组成:第一部分为字母(学校代码);第二部分为阿拉伯数字。例如,A1 代表 A 大学的第一份问卷。在问卷编码的过程中,研究者对问卷进行了初步筛选,剔除了信息填答不全及填答态度不认真(如所有题项勾选的答案相同)及恶意复制的问卷。随后,进行了数据录入工作,并对录入的数据进行了数据清理和随

机抽检，以确保数据的输入质量。整理后，得到的有效问卷为 602 份，有效回收率为 71.3%，具体分布情况见表 2-7。样本的人口统计特征分布见表 2-8。

表 2-7 东西部七所样本高校有效问卷分布情况

大学	有效问卷/份	百分比/%	累计百分比/%
A	97	16.1	16.1
B	132	21.9	38.0
C	44	7.3	45.3
D	56	9.3	54.6
E	47	7.8	62.4
F	89	14.8	77.2
G	137	22.8	100.0
合计	602	100.0	

表 2-8 样本人口统计特征分布（$n=602$）

题项	样本信息	人数/人	比例/%	题项	样本信息	人数/人	比例/%
性别	女	506	84.1	有翻译职业实习	否	326	54.2
	男	96	15.9		是	276	45.8
所在年级	研一	278	46.2	第一学历大学	普通高校	421	69.9
	研二	217	36.0		"211 工程"大学	120	20.0
	研三	107	17.8		"985 工程"大学	61	10.1
大学类型	综合类	275	45.7	大学地域	西部	270	44.9
	外语类	327	54.3		东部	332	55.1
英语水平	CET4	2	0.3	有翻译资格证	否	465	77.2
	CET6	63	10.5		是	137	22.8
	TEM4	17	2.8	在职情况	否	471	78.2
	TEM8	520	86.4		是	131	21.8
第一学历专业	非英语	74	12.3	毕业后打算	没打算	22	3.7
	英语	528	87.7		国内深造	13	2.1
家庭所在地	乡村	165	27.4		国外深造	14	2.3
	县镇	140	23.3		就业(非翻译类)	264	43.9
	中小城市	203	33.7		就业(翻译类)	247	41.0
	省会城市	85	14.1		创业	9	1.5
	直辖市	9	1.5		其他	33	5.5

第四节　研究的可靠性

定量研究的可靠性主要取决于研究设计和测量工具的信度和效度(张红霞, 2009)。对于研究设计的描述表明,研究培养环境对翻译硕士职业胜任力的影响建立在斯塔克等的培养环境理论、建构主义学习理论、专业承诺理论、学习投入理论和职业胜任力理论的基础上。测量工具的信效度是本节所要讨论的主要内容。测量工具是测量翻译硕士培养环境、专业承诺、学习投入和职业胜任力的问卷,由四个量表组成,分析这些量表的信度和效度是确保研究可靠性的主要保证。其中专业承诺量表和学习投入量表为前人使用的成熟量表,可直接使用,不需要再做信效度分析。下面分别论述翻译硕士培养环境和职业胜任力两个量表的效度和信度。

一、效度分析

量表的效度是对其有效性的反映,指测量的结果能够真正反映测量目的和意图的程度(张红霞,2009)。对于整份问卷的效度,主要通过计算量表的效度来进行,也就是研究问卷包括的培养环境量表和职业胜任力量表。效度分析主要通过项目分析和因子分析来进行。项目分析是通过求出个别题项的临界比率值,剔除未达显著水准的题项(吴明隆,2000)。分别对两个量表进行项目分析,结果发现培养环境量表和职业胜任力量表的 t 值均显著,题项具有鉴别度。接下来使用了SPSS统计软件对这两个量表进行了因子分析来检验其建构效度。

对于质性研究中是否应该使用"效度"和如何使用这一概念,学者们持不同的观点。大部分质性研究者使用"效度"的概念来讨论研究结果的真实性。这里的"真实性"是指所表述的研究结果是否"真实"地反映了特定条件下某研究人员为实现特定研究目的而研究某一问题及采用相应研究方法对某事物进行研究的活动(陈向明,2000)。对于质性研究效度的问题,因其发生在研究过程开始后,具体解除"效度威胁"的方法见第七章质性研究部分。

二、信度分析

信度分析同样也包括量化研究和质性研究两部分。质性研究者基本的共识是,在质性研究中不讨论信度的问题,因此本书信度分析是针对量化研究进行的(陈向明,2000)。量化研究的信度检验旨在了解问卷的可靠性和有效性(吴明隆,2000)。在完成对翻译硕士培养环境和职业胜任力两个量表的因子分析后进行信度检验,是为了鉴定测量结果一致性和稳定性。问卷的信度取决于构成问卷的每一个量表的信度(张红霞,2009)。构成问卷的四个量表中,有两个为成熟量表,因此只需要对翻译硕士培养环境量表和职业胜任力量表进行信度检验。

这两个量表分别由28个和26个题项构成，均为封闭式问题。翻译硕士研究生根据个人对培养环境的感知和职业胜任力的自我评价，勾选对应数字。数字1~5分别表示完全不同意、不同意、不清楚、同意和完全同意。对于这种检验利克特态度量表信度的方法，常用的方法是计算科隆巴赫系数（Cronbach's alpha）。因此，这里也对两个量表因子层面和量表的科隆巴赫系数进行计算，其结果均在0.7以上，表明这两个量表的信度较好。

第五节　研　究　伦　理

教育研究中必须认真对待研究伦理的问题，我国这方面内容主要包括"知情同意"和"尊重"两方面（张红霞，2009）。"知情同意"方面，主要是通过调查问卷的封面信（见附录A）解释本次研究是出于科学研究的目的，使得被试者消除疑虑。对于个别院校，根据需要，提交收集该校翻译硕士研究生数据的申请，在得到对方批准后实施问卷。"尊重"方面，主要是通过赠送文具作为填答问卷礼品的方式，来表示对填答者劳动的尊重。对于具体负责问卷实施工作的各院校联系老师，在口头和书面交流中使用敬语，并赠送礼品来表示对其时间和精力付出的尊重。进行访谈收集质性研究所需信息时，则遵循了自愿、保密、公正合理等原则（陈向明，2000）。

本　章　小　结

本章具体论述了开展研究的方法、研究设计、研究数据收集与整理、研究的可靠性和研究伦理。主要采用的是量化实证研究的方法，并辅以质性研究访谈的方法。在研究设计部分具体论述了不同研究内容对应的研究方法、研究对象和数据收集及分析方法。数据收集和整理部分主要描述了收集研究数据所使用的抽样框、调查工具来源和编制、数据收集、清理和录入工作。研究采用的是整群抽样的方法来收集数据。数据分析方法是通过使用SPSS和AMOS软件来进行。研究可靠性部分概括性地论述了对于所用量表信度和效度的考量，并为后面具体进行信度和效度检验做好铺垫。研究伦理对于量化研究和质性研究中，如何体现"知情同意"和"尊重"问卷填答者及遵循的原则进行了说明。

第三章　翻译硕士培养环境研究

正如古今中外先贤所论述的,环境对于人的发展有直接或间接影响。环境对于高等教育的人才培养同样也会产生影响,"赠地学院"和专业学位的产生便是极好的例证。不同专业学位的学制和课程的变化,不仅反映了社会环境和大学环境的影响,也进而与课程环境共同形成了各自的人才培养环境。

对于人才培养环境,无论是 20 世纪 80 年代斯塔克等、90 年代阿斯汀(Alexander Astin)的"输入-环境-结果"(input-environment-outcome)研究(Astin et al. ,2012),以及具体专业学位培养环境方面的研究,都表明环境对于结果的作用。这些研究成果是本书的理论基础,同时也是激发深入研究具体专业学位培养环境的动因。新兴专业硕士学位翻译硕士的培养环境,因其培养单位数量的增势和规模,成为迫切需要研究的实际问题。翻译硕士培养环境的现状及人口统计特征和院校特征上的差异,成为需要实证调查和统计分析的问题。本章至第六章内容构成研究的主体部分。

第一节　翻译硕士培养环境量表设计与检验

一、目的

根据前面对于翻译硕士培养环境进行的文献综述和所构建的理论框架,本节研究设计了翻译硕士培养环境量表,并对其信度和效度进行检验。

二、方法

（一）翻译硕士培养环境概念的可操作化与测量

培养环境的理论概念是由美国课程专家斯塔克等提出,包含社会环境、大学环境和课程环境三个层面的环境因素。这里继续沿用这三个维度。概念的可操作性特征一般表现为概念具有较低的抽象程度、指标具有特指性并尽可能用行为表示态度(张红霞,2009)。翻译硕士培养环境三个维度的可操作性定义如下。

1. 社会环境

本书中的社会环境是指国家制定的利于翻译硕士培养的法规政策，翻译职业的社会地位、收入和就业机会，以及翻译专业组织和雇主参与翻译硕士培养的情况。

2. 大学环境

本书中的大学环境是指翻译硕士培养单位（一般是大学）对于翻译硕士培养工作重视的程度，翻译硕士学生享受的权益，学校为其提供的图书资源、上课环境、生活环境、学术交流机会、实习/实践机会。

3. 课程环境

本书中的课程环境是指翻译硕士培养中师资和课程情况。前者包括专兼任教师的比例、教师的学历、教学能力、教学投入、教学效果、翻译实践和胜任力；后者包括翻译硕士课程的目标、结构和内容。三个维度的具体测量指标见表 3-1。

表 3-1　翻译硕士培养环境测量指标

维度	测量指标	题项序号
社会环境	我国相关法规政策利于翻译硕士培养	h1
	翻译职业收入高	h2
	翻译职业地位高	h3
	翻译行业就业机会多	h4
	翻译行业雇主积极参与翻译硕士培养	h5
	翻译专业组织积极参与翻译硕士培养	h6
大学环境	本校重视翻译硕士培养工作	h7
	本校为翻译硕士提供了充足的图书资源	h8
	本校为翻译硕士提供了适宜的上课环境	h9
	本校为翻译硕士提供了适宜的生活环境	h10
	本校为翻译硕士提供了充足的学术交流机会	h11
	本校为翻译硕士提供了充足的翻译实习/兼职机会	h12
	本校对于翻译硕士所在学院与其他学院同等重视	h13
	本校翻译硕士研究生与其他硕士研究生享有平等权利	h14

续表

维度	测量指标	题项序号
	本校翻译硕士专兼职教师比例合适	h15
	本校翻译硕士教师学历水平高	h16
	本校翻译硕士教师教学能力强	h17
	本校翻译硕士教师重视课程教学	h18
	本校翻译硕士教师教学态度认真	h19
	本校翻译硕士教师教学投入度高	h20
课程环境	本校翻译硕士教师教学效果好	h21
	本校翻译硕士教师翻译实践经验丰富	h22
	本校翻译硕士教师能胜任目前教学工作	h23
	本校翻译硕士课程目标清晰	h24
	本校翻译硕士理论与实践课比例合适	h25
	本校翻译硕士课程开设顺序合理	h26
	本校翻译硕士课程内容适切	h27
	本校翻译硕士课程实践以真实翻译任务为主	h28

（二）翻译硕士培养环境量表的编制

翻译硕士培养环境量表的编制主要是基于美国课程专家斯塔克等提出的培养环境的理论概念,采用了社会环境、大学环境和课程环境三维度的分法。我国虽有学者已对培养环境有所探究,但目前还鲜见相关理论成果,其他国家的学者也未有其他的成果,因此,本节的量表编制仍然沿用这三个维度,并形成了由 28 个题项构成的量表。量表使用了利克特五点计分法(1 表示完全不同意,5 表示完全同意),来测量翻译硕士学生对于其培养环境的感知。得分越高表示越认同其所处的翻译硕士培养环境。量表编制后,主要通过专家咨询法,就量表的结构和内容及具体题项的设计与表述请教了大学课程方面的专家。为确保题项表述得足够清晰并易于理解,笔者请具有丰富翻译实践经验的陕西省翻译协会秘书长、省外事办公室的翻译及翻译硕士的往届毕业生进行评价,并根据建议进行了修订,历时三个月左右。

（三）翻译硕士培养环境量表的检验

本节采用了探索性因子分析和验证性因子分析的方法,对翻译硕士培养环境量表进行效度检验。因子分析是一种常用的检验量表结构效度的方法,是以最少的信息丢失为前提,将众多的原有变量综合成较少的几个综合指标(即因子),所具有的特点有:其个数远少于原有变量的个数,能够反映出原有变量的绝大部分信息,因子间的线性关系不显著,其命名具有解释性(薛薇,2011)。探索性因子分析和验证性因子分析需要独立的样本,将所收集到的数据(样本数＝602)随机抽取了50％的样本进行因子分析,其余数据用于验证性因子分析。

　　主要的检验步骤为:一是对这部分样本的 KMO(Kaiser-Meyer-Olkin)和巴特利特球度检验(Bartlett test of sphericity)。KMO 值越接近 1,意味着变量间的相关性越强,而巴特利特球度检验的统计量的观测值比较大,且对应的概率 p 值小于给定的显著性水平,则拒绝原假设,表示原有变量适合做因子分析(薛薇,2011)。二是对适合做因子分析的题项进行因子分析。研究采用主成分分析法提取因子,采用最大方差法旋转因子,提取特征值大于 1 的因子。

三、结果

(一)翻译硕士培养环境探索性因子分析

1. 项目分析

　　项目分析即求出每一个题项的临界比率值(critical ratio, CR)(吴明隆,2000)。具体步骤为:先求出翻译硕士培养环境问卷的总和并进行排序,得分最高的 27％为高分组,最低的 27％为低分组。接下来对这两组进行独立样本 t 检验。如果得出的 CR 值显著,则表示该题项能鉴别不同受试者的反应,具有鉴别性,可以保留,否则可考虑将其删除。

　　与此同时,研究者还计算了这部分变量的相关系数矩阵和变量共同度。观察相关系数矩阵中大部分相关系数值,看其是否均大于 0.3(薛薇,2011)。变量共同度也就是变量方差,如果原有变量大多数的变量共同度均较高(接近 1),则说明所提取的因子能反映原有变量的大部分。综合考虑 CR 值、变量的相关系数(大于0.3)矩阵和变量共同度,研究者多次尝试,最终删除了 h4、h7、h21、h22、h23、h24、h25、h26、h28 这 9 个题项,得到了一个包含 19 个题项的翻译硕士培养环境量表。接下来要进行的是探索性因子分析。

2. 探索性因子分析

　　因子分析的前提条件是原有变量间有较强的相关关系(薛薇,2011)。前面的分析显示,大部分变量的相关系数大于 0.3,适合进行因子分析。同时,大部分原有变量的变量共同度也较高,表明因子分析的效果会较好。另外两种研究原有变量是否相关、是否适合进行因子分析的方法,是进行 KMO 和巴特利特球度检验,结果如表 3-2 所示。当 KMO 值越大,表示变量间的共同因素越多,越适合进行因子分析;KMO 值若小于 0.5,则不太适合进行因子分析(吴明隆,2000)。翻译硕士样本的 KMO 值为 0.891,而巴特利特球度检验结果为显著($p<0.001$),表明母群体相关矩阵间有共同因素存在,适合做因子分析。

表 3-2　翻译硕士培养环境量表的 KMO 和巴特利特球度检验结果

巴特利特球度检验			KMO 检验
近似卡方值	自由度	显著性	
1907.622	120	0.000	0.853

进一步检验因子负荷矩阵旋转结果并对问卷进行信度检验。研究采用主成分分析法,用最大方差变异法旋转因子,保留特征值大于 1 的因子,并删除了有双重负荷现象的题项,保留因子负荷大于 0.4 的题项。经过多次尝试,得到如表 3-3 所示的翻译硕士培养环境量表因子分析结果。依据提取出来的三个因子的实际含义,将其分别命名为教学环境因子、大学环境因子和社会环境因子,其特征值分别为 3.393、2.973 和 2.520,累计解释变异量为 55.537%。

表 3-3　翻译硕士培养环境量表因子分析摘要

因子名称	指标	解释变异量/%	因子		
			1	2	3
教学环境	h19 本校翻译硕士教师教学态度认真	21.208	0.860	—	—
	h17 本校翻译硕士教师教学能力强		0.786	—	—
	h18 本校翻译硕士教师重视课程教学		0.765	—	—
	h20 本校翻译硕士教师教学投入度高		0.756	—	—
	h16 本校翻译硕士教师学历水平高		0.731	—	—
大学环境	h10 本校为翻译硕士提供了适宜的生活环境	18.582	—	0.736	—
	h11 本校为翻译硕士提供了充足的学术交流机会		—	0.693	—
	h9 本校为翻译硕士提供了适宜的上课环境		—	0.647	—
	h14 本校翻译硕士研究生与其他硕士研究生享有平等权利		—	0.630	—
	h8 本校为翻译硕士提供了充足的图书资源		—	0.630	—
	h13 本校对于翻译硕士所在学院与其他学院同等重视		—	0.568	—
社会环境	h2 翻译职业收入高	15.747	—	—	0.732
	h3 翻译职业地位高		—	—	0.716
	h1 我国相关法规政策利于翻译硕士培养		—	—	0.691
	h5 翻译行业雇主积极参与翻译硕士培养		—	—	0.687
	h6 翻译专业组织积极参与翻译硕士培养		—	—	0.611
特征值			3.393	2.973	2.520

因子分析后,需要检验量表的信度来确保其可靠性和有效性。一般是通过检验量表内部信度,常用的方法是计算科隆巴赫系数。内部信度实际上就是看每一

个量表是否测量单一概念，以及组成量表的题项的内在一致性如何（吴明隆，2000）。对于量表信度系数的检验，不仅要计算总量表的，而且要计算各构想层面的信度系数，因而分别进行翻译硕士培养环境总量表和三个因子层面信度系数的检验，具体结果见表3-4。一般来说，信度系数在0.7以上，表示量表信度较好。可以看出，翻译硕士培养环境总量表的信度系数为0.860，三个因子层面的信度系数为0.882、0.789和0.742，均高于0.7，因此可以说这一量表的信度较好。

表 3-4　翻译硕士培养环境信度检验结果

因子	科隆巴赫系数	题项数/个
教学环境因子	0.882	5
大学环境因子	0.789	6
社会环境因子	0.742	5
总量表	0.860	16

（二）翻译硕士培养环境量表验证性因子分析

上面对于翻译硕士培养环境进行的探索性因子分析表明，这一量表是由教学环境因子、大学环境因子和社会环境因子组成。与课程相关的题项未能通过项目分析，因而被剔除。下面对翻译硕士培养环境量表进行验证性因子分析（confirmatory factor analysis）。

探索性因子分析是为了建立问卷的建构效度，而验证性因子分析则是要检验此建构效度的适切性和真实性（吴明隆，2010）。探索性因子分析是用于问卷编制的预试上，通过不断尝试，最终确定量表的最佳因子结构（表3-5）；接下来就需要用不同的样本来检验量表包含的因子是否与最初探究的构念相同，也就是进行验证性因子分析。前面从总样本中随机抽取了50%的样本（$n=301$）进行探索性因子分析，验证性因子分析使用的是另一半样本（$n=301$）。验证性因子分析属于结构方程模型（structural equation modeling）的一种次模型，是结构方程模型分析的一种特殊应用。

表 3-5　翻译硕士培养环境量表因子层面及所含题项

因子层面	所含题项
教学环境	1. 教师学历（h16）　2. 教学能力（h17）　3. 重视教学（h18） 4. 教学态度（h19）　5. 教学投入（h20）
大学环境	6. 图书资源（h8）　7. 上课环境（h9）　8. 生活环境（h10） 9. 学术交流机会（h11）　10. 学院地位（h13）　11. 学生地位（h14）
社会环境	12. 法规政策（h1）　13. 职业收入（h2）　14. 职业地位（h3） 15. 雇主参与（h5）　16. 专业组织参与（h6）

　　研究者对于潜变量的内容与属性提出适当的测量变量来组成测量模型,就可以通过验证性因子分析,对潜变量的结构或关系进行分析(吴明隆,2010)。前面对翻译硕士培养环境量表进行的探索性因子分析,已确定了培养环境这一潜变量的测量指标,需要通过验证性因子分析来验证前面得出的翻译硕士培养环境的因子结构模型是否与实际数据适配。

　　翻译硕士培养环境量表验证性因子分析概念模型如图 3-1 所示,是由 3 个公因子(教学环境因子、大学环境因子和社会环境因子)及 16 个指标变量构成。

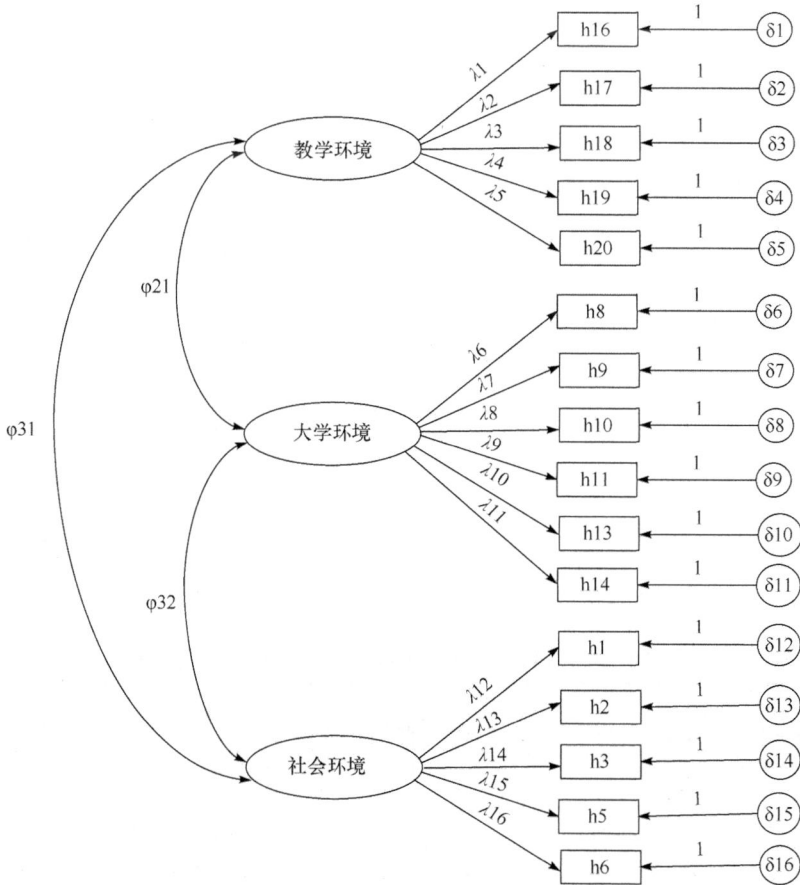

图 3-1　翻译硕士培养环境量表验证性因子分析概念模型图

　　采用极大似然法(maximum likelihood estimates)估计而得出的翻译硕士培养环境标准化估算值模型见图 3-2。翻译硕士培养环境测量模型标准化回归系数值见表 3-6。

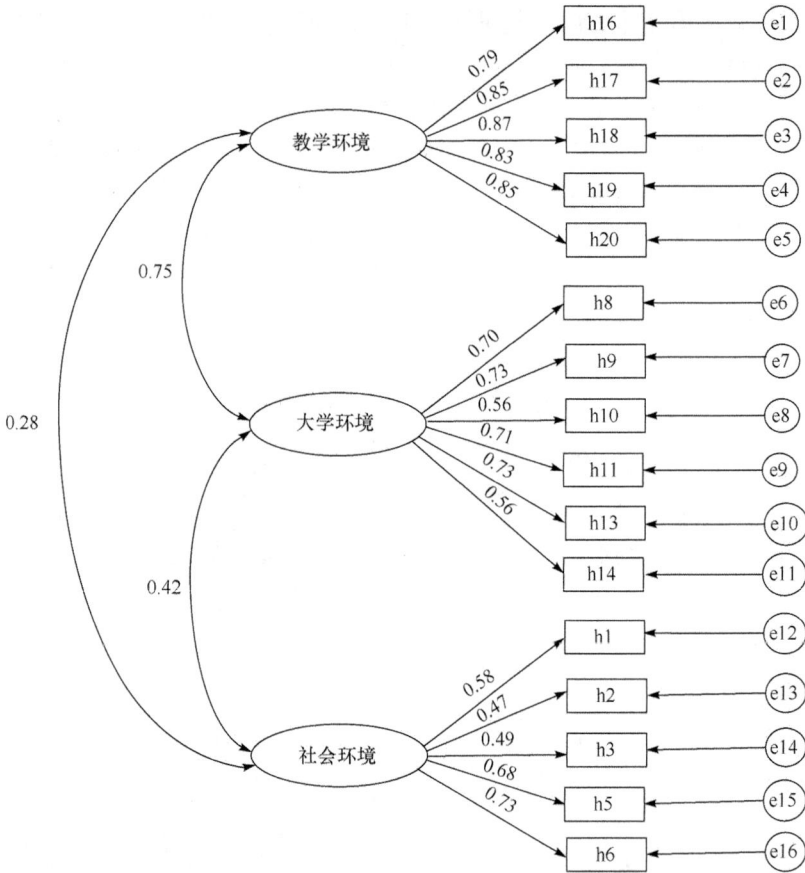

图 3-2　翻译硕士培养环境标准化估算值模型图

表 3-6　翻译硕士培养环境测量模型标准化回归系数值

题项	影响关系	培养环境	估计值	t 值	显著性	题项	影响关系	培养环境	估计值	t 值	显著性
h16	←	教学环境	0.790	—	—	h10	←	大学环境	0.561	8.823	＊＊＊
h17	←	教学环境	0.846	16.418	＊＊＊	h11	←	大学环境	0.732	11.267	＊＊＊
h18	←	教学环境	0.867	16.939	＊＊＊	h13	←	大学环境	0.713	11.004	＊＊＊
h19	←	教学环境	0.832	16.046	＊＊＊	h14	←	大学环境	0.563	8.847	＊＊＊
h20	←	教学环境	0.850	16.512	＊＊＊	h1	←	社会环境	0.585	—	—
h8	←	大学环境	0.696	—	—	h2	←	社会环境	0.473	6.323	＊＊＊
h9	←	大学环境	0.734	11.292	＊＊＊	h3	←	社会环境	0.485	6.445	＊＊＊
h6	←	社会环境	0.731	8.250	＊＊＊	h5	←	社会环境	0.682	8.041	＊＊＊

注：＊＊＊表示显著性的概率值小于 0.001。

观察表 3-6 可以看出,所有回归路径系数达到了统计显著水平。标准化路径系数代表的是公因子对测量变量的影响,同时,也反映了各测量变量对于潜在因素的相对重要性。因此,可以看出教学环境公因子对测量指标 h16 的直接效果值为 0.790,其预测力为 $0.790 \times 0.790 = 0.624$。教学环境对测量指标 h17 的直接效果值为 0.846,其预测力为 $0.846 \times 0.846 = 0.716$。教学环境公因子对于测量指标 h18 的直接效果值较其他四个测量指标大,为 0.867,预测力为 $0.867 \times 0.867 = 0.752$。

同样,观察大学环境因子对六个测量指标的直接效果值,可以看出这一公因子对 h9 的直接效果值较大,为 0.734,其预测力为 $0.734 \times 0.734 = 0.539$。也就是说,"本校为翻译硕士提供了适宜的上课环境"这一测量指标在"大学环境"因子中较其他五个测量指标更为重要。观察社会环境因子对其五个测量指标的直接效果值,可看出其对 h6 的直接效果值大于对其他四个测量指标的,为 0.731,预测力为 $0.731 \times 0.731 = 0.534$。对 h2 测量指标的直接效果值为 0.473,预测力为 $0.473 \times 0.473 = 0.224$。一般来说,标准化回归系数即因素负荷值介于 $0.50 \sim 0.95$,表示模型的基本适配度良好,而因素负荷值越大,表示指标变量能被构念解释的变异越大,说明指标变量能有效反映其要测得的构念特质(吴明隆,2010)。指标变量 h2(翻译职业收入高)和 h3(翻译职业地位高)的因素负荷值虽未达 0.50,但已较为接近。

观察模型拟合指数,能对模型与实际数据拟合度进行判断。检验实际数据与理论模型一致性程度的拟合指标,常用的有以下几个,如 RMR、RMSEA、GFI、AGFI、NFI、RFI、IFI、TLI、CFI,具体的标准见表 3-7。根据探索性因子分析结果,得出教学环境、大学环境和社会环境三个因子,使用另一半样本数据进行验证性因子分析,检验结果见表 3-7。比较检验结果和模型拟合标准,可以看出翻译硕士培养环境量表结构模型与实际数据拟合程度较好,验证了翻译硕士培养环境量表的构成,即包含社会环境、大学环境和教学环境三个因子。

表 3-7　翻译硕士培养环境模型适配度检验摘要表

拟合指标	标准	检验结果	拟合指标	标准	检验结果	拟合指标	标准	检验结果
RMR	<0.05	0.400	AGFI	>0.90	0.920	IFI	>0.90	0.955
RMSEA	<0.10	0.057	NFI	>0.90	0.912	TLI	>0.90	0.945
GFI	>0.90	0.923	RFI	>0.90	0.910	CFI	>0.90	0.954

第二节　翻译硕士培养环境分析

第一节对于翻译硕士培养环境问卷进行的探索性因子分析和验证性因子分析,表明这一问卷具有较好的信度和效度,可用于进一步的分析研究。本节分析我国翻译硕士培养环境现状,并对其人口统计特征和院校特征变量上的差异进行分析。

一、翻译硕士培养环境现状分析

我国翻译硕士培养环境的现状,可以通过描述性统计分析结果看出:h19 的均值大于 4,有 89.3% 的被试"同意"或"完全同意""翻译硕士教师教学态度认真"(表 3-8 和表 3-9)。

表 3-8　翻译硕士培养环境感知描述性统计结果

题项	样本数 统计量	最小值 统计量	最大值 统计量	均值 统计量	标准差 统计量	偏度		峰度	
						统计量	标准误	统计量	标准误
h1	602	1.0	5.0	3.050	0.8753	−0.186	0.100	−0.089	0.199
h2	602	1.0	5.0	2.510	0.9070	0.534	0.100	−0.453	0.199
h3	602	1.0	5.0	2.527	0.8673	0.448	0.100	−0.579	0.199
h5	602	1.0	5.0	2.781	0.8567	0.246	0.100	0.026	0.199
h6	602	1.0	5.0	3.208	0.8965	−0.170	0.100	−0.362	0.199
h7	602	1.0	5.0	3.689	0.8964	−0.767	0.100	0.204	0.199
h8	602	1.0	5.0	3.482	0.9690	−0.559	0.100	−0.329	0.199
h9	602	1.0	5.0	3.731	0.9033	−1.224	0.100	1.135	0.199
h10	602	1.0	5.0	3.405	1.0954	−0.679	0.100	−0.675	0.199
h11	602	1.0	5.0	3.301	0.9963	−0.438	0.100	−0.643	0.199
h13	602	1.0	5.0	3.467	0.9407	−0.559	0.100	−0.148	0.199
h14	602	1.0	5.0	3.490	0.9518	−0.697	0.100	−0.017	0.199
h16	602	1.0	5.0	3.904	0.7956	−0.920	0.100	1.439	0.199
h17	602	1.0	5.0	3.862	0.8092	−0.878	0.100	0.897	0.199
h18	602	1.0	5.0	3.905	0.7627	−1.035	0.100	1.653	0.199
h19	602	1.0	5.0	4.053	0.6756	−1.201	0.100	3.718	0.199
h20	602	1.0	5.0	3.850	0.8041	−0.802	0.100	0.782	0.199
教学环境	602	5.00	25.00	3.915	3.2766	−0.701	0.100	1.728	0.199
大学环境	602	5.00	30.00	3.477	4.1898	−0.442	0.100	0.544	0.199
社会环境	602	5.00	25.00	2.815	3.0787	−0.045	0.100	0.562	0.199
培养环境	602	19.00	78.00	3.408	8.256	−0.486	0.100	1.589	0.199

表 3-9 题项 h19、h18 和 h16 频次分布表

题项	数值	频次/次	百分比/%	题项	数值	频次/次	百分比/%	题项	数值	频次/次	百分比/%
	1	4	0.7		1	3	0.5		1	6	1.0
	2	19	3.2		2	41	6.8		2	31	5.1
h19	3	41	6.8	h18	3	65	10.8	h16	3	93	15.4
	4	415	68.9		4	394	65.4		4	357	59.3
	5	123	20.4		5	99	16.5		5	115	19.2

接下来均值较高的题项是 h18 和 h16,其均值分别为 3.905 和 3.904。其中 81.8% 的被试"同意"或"完全同意""本校翻译硕士教师重视课程教学"(h18), 78.4% 的被试"同意"或"完全同意""本校翻译硕士教师学历水平高"(h16)。h19、 h18 和 h16 为教学环境层面的题项,该层面另外两个题项为 h17 和 h20,其均值分别为 3.862 和 3.850。教学环境层面的均值为 19.5743,包含 5 个题项,题项的均值为 3.915。使用同样的方法,求出的社会环境层面题项均值为 2.815,大学教学环境层面题项均值为 3.477,而整个培养环境题项均值为 3.408。可知,整个翻译硕士培养环境感知的水平大于中间值 3,其中教学环境层面的感知较高,而社会环境层面的感知则较低,说明我国翻译硕士培养环境的社会环境层面需要改善。

进一步分析社会环境层面的题项,发现题项 h2、h3 和 h5 的均值低于中间值 3,分别是 2.510、2.527 和 2.781,具体频次分布见表 3-10。"不同意"或"完全不同意""翻译职业收入高"(h2)的人数百分比为 60%,"不同意"或"完全不同意""翻译职业地位高"(h3)的人数百分比是 57.8%,"不同意"或"完全不同意""翻译行业雇主积极参与翻译硕士培养"(h5)的人数百分比为 37.5%。

表 3-10 题项 h2、h3 和 h5 频次分布表

题项	数值	频次/次	百分比/%	题项	数值	频次/次	百分比/%	题项	数值	频次/次	百分比/%
	1	50	8.3		1	43	7.1		1	29	4.8
	2	311	51.7		2	305	50.8		2	197	32.7
h2	3	131	21.8	h3	3	150	24.9	h5	3	270	44.9
	4	104	17.2		4	102	16.9		4	89	14.8
	5	6	1.0		5	2	0.3		5	17	2.8

大学环境层面包含 6 个题项,分别是 h8、h9、h10、h11、h13 和 h14,其均值分别是 3.482、3.731、3.405、3.301、3.467 和 3.490,均高于中间值 3,表示被试对于这一层面各方面的感知为中度偏上,高于社会环境层面的感知。

二、人口统计特征和院校特征变量上的差异

（一）目的

翻译硕士专业学位成立的时间虽只有 10 年左右,却已快速成长为我国第二大专业学位。截至 2017 年 7 月,我国已有 215 所院校成为翻译硕士培养单位,比较分析其培养环境的差异成为值得研究的问题,需要验证的假设是 H1(我国翻译硕士培养环境感知人口统计特征变量上有显著差异)和 H2(我国翻译硕士培养环境感知院校特征变量上有显著差异),具体分为以下内容。

H1a 表示不同性别翻译硕士对于培养环境的感知有显著差异。

H1b 表示不同学制翻译硕士对于培养环境的感知有显著差异。

H1c 表示第一学历为英语专业和第一学历非英语专业的翻译硕士对于培养环境的感知有显著差异。

H1d 表示在职翻译硕士和非在职学生对于培养环境的感知有显著差异。

H1e 表示有翻译实习经历和没有翻译实习经历的翻译硕士对于培养环境的感知有显著差异。

H1f 表示取得翻译资格证书的和未取得翻译资格证书的翻译硕士对于培养环境的感知有显著差异。

H1g 表示不同层次(第一学历)大学的翻译硕士对于培养环境的感知有显著差异。

H1h 表示不同年级翻译硕士对于培养环境的感知有显著差异。

H1i 表示不同英语水平的翻译硕士对于培养环境的感知有显著差异。

H1j 表示不同翻译职业了解程度的翻译硕士对于培养环境的感知有显著差异。

H1k 表示不同学习经历满意度的翻译硕士对于培养环境的感知有显著差异。

H2a 表示综合类大学和外语类大学的翻译硕士对于培养环境的感知有显著差异。

H2b 表示东部和西部高校的翻译硕士对于培养环境的感知有显著差异。

（二）方法

为了分析人口统计特征和院校特征变量上翻译硕士培养环境感知差异的显著性,将依次分别进行独立样本 t 检验(H1a～H1f、H2a、H2b)和方差分析(H1g～H1j),来比较不同群体在培养环境感知方面的差异并验证假设。

（三）结果

1. 培养环境感知差异：二分类别变量

研究结果表明，不同性别学生、不同学制学生、不同第一学历学生、在职与非在职学生、有翻译实习经历和无翻译实习经历学生、获得翻译资格证书和未获得翻译资格证书学生、综合类大学和外语类大学学生和东西部高校学生的翻译硕士培养环境感知无显著差异，即 H1a、H1b、H1c、H1d、H1e、H1f、H2a 和 H2b 假设不成立。翻译硕士培养环境感知在性别、学制、大学类型、大学所在地等各变量下的 t 检验结果见表 3-11。

表 3-11　翻译硕士培养环境感知在各变量下的 t 检验结果

变量名称	变量类别	样本个数	均值	标准差	标准误均值	t 值	p 值
性别	女	506	54.68	7.938	0.353	−1.468	0.297
	男	96	53.72	9.771	0.997		
学制	2.5 年	194	53.81	8.904	0.639	1.044	0.143
	3 年	408	54.87	7.918	0.392		
第一学历专业	非英语	74	53.82	8.415	0.978	−0.779	0.436
	英语	528	54.62	8.237	0.358		
在职与否	否	471	54.28	8.140	0.375	−1.392	0.165
	是	131	55.41	8.637	0.755		
有无翻译实习经历	无	326	55.09	7.547	0.418	1.815	0.070
	有	276	53.86	8.991	0.541		
有无翻译资格证书	否	465	54.66	8.173	0.379	0.752	0.452
	是	137	54.06	8.546	0.730		
大学类型	综合类	275	54.76	8.373	0.505	0.650	0.516
	外语类	327	54.32	8.165	0.452		
大学所在地	西部	270	54.29	7.911	0.481	−0.632	0.527
	东部	332	54.72	8.534	0.468		

2. 培养环境感知差异（三分及以上类别变量）

方差分析（analysis of variance）不同于上面独立样本 t 检验之处是，适于分组变量水平数值为三个及以上的平均数差异检验（吴明隆，2010）。为了验证上面提出的 H1g、H1h、H1i、H1j 四个假设，需要依次进行培养环境平均数差异的方差分析，得出的方差分析摘要如表 3-12 和表 3-13 所示。

表 3-12　翻译硕士培养环境感知描述性统计(三分及以上类别变量)

变量名称	变量类别	样本个数	平均数	标准差	95%置信区间 下界	95%置信区间 上界
第一学历 大学层次	普通高校(A)	421	55.22	0.400	54.44	56.01
	"211 工程"大学(B)	120	52.68	0.764	51.16	54.19
	"985 工程"大学(C)	61	53.34	0.992	51.36	55.33
	合计	602	54.52	0.337	53.86	55.19
所在年级	研一(A)	278	56.61	0.414	55.80	57.43
	研二(B)	217	52.24	0.554	51.14	53.33
	研三(C)	107	53.75	0.984	51.80	55.70
	合计	602	54.52	0.337	53.86	55.19
英语水平	大学英语四六级(A)	65	54.15	0.998	52.16	56.15
	英语专业四八级(B)	537	54.57	0.358	53.87	55.27
	合计	602	54.52	0.337	53.86	55.19
翻译职业 了解程度	不了解(A)	57	53.05	1.195	50.66	55.45
	了解一点(B)	465	54.71	0.367	53.99	55.43
	了解(C)	80	54.51	1.073	52.38	56.65
	合计	602	54.52	0.337	53.86	55.19
学习经历 满意度	不满意(A)	44	44.00	1.534	40.91	47.09
	一般(B)	308	52.82	0.396	52.04	53.60
	满意(C)	250	58.48	0.439	57.61	59.34
	合计	602	54.52	0.337	53.86	55.19

表 3-13　翻译硕士培养环境感知差异方差分析摘要

变量名称	项目	平方和	自由度	平均平方和	F 检验	事后比较 Scheffe 法	事后比较 HSD 法	事后比较 Tamhane 法
第一学历 大学层次	组间	701.019	2	350.509	5.214*			
	组内	40267.107	599	67.224	—	A>B	A>B	—
	总和	40968.126	601	—	—			
所在年级	组间	2412.882	2	1206.440	18.743**			A>B
	组内	38555.244	599	1	—	—	—	A>C
	总和	40968.126	601	64.366	—			

续表

变量名称	项目	平方和	自由度	平均平方和	F 检验	事后比较 Scheffe 法	事后比较 HSD 法	事后比较 Tamhane 法
英语水平	组间	10.033	1	10.033	0.147			
	组内	40958.093	600	68.263	—	n. a.	—	—
	总和	40968.126	601	—				
翻译职业了解程度	组间	139.073	2	69.536	1.020			
	组内	40829.053	599	68.162	—	n. a.		
	总和	40968.126	601	—				
学习经历满意度	组间	9670.592	2	4835.290	92.542			B>A
	组内	31297.535	599	6	—	—	—	C>A
	总和	40968.126	601	52.250	—			

注:n. a. 表示 $p > 0.05$。

* 表示 $p < 0.05$,＊＊表示 $p < 0.001$。

方差分析结果显示:第一学历大学层次为普通高校组的培养环境感知平均数,高于"211 工程"大学组的平均数,存在的差异达到显著水平;不同年级组所感知的培养环境存在显著差异,研一组的平均数显著高于研二组和研三组,研二组的平均数低于研三组的,但研二组和研三组的差异未达显著;不同英语水平翻译硕士对于培养环境的感知无显著差异,同样,对于翻译职业了解程度不同者,对于培养环境的感知也无显著差异;不同学习经历满意度组的培养环境感知差异存在显著性,学习经历满意组的平均数高于学习经历不满意组,同样,学习经历满意度一般组的平均数高于学习经历不满意组的平均数,但学习经历满意组和一般组的平均数差异不显著。研究假设 H1g 成立,H1h 和 H1k 部分成立,而研究假设 H1i 和 H1j 不成立。

第三节　翻译硕士培养环境问题及对策

总的来说,数据分析显示我国翻译硕士培养环境尚可。培养环境变量均值为 3.4075,居中等水平。不过,具体到培养环境的各层面上,问题就显现出来了。教学环境层面的均值为 3.915,大学环境层面的均值为 3.477,而社会环境层面的均值只有 2.815,还不到中间值 3。显然,我国翻译硕士培养环境中社会层面环境状况堪忧。

具体分析社会环境层面的五个题项,有助于细化问题。第一个题项"我国相关法规政策利于翻译硕士培养"(h1)的均值为 3.050,略高于中间值 3;第二个题项

"翻译职业收入高"（h2）的均值仅为 2.510；第三个题项"翻译职业地位高"（h3）的均值为 2.527；第四个题项"翻译行业雇主积极参与翻译硕士培养"（h5）的均值为 2.781；最后一个题项"翻译专业组织积极参与翻译硕士培养"（h6）的均值为 3.208。可见，我国翻译硕士社会环境状况不佳的主要"症结"在于：翻译职业地位和收入不高，同时，翻译行业雇主参与翻译人才培养工作的程度较低。

一、翻译职业地位和收入低

开放式问题的回答也表露了这一"心声"，印证了翻译职业地位和收入不高的现实。西部地区高校一位研二学生表示"社会对翻译硕士的认可度不高，薪酬跟不上任务量。从事职业翻译的人少，多是作为兼职"。翻译界专家也指出了问题的严重性。曾任国际翻译家联盟（International Federation of Translators）第一副主席、我国外文局副局长黄友义不无伤感地指出，我国翻译领域目前稀缺 35～50 岁的翻译，这种局面的出现，就是因为翻译的待遇跟不上，没有相应的社会地位，劳动价值没有被社会真正认识，导致翻译界留不住人才（潘天翠，2008）。

出现上面这种现象的原因，与职业地位的符号功能相关。通常职业的社会地位与专家级能力代表的价值相连，具有较高社会地位的个人或群体，一般值得信任，有声望，有权威，收入丰厚，具有专业的排他性。当这种社会地位的符号功能较弱，甚至令人困惑，符号代表的价值相应会降低，市场秩序受到影响，那些优秀的专业人士就可能会离开这一职业（Pym et al.，2013）。

进一步分析翻译职业地位和收入低的原因，诺贝尔经济学家获得者斯宾塞（Michael Spence）的劳动力市场符号理论（job market signaling）能对此做出解释。信息不对等的条件下，雇主选拔和聘用员工根据符号（如毕业院校和所学专业）来进行判断（Spence，1973）。就翻译职业地位的符号功能来说，目前我国翻译职业的准入门槛较低，几乎任何懂外语的都可从事翻译工作（中国翻译协会，2012）。翻译职业资格证书的有无，并不是从事翻译的必要条件。当翻译职业的符号功能不强时，消费者购买翻译产品或服务时，自然会根据价格高低来选择，质差价低的翻译服务因此占有市场，而质优价高的翻译服务则被淘汰。翻译职业作为专门性职业的地位和收入也就不复存在。

事实上，翻译职业的收入和地位问题是一个国际性问题。东南亚国家（如新加坡、菲律宾、泰国、马来西亚）翻译的地位也不高（Chan et al.，2013）。收入方面，九个欧盟国家文学类翻译的收入（以最低工资为标准），不到制造业和服务业人员收入的 40%。在德国、希腊、芬兰、奥地利、丹麦和瑞士，专业文学类翻译的收入仅够勉强维持生计（CEATL，2015）。即使是在美国，翻译职业的收入也比其他专业技术性职业（如中学教师）的收入要低（US News and World Report，2015）。

这些问题的产生同样也是源于翻译职业的符号功能不强。翻译专业的学历和学位没有发挥自身的符号功能。翻译这一职业的称号没有得到保护,没有任何学历方面的要求(Pym et al.,2013)。无论是从事翻译工作还是获得翻译资格,都不一定需要翻译专业教育。即使是国际组织,如联合国和欧盟翻译总司在选聘翻译时,也没有要求申请者必须具备翻译专业的学位(IAMLADP,2015)。

二、翻译行业雇主人才培养参与度低

对于翻译行业雇主参与翻译人才培养工作程度不高的问题,一位东部高校的翻译硕士呼吁,"社会中的企业应多与高校加强学生社会实践方面的合作,让高校学生能在实际社会环境中对已学到的知识加以运用"。目前出现的翻译行业雇主参与翻译人才培养程度低的原因,与翻译硕士专业学位成立时间较短,以及"先入为主"进行的多年学术型翻译人才培养模式有关。

翻译硕士培养单位实际上已经认识到了这一问题的重要性,并相继与企业建立了一些实习基地。2014年10月中国翻译协会和全国翻译硕士专业学位教育指导委员会,共同完成了对这些实习基地的认证,确立了23家企业为翻译硕士教育实习基地(中国翻译协会,2015a)。同时,还对翻译用人单位41位职业翻译担任翻译硕士兼职教师的资格进行了认证(中国翻译协会,2015b)。不过,若是将认证的实习基地和兼职教师的人数与翻译硕士培养单位(206所)数量相比,这方面工作显然还较为滞后,急需加速发展。

如何鼓励更多的企业参与翻译专门人才的培养,是目前需要解决的问题。企业参与职业人才的培养,有助于收获高素质的职业人才(姜大源,2007)。不过,仅靠企业自发自觉地参与翻译硕士培养是不够的,德国职业教育成功的案例值得借鉴。其秘诀就在于国家制定了具体明确的法规,指导企业深度参与人才培养并发挥主导作用。德国职业教育法规定,一门职业的训练必须根据各训练章程来进行,而训练章程是由政府颁布,由有关部门会同雇主和雇员代表共同制定,而制定好的章程具有法律作用。与之相比,我国虽然已于1996年颁布了《中华人民共和国职业教育法》,但缺乏对于校企合作方面具体的可操作性的规定,对于企业也没有实质性的约束(张小雷,2008)。

本 章 小 结

本章主要是对翻译硕士培养环境量表进行了项目分析、信效度检验,并对收集到的数据进行了描述性统计分析、独立样本 t 检验和方差分析。所获得的研究发现有:翻译硕士培养环境量表由社会环境、大学环境和教学环境三个因子构成;整体状况为中等水平,社会环境因子均值低于大学环境和教学环境因子;翻译硕士培养环境感知在性别、学制、第一学历专业、在职与否、有无翻译实习经历、大学类型、大学所在地、有无翻译资格证书、英语水平、翻译职业了解度变量上无显著差异，而在第一学历大学层次、所在年级、学习经历满意度变量上的差异达到了统计显著水平。对于具体研究假设检验的结果见表3-14。

表 3-14　翻译硕士培养环境人口统计特征和院校特征变量研究假设检验结果

序号	研究假设	检验结果
H1a	不同性别翻译硕士对于培养环境的感知有显著差异	不支持
H1b	不同学制翻译硕士对于培养环境的感知有显著差异	不支持
H1c	第一学历为英语专业和第一学历非英语专业的翻译硕士对于培养环境的感知有显著差异	不支持
H1d	在职翻译硕士和非在职学生对于培养环境的感知有显著差异	不支持
H1e	有翻译实习经历和没有翻译实习经历的翻译硕士对于培养环境的感知有显著差异	不支持
H1f	取得翻译资格证书的和未取得翻译资格证书的翻译硕士对于培养环境的感知有显著差异	不支持
H1g	不同层次（第一学历）大学的翻译硕士对于培养环境的感知有显著差异	部分支持
H1h	不同年级翻译硕士对于培养环境的感知有显著差异	部分支持
H1i	不同英语水平的翻译硕士对于培养环境的感知有显著差异	不支持
H1j	不同翻译职业了解程度的翻译硕士对于培养环境的感知有显著差异	不支持
H1k	不同学习经历满意度的翻译硕士对于培养环境的感知有显著差异	部分支持
H2a	综合类大学和外语类大学的翻译硕士对于培养环境的感知有显著差异	不支持
H2b	东部和西部高校的翻译硕士对于培养环境的感知有显著差异	不支持

第四章　翻译硕士职业胜任力研究

翻译硕士专业学位的设立,是为了满足国家对于高层次翻译专门人才的需求,然而这些人才已有职业胜任力的状况,还未能得到关注和研究。前面的文献综述和理论架构,已经表明职业胜任力能够有效地区分业绩优异者和业绩平平者,而国外学者提出的翻译专门人才应具有的能力,成为翻译硕士职业胜任力量表编制的重要参考。下面将具体论述该量表的编制,并对其进行项目分析、探索性因子分析和验证性因子分析,以及职业胜任力在人口统计特征和院校特征变量上的差异。首先介绍量表的设计与检验。

第一节　翻译硕士职业胜任力量表设计与检验

一、目的

根据前面对于翻译硕士职业胜任力的文献综述和相关理论的梳理,设计翻译硕士职业胜任力量表,并对量表进行探索性因子分析和验证性因子分析,检验问卷的效度和信度及实际样本数据与模型的适配度。

二、方法

（一）翻译硕士职业胜任力维度的操作性定义与测量

1. 职业知识

借鉴职业胜任力的理论并基于前面的文献梳理,翻译硕士职业胜任力的第一个维度职业知识,指的是从事翻译工作所需要的各种知识的集合,包括一般性百科知识、翻译领域专业知识、特定专业领域(如法律、经济)知识、术语知识。

2. 职业能力

翻译硕士职业胜任力的第二个维度是职业能力,指的是从事翻译工作需要的核心能力和相关能力,具体包括中文语言能力、英文语言能力、双语转换能力、跨文化交际能力、管理翻译任务能力、评估翻译质量能力、文本审校能力、人际沟通能力、信息挖掘能力、翻译软件使用能力、办公软件使用能力、组织管理能力和承压能力。

3. 职业道德

翻译硕士职业胜任力的第三个也是最后一个维度是职业道德，指的是从事翻译工作时应遵循的职业道德规范，包括认同翻译职业、遵守职业行为规范、不做有损于职业声望的事情、对翻译任务保密、不接受无法胜任的翻译任务、翻译时能做到公正、不隐瞒任何信息、参加职业继续教育、规划个人作为翻译的专业化发展。

上面三个维度包含的具体题项（也就是测量指标）见表 4-1。接下来是对量表进行效度和信度分析。

表 4-1　翻译硕士职业胜任力测量指标

维度	题项	题项序号
职业知识	我具有的翻译领域专业知识足以胜任翻译工作	s1
	我具有特定专业领域（如法律、经济）的知识	s2
	我具有的术语知识足以胜任翻译工作	s3
	我具有的一般性百科知识足以满足翻译任务的需要	s4
职业能力	我具有的中文语言能力足以胜任翻译任务	s5
	我具有的英文语言能力足以胜任翻译任务	s6
	我具有的中英文双语转换能力足以胜任翻译任务	s7
	我具有的跨文化交际能力足以胜任翻译任务	s8
	我具有管理翻译任务的能力	s9
	我能对自己的翻译质量做出评估并改进	s10
	我具有的文本审校能力足以胜任翻译工作	s11
	我具有的人际沟通能力足以开展翻译服务	s12
	我具有的信息挖掘能力足以获取翻译任务所需信息	s13
	我使用翻译软件工具的能力足以胜任翻译任务	s14
	我使用办公软件工具的能力足以满足翻译活动的需要	s15
	我具有的组织管理能力足以满足翻译工作的需求	s16
	我具有的承压能力足以胜任翻译工作	s17

续表

维度	题项	题项序号
职业道德	我能对所有的翻译任务保密(除依法公开外)	s18
	从事翻译活动时,我能做到公正	s19
	我不会接受自己不能胜任的翻译任务	s20
	从事翻译活动时,我能够做到不隐瞒任何信息,即使可能会因此失去该翻译任务	s21
	我认为有必要对翻译从业人员进行继续教育	s22
	我能遵守翻译职业行为规范	s23
	我具有很强的翻译职业认同感	s24
	我不会做有损于翻译职业声望的事情	s25
	我能规划并实施自己作为职业翻译的专业化发展	s26

(二)翻译硕士职业胜任力量表编制

翻译硕士职业胜任力量表的编制主要是依据麦克利兰提出的胜任力理论,从知识、能力和态度三方面来测量翻译硕士的职业胜任力。具体测量指标的形成主要是借鉴了欧盟翻译总司,针对 EMT 提出的要求,并参考了国内外学者对于翻译专门人才能力方面的成果。量表编制中,研究者还专门咨询了两名职业翻译人员,尽可能全面收集测量职业胜任力的指标。量表初步形成后,研究者咨询了高等教育学和社会学的专家,对量表的形式和内容表述进行了修订。在此基础上,为确保题项表述的清晰性和易于理解度,研究者将量表分别发送给职业翻译人员和翻译硕士研究生,让他们对量表进行测评。整个过程历时三个多月,经过多次修订后形成最终量表。

(三)翻译硕士职业胜任力量表检验

量表的检验包括效度和信度的检验。研究者首先进行的是量表效度的检验,先后使用的方法为探索性因子分析和验证性因子分析。两次因子分析分别使用的数据各为所收集的总样本的一半(301 个)。进行探索性因子分析的目的,是以最少的信息丢失为前提,将原有变量综合成较少的几个综合指标(即因子)。验证性因子分析则能检验,根据探索性因子分析建立的量表的建构效度的适切性和真实性。

检验步骤主要为:一是对量表中的题项进行项目分析,使用临界比值法(critical ration)来求高低分组在每个题项的平均数差异的显著性,并进而判断题项的鉴别度,删除不具有鉴别性的题项;二是对量表进行探索性因子分析,进行 KMO 和巴特利特球度检验，KMO 值一般需要大于 0.7，而巴特利特球度检验对应的概率 p 值应达到显著性水平；三是使用主成分分析法进行因子分析，用最大方差法旋转因子，并提取特征值大于 1 的因子；四是对建立的量表建构效度，进行验证性因子分析，检验其适切性和真实性，为进一步分析奠定基础。

三、结果

（一）项目分析

临界比值法，也称极端值法，是比较常用的一种项目分析方法，也是本小节采用的方法。研究者随机抽取了 50% 的样本，首先对这部分的数据进行了处理，用均值取代了缺失值，剔除了异常值。问卷中没有反向题，不需要重新编码。依次求出这部分问卷总分，根据样本 27% 处的数值，分别确定了高分组和低分组，进行独立样本 t 检验，观察高分组和低分组在各题项平均数差异的显著性，来决定具体题项的取舍。检验结果（表 4-2）显示，高分组和低分组的 26 个题项的平均数差异达到显著性水平（$p < 0.05$），因此全部予以保留。

表 4-2　翻译硕士职业胜任力量表临界比值检验结果

题项	假设内容	方差相等的 Levene 检验		平均数相等的 t 检验					差异的 95% 置信区间	
		F 检验	显著性	t	自由度	显著性（双尾）	平均差异	标准误差	下界	上界
s1	假设方差相等	2.192	0.141	10.083	166	0.000	1.0507	0.1042	0.8449	1.2564
	假设方差不相等	—	—	9.994	150.802	0.000	1.0507	0.1051	0.8429	1.2584
s2	假设方差相等	14.506	0.000	7.303	166	0.000	0.9613	0.1316	0.7014	1.2211
	假设方差不相等	—	—	7.226	146.733	0.000	0.9613	0.1330	0.6984	1.2242
s3	假设方差相等	1.953	0.164	10.134	166	0.000	1.0400	0.1026	0.8374	1.2426
	假设方差不相等	—	—	10.097	161.195	0.000	1.0400	0.1030	0.8366	1.2434
s4	假设方差相等	10.109	0.002	12.394	166	0.000	1.2993	0.1048	1.0923	1.5063
	假设方差不相等	—	—	12.464	164.785	0.000	1.2993	0.1042	1.0935	1.5051
s5	假设方差相等	31.746	0.000	14.037	166	0.000	1.2175	0.0867	1.0463	1.3888
	假设方差不相等	—	—	14.239	149.571	0.000	1.2175	0.0855	1.0486	1.3865
s6	假设方差相等	7.651	0.006	13.109	166	0.000	1.2163	0.0928	1.0331	1.3994
	假设方差不相等	—	—	13.173	165.310	0.000	1.2163	0.0923	1.0340	1.3986
s7	假设方差相等	12.158	0.001	14.565	166	0.000	1.2878	0.0884	1.1132	1.4623
	假设方差不相等	—	—	14.630	165.566	0.000	1.2878	0.0880	1.1140	1.4616
s8	假设方差相等	4.562	0.034	14.889	166	0.000	1.2754	0.0857	1.1063	1.4446
	假设方差不相等	—	—	14.869	164.044	0.000	1.2754	0.0858	1.1061	1.4448

题项	假设内容	方差相等的 Levene 检验		平均数相等的 t 检验						
		F 检验	显著性	t	自由度	显著性(双尾)	平均差异	标准误差	差异的95%置信区间	
									下界	上界
s9	假设方差相等	6.393	0.012	11.139	166	0.000	1.0898	0.0978	0.8967	1.2830
	假设方差不相等	—	—	11.203	164.708	0.000	1.0898	0.0973	0.8977	1.2819
s10	假设方差相等	11.500	0.001	10.456	166	0.000	1.0477	0.1002	0.8499	1.2455
	假设方差不相等	—	—	10.585	154.527	0.000	1.0477	0.0990	0.8522	1.2432
s11	假设方差相等	2.871	0.092	11.517	166	0.000	1.1418	0.0991	0.9460	1.3375
	假设方差不相等	—	—	11.505	164.303	0.000	1.1418	0.0992	0.9458	1.3377
s12	假设方差相等	17.820	0.000	11.154	166	0.000	1.1043	0.0990	0.9088	1.2998
	假设方差不相等	—	—	11.297	153.435	0.000	1.1043	0.0978	0.9112	1.2974
s13	假设方差相等	6.594	0.011	14.222	166	0.000	1.2737	0.0896	1.0969	1.4506
	假设方差不相等	—	—	14.360	159.689	0.000	1.2737	0.0887	1.0986	1.4489
s14	假设方差相等	0.197	0.657	10.614	166	0.000	1.1120	0.1048	0.9051	1.3188
	假设方差不相等	—	—	10.588	162.821	0.000	1.1120	0.1050	0.9046	1.3193
s15	假设方差相等	18.218	0.000	10.077	166	0.000	1.0583	0.1050	0.8510	1.2657
	假设方差不相等	—	—	10.192	156.331	0.000	1.0583	0.1038	0.8532	1.2634
s16	假设方差相等	12.866	0.000	11.732	166	0.000	1.1486	0.0979	0.9553	1.3419
	假设方差不相等	—	—	11.824	162.507	0.000	1.1486	0.0971	0.9568	1.3404
s17	假设方差相等	14.691	0.000	9.127	166	0.000	0.9583	0.1050	0.7510	1.1656
	假设方差不相等	—	—	9.252	151.339	0.000	0.9583	0.1036	0.7536	1.1629
s18	假设方差相等	10.450	0.001	8.495	166	0.000	0.9191	0.1082	0.7055	1.1327
	假设方差不相等	—	—	8.610	151.674	0.000	0.9191	0.1067	0.7082	1.1300
s19	假设方差相等	4.519	0.035	7.650	166	0.000	0.7803	0.1020	0.5789	0.9817
	假设方差不相等	—	—	7.764	148.233	0.000	0.7803	0.1005	0.5817	0.9789
s20	假设方差相等	1.195	0.276	6.418	166	0.000	0.7578	0.1181	0.5247	0.9909
	假设方差不相等	—	—	6.443	165.803	0.000	0.7578	0.1176	0.5256	0.9900
s21	假设方差相等	7.823	0.006	6.420	166	0.000	0.7501	0.1168	0.5194	0.9808
	假设方差不相等	—	—	6.481	160.005	0.000	0.7501	0.1157	0.5215	0.9787
s22	假设方差相等	0.577	0.449	6.483	166	0.000	0.6858	0.1058	0.4770	0.8947
	假设方差不相等	—	—	6.492	165.832	0.000	0.6858	0.1056	0.4773	0.8944
s23	假设方差相等	0.980	0.324	8.427	166	0.000	0.8144	0.0966	0.6236	1.0052
	假设方差不相等	—	—	8.548	149.609	0.000	0.8144	0.0953	0.6261	1.0026
s24	假设方差相等	9.368	0.003	8.259	166	0.000	0.9676	0.1172	0.7363	1.1990
	假设方差不相等	—	—	8.373	151.186	0.000	0.9676	0.1156	0.7393	1.1960

续表

题项	假设内容	方差相等的 Levene 检验		平均数相等的 t 检验						
		F 检验	显著性	t	自由度	显著性（双尾）	平均差异	标准误差	差异的 95% 置信区间 下界	上界
s25	假设方差相等	0.545	0.461	7.688	166	0.000	0.7659	0.0996	0.5692	0.9625
	假设方差不相等	—	—	7.802	148.430	0.000	0.7659	0.0982	0.5719	0.9598
s26	假设方差相等	3.963	0.048	8.168	166	0.000	0.9425	0.1154	0.7147	1.1703
	假设方差不相等	—	—	8.237	161.727	0.000	0.9425	0.1144	0.7166	1.1685

（二）探索性因子分析

项目分析后保留所有题项，接着要进行的是探索性因子分析。首先需要计算 KMO 和巴特利特球度检验，具体结果见表 4-3。计算结果显示 KMO 值为 0.890，适合进行因子分析，同时，巴特利特球度检验结果达到显著性水平，也表明适合进行因子分析。

表 4-3　翻译硕士职业胜任力量表 KMO 和巴特利特球度检验结果

巴特利特球度检验			KMO 值
近似卡方值	自由度	显著性	
3791.653	253	0.000	0.890

采用主成分分析法抽取因子，用最大方差法旋转因子，选取特征值大于 1 的因子，结果显示 s4、s11 和 s13 出现双因子载荷大于 0.4 的现象，因此予以剔除并重新进行因子分析。观察题项的相关系数矩阵、变量共同性、累计解释方差变异量和抽取因子的个数，并结合前面提出的理论假设，最终抽取了四个公因子，根据题项的内容，将其分别命名为职业知识（zz）、核心职业能力（hn）（以下简称核心能力）、相关职业能力（xn）（以下简称相关能力）、职业道德（zd）。各公因子所含题项、因子载荷、特征值、解释方差变异量见表 4-4。

表 4-4　翻译硕士职业胜任力量表因子分析摘要

因子名称	题项	解释方差变异量/%	因子			
			1	2	3	4
职业知识	s3 我具有的术语知识足以胜任翻译工作	22.343	0.774	—		
	s2 我具有特定专业领域（如法律、经济）的知识		0.744	—		
	s1 我具有的翻译领域专业知识足以胜任翻译工作		0.618	—		

续表

因子名称	题项	解释方差 变异量/%	因子			
			1	2	3	4
核心能力	s7 我具有的中英文双语转换能力足以胜任 翻译任务		—	0.845	—	—
	s6 我具有的英文语言能力足以胜任 翻译任务		—	0.802	—	—
	s8 我具有的跨文化交际能力足以胜任 翻译任务	14.952	—	0.787	—	—
	s5 我具有的中文语言能力足以胜任 翻译任务		—	0.717	—	—
相关能力	s16 我具有的组织管理能力足以满足翻译 工作的需求		—	—	0.749	—
	s15 我使用办公软件工具的能力足以满足 翻译活动的需要		—	—	0.742	—
	s14 我使用翻译软件工具的能力足以胜任 翻译任务		—	—	0.698	—
	s17 我具有的承压能力足以胜任 翻译工作	14.911	—	—	0.618	—
	s12 我具有的人际沟通能力足以开展 翻译服务		—	—	0.570	—
	s9 我具有管理翻译任务的能力		—	—	0.500	—
	s10 我能对自己的翻译质量做出评估并改进		—	—	0.444	—
职业道德	s23 我能遵守翻译职业行为规范		—	—	—	0.895
	s25 我不会做有损于翻译职业声望的事情		—	—	—	0.864
	s24 我具有很强的翻译职业认同感		—	—	—	0.821
	s22 我认为有必要对翻译从业人员进行 继续教育	8.883	—	—	—	0.768
	s18 我能对所有的翻译任务保密 （除依法公开外）		—	—	—	0.702

续表

因子名称	题项	解释方差变异量/%	因子			
			1	2	3	4
职业道德	s19 从事翻译活动时,我能做到公正		—	—	—	0.684
	s26 我能规划并实施自己作为职业翻译的专业化发展		—	—	—	0.635
	s21 从事翻译活动时,我能够做到不隐瞒任何信息,即使可能会因此失去该翻译任务	8.883	—	—	—	0.597
	s20 我不会接受自己不能胜任的翻译任务		—	—	—	0.587
特征值			5.139	3.439	3.430	2.043
累计解释方差		61.089				

(三) 验证性因子分析

探索性因子分析结果显示,翻译硕士职业胜任力量表的公因子为四个,分别为职业知识、核心能力、相关能力和职业道德。下面使用独立样本,也就是另一半样本数据(301 个)进行验证性因子分析,检验所建立的建构效度的适切性和真实性。验证性因子分析结果显示,模型拟合指标如表 4-5 所示。图 4-1 为翻译硕士职业胜任力结构方程模型。比对各拟合指标,可以看出翻译硕士职业胜任力假设模型与实际数据拟合程度良好,验证了翻译硕士职业胜任力量表是由职业知识、核心能力、相关能力和职业道德四个维度构成的。

表 4-5 翻译硕士职业胜任力模型拟合指标

拟合指标	标准	检验结果	拟合指标	标准	检验结果	拟合指标	标准	检验结果
RMR	<0.05	0.036	AGFI	>0.90	0.913	IFI	>0.90	0.908
RMSEA	<0.10	0.076	NFI	>0.90	0.961	TLI	>0.90	0.905
GFI	>0.90	0.948	RFI	>0.90	0.943	CFI	>0.90	0.907

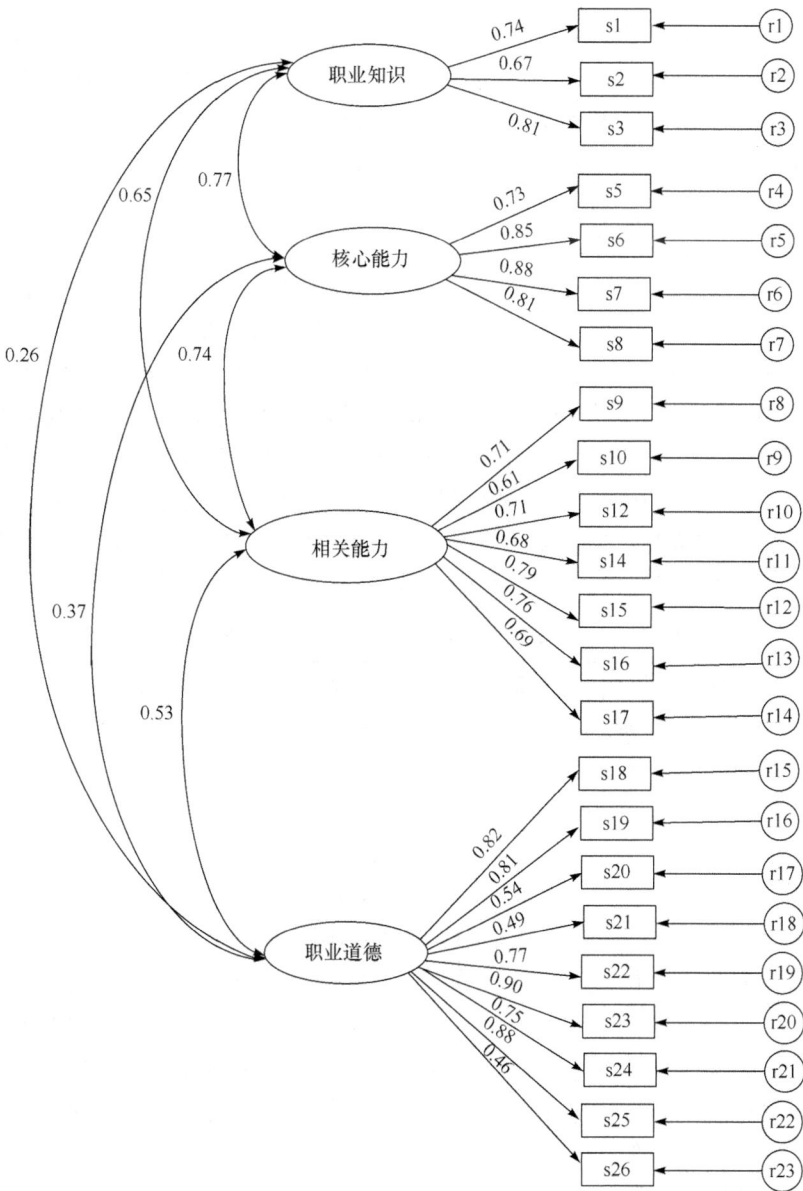

图 4-1　翻译硕士职业胜任力结构方程模型图

第二节　翻译硕士职业胜任力分析

本章第一节对于翻译硕士职业胜任力量表进行的探索性因子分析和验证性因子分析,已经表明该量表具有良好的效度和信度,验证了翻译硕士职业胜任力量表是由职业知识、核心能力、相关能力和职业道德四个维度构成。本节进一步分析其现状和在人口统计特征和院校特征变量上的差异。

一、翻译硕士职业胜任力现状分析

翻译硕士职业胜任力的现状,可以通过描述性统计分析结果看出。表 4-6 显示 s23、s25、s18、s22、s19、s24 的均值大于 4,分别为 4.223、4.209、4.118、4.078、4.076 和 4.035。这六个题项为职业道德层面的,分别表示被试在"我能遵守翻译职业行为规范"(s23)、"我不会做有损于翻译职业声望的事情"(s25)、"我能对所有的翻译任务保密(除依法公开外)"(s18)、"我认为有必要对翻译从业人员进行继续教育"(s22)、"从事翻译活动时,我能做到公正"(s19)、"我具有很强的翻译职业认同感"(s24)上的状况较好。翻译硕士职业道德层面的均值大于其他三个层面的均值,表示这方面的状况要优于职业知识、核心能力和相关能力方面。

表 4-6　翻译硕士职业胜任力描述性统计分析结果

题项	样本数 统计量	最小值 统计量	最大值 统计量	均值 统计量	标准差 统计量	偏度		峰度	
						统计量	标准误	统计量	标准误
s1	602	1.0	5.0	3.012	0.7982	−0.159	0.100	0.019	0.199
s2	602	1.0	5.0	2.698	0.9093	0.514	0.100	−0.503	0.199
s3	602	1.0	5.0	2.676	0.7823	0.303	0.100	−0.030	0.199
s5	602	1.0	5.0	3.389	0.7664	−0.367	0.100	−0.150	0.199
s6	602	1.0	5.0	3.213	0.7552	−0.141	0.100	−0.190	0.199
s7	602	1.0	5.0	3.194	0.7390	−0.028	0.100	−0.215	0.199
s8	602	1.0	5.0	3.196	0.7531	0.059	0.100	−0.274	0.199
s9	602	1.0	5.0	3.221	0.7800	−0.175	0.100	−0.261	0.199
s10	602	1.0	5.0	3.523	0.7479	−0.547	0.100	0.005	0.199
s12	602	1.0	5.0	3.515	0.7613	−0.516	0.100	0.168	0.199
s14	602	1.0	5.0	3.279	0.8149	−0.201	0.100	−0.254	0.199
s15	602	1.0	5.0	3.576	0.7707	−0.706	0.100	0.344	0.199
s16	602	1.0	5.0	3.389	0.7836	−0.283	0.100	−0.079	0.199
s17	602	1.0	5.0	3.585	0.7784	−0.677	0.100	0.425	0.199

续表

题项	样本数统计量	最小值统计量	最大值统计量	均值统计量	标准差统计量	偏度		峰度	
						统计量	标准误	统计量	标准误
s18	602	1.0	5.0	4.118	0.7235	−0.843	0.100	1.491	0.199
s19	602	1.0	5.0	4.076	0.6583	−0.714	0.100	1.960	0.199
s20	602	1.0	5.0	3.963	0.7513	−0.861	0.100	1.698	0.199
s21	602	1.0	5.0	3.766	0.8055	−0.566	0.100	0.604	0.199
s22	602	1.0	5.0	4.078	0.7470	−0.824	0.100	1.363	0.199
s23	602	1.0	5.0	4.223	0.6503	−0.803	0.100	1.954	0.199
s24	602	1.0	5.0	4.035	0.7569	−0.844	0.100	1.600	0.199
s25	602	1.0	5.0	4.209	0.6573	−0.850	0.100	2.295	0.199
s26	602	1.0	5.0	3.799	0.7959	−0.419	0.100	0.277	0.199
职业知识	602	3.00	15.00	8.385	2.0730	0.107	0.100	0.264	0.199
核心能力	602	4.00	20.00	12.992	2.6052	−0.126	0.100	0.314	0.199
相关能力	602	7.00	35.00	24.088	3.9528	−0.498	0.100	1.431	0.199
职业道德	602	12.00	45.00	36.267	4.8772	−0.732	0.100	2.544	0.199
职业胜任力	602	26.00	115.00	81.733	10.4466	−0.477	0.100	2.752	0.199

　　题项 s2 和 s3 的均值小于中间值 3,分别为 2.698 和 2.676。这两个题项与 s1 题项构成了职业知识层面,而 s1 的均值也只是略高于中间值,说明翻译硕士职业知识方面的状况不佳,"我具有特定专业领域(如法律、经济)的知识"(s2)和"我具有的术语知识足以胜任翻译工作"(s3)上的状况令人担忧。

　　表 4-7 显示多一半的被试认为题项"我具有特定专业领域(如法律、经济)的知识"(s2)是"不符合"或"完全不符合",只有 13.5% 的被试认为"我具有的术语知识足以胜任翻译工作"(s3)是"符合"或"完全符合",过半的被试对于"我具有的翻译领域专业知识足以胜任翻译工作"(s1)表示"不确定"。整个职业知识层面的状况存在较大的提高空间。

表 4-7　题项 s2、s3 和 s1 频次分布表

题项	数值	频次/次	百分比/%	题项	数值	频次/次	百分比/%	题项	数值	频次/次	百分比/%
	1	24	4.0		1	23	3.8		1	18	3.0
	2	280	46.5		2	237	39.4		2	123	20.5
s2	3	167	27.7	s3	3	261	43.3	s1	3	306	50.8
	4	116	19.3		4	74	12.3		4	144	23.9
	5	15	2.5		5	7	1.2		5	11	1.8

此外，翻译硕士核心能力层面的均值为 12.992，所含的四个题项（s5、s6、s7、s8）的均值大于中间值 3，表示被试在这四个方面的状况还可以。翻译硕士相关能力层面所含七个题项的均值也大于中间值 3，说明被试在这七个方面的水平尚可。

二、人口统计特征和院校特征变量上的差异

（一）目的

本小节的研究目的是分析性别、学制、大学类型、地区、年级、翻译资格证书、英语水平、翻译职业了解程度和学习经历满意度等变量上翻译硕士职业胜任力的差异，回答前面提出的研究问题 2：我国翻译硕士职业胜任力如何，以及研究假设 H3 和 H4：翻译硕士职业胜任力在人口统计特征和院校特征变量上有显著差异。具体假设分解如下。

H3a 表示不同性别翻译硕士职业胜任力有显著差异。

H3b 表示不同学制翻译硕士职业胜任力有显著差异。

H3c 表示本科专业为英语专业和非英语专业的翻译硕士职业胜任力有显著差异。

H3d 表示在职和非在职翻译硕士职业胜任力有显著差异。

H3e 表示有翻译实习经历和无翻译实习经历翻译硕士职业胜任力有显著差异。

H3f 表示取得翻译资格证书的和未取得翻译资格证书的翻译硕士职业胜任力有显著差异。

H3g 表示不同层次（第一学历）大学的翻译硕士职业胜任力有显著差异。

H3h 表示不同年级翻译硕士的职业胜任力有显著差异。

H3i 表示不同英语水平的翻译硕士职业胜任力有显著差异。

H3j 表示不同翻译职业了解程度的翻译硕士职业胜任力有显著差异。

H3k 表示不同学习经历满意度的翻译硕士职业胜任力有显著差异。

H4a 表示综合类大学和外语类大学的翻译硕士职业胜任力有显著差异。

H4b 表示东西部高校翻译硕士职业胜任力有显著差异。

（二）方法

为了回答研究问题 2 和以上的研究假设，所采用的数据分析方法为独立样本 t 检验和方差分析。前一种方法是用于二分类别变量，而后一种方法则是用于三个及以上类别变量。

（三）结果

1. 翻译硕士职业胜任力差异（二分类别变量）

这里的二分类别变量具体包括性别、学制、本科专业、在职情况、实习情况、翻译资格证书取得情况、大学类型和大学所在地，与假设 H3a～H3f、H4a、H4b 中的自变量相对应。具体结果见表 4-8 和表 4-9。

表 4-8　翻译硕士职业胜任力描述性统计（二分类别变量）

变量名称	变量类别	平均数	标准差	个数	百分比/%	最小值	最大值
s1（翻译领域专业知识）	完全不符合	3.012	0.7982	18	3.0	1	5
	不符合	—	—	123	20.5	—	—
	不确定	—	—	306	50.8	—	—
	符合	—	—	144	23.9	—	—
	完全符合	—	—	11	1.8	—	—
s2（特定领域专业知识）	完全不符合	2.698	0.9093	24	4.0	1	5
	不符合	—	—	280	46.5	—	—
	不确定	—	—	167	27.7	—	—
	符合	—	—	116	19.3	—	—
	完全符合	—	—	15	2.5	—	—
s3（术语知识）	完全不符合	2.676	0.7823	23	3.8	1	5
	不符合	—	—	237	39.4	—	—
	不确定	—	—	261	43.3	—	—
	符合	—	—	74	12.3	—	—
	完全符合	—	—	7	1.2	—	—
s5（中文语言能力）	完全不符合	3.389	0.7664	4	0.7	1	5
	不符合	—	—	70	11.6	—	—
	不确定	—	—	239	39.7	—	—
	符合	—	—	266	44.2	—	—
	完全符合	—	—	23	3.8	—	—

变量名称	变量类别	平均数	标准差	个数	百分比/%	最小值	最大值
s6(英文语言能力)	完全不符合	3.213	0.7552	5	0.8	1	5
	不符合	—	—	91	15.1	—	—
	不确定	—	—	292	48.5	—	—
	符合	—	—	199	33.1	—	—
	完全符合	—	—	15	2.5	—	—
s7(双语转换能力)	完全不符合	3.194	0.7390	3	0.5	1	5
	不符合	—	—	93	15.4	—	—
	不确定	—	—	305	50.7	—	—
	符合	—	—	186	30.9	—	—
	完全符合	—	—	15	2.5	—	—
s8(跨文化交际能力)	完全不符合	3.196	0.7531	2	0.3	—	—
	不符合	—	—	98	16.3	—	—
	不确定	—	—	301	50.0	—	—
	符合	—	—	182	30.2	—	—
	完全符合	—	—	19	3.2	—	—
s9(管理翻译任务能力)	完全不符合	3.221	0.7800	6	1.0	—	—
	不符合	—	—	96	15.9	—	—
	不确定	—	—	276	45.9	—	—
	符合	—	—	207	34.4	—	—
	完全符合	—	—	17	2.8	—	—
s10(评估、改进翻译质量能力)	完全不符合	3.523	0.7479	2	0.3	—	—
	不符合	—	—	58	9.6	—	—
	不确定	—	—	194	32.2	—	—
	符合	—	—	319	53.1	—	—
	完全符合	—	—	29	4.8	—	—
s12(人际沟通能力)	完全不符合	3.515	0.7613	4	0.7	—	—
	不符合	—	—	54	9.0	—	—
	不确定	—	—	205	34.0	—	—
	符合	—	—	306	50.8	—	—
	完全符合	—	—	33	5.5	—	—

续表

变量名称	变量类别	平均数	标准差	个数	百分比/%	最小值	最大值
s14（翻译软件 使用能力）	完全不符合	3.279	0.8149	7	1.2	1	5
	不符合	—	—	92	15.3	—	—
	不确定	—	—	255	42.4	—	—
	符合	—	—	222	36.8	—	—
	完全符合	—	—	26	4.3	—	—
s15（办公软件 使用能力）	完全不符合	3.576	0.7707	4	0.6	1	5
	不符合	—	—	57	9.5	—	—
	不确定	—	—	165	27.4	—	—
	符合	—	—	340	56.5	—	—
	完全符合	—	—	36	6.0	—	—
s16（组织管理 能力）	完全不符合	3.389	0.7836	5	0.8	1	5
	不符合	—	—	68	11.3	—	—
	不确定	—	—	247	41.0	—	—
	符合	—	—	252	41.9	—	—
	完全符合	—	—	30	5.0	—	—
s17（承压能力）	完全不符合	3.585	0.7784	5	0.8	—	—
	不符合	—	—	53	8.8	—	—
	不确定	—	—	170	28.3	—	—
	符合	—	—	333	55.3	—	—
	完全符合	—	—	41	6.8	—	—
s18（翻译任务 保密）	完全不符合	4.118	0.7235	2	0.3	—	—
	不符合	—	—	17	2.8	—	—
	不确定	—	—	63	10.5	—	—
	符合	—	—	346	57.5	—	—
	完全符合	—	—	174	28.9	—	—
s19（公正翻译）	完全不符合	4.076	0.6583	2	0.3	—	—
	不符合	—	—	10	1.7	—	—
	不确定	—	—	67	11.1	—	—
	符合	—	—	384	63.8	—	—
	完全符合	—	—	139	23.1	—	—

续表

变量名称	变量类别	平均数	标准差	个数	百分比/%	最小值	最大值
s20（接受不能胜任的翻译任务）	完全不符合	3.963	0.7513	5	0.8	1	5
	不符合	—	—	19	3.2	—	—
	不确定	—	—	94	15.6	—	—
	符合	—	—	359	59.6	—	—
	完全符合	—	—	125	20.8	—	—
s21（不隐瞒任何翻译信息）	完全不符合	3.766	0.8055	6	1.0	1	5
	不符合	—	—	29	4.8	—	—
	不确定	—	—	159	26.4	—	—
	符合	—	—	314	52.2	—	—
	完全符合	—	—	94	15.6	—	—
s22（翻译人员继续教育）	完全不符合	4.078	0.7470	3	0.5	1	5
	不符合	—	—	17	2.8	—	—
	不确定	—	—	77	12.8	—	—
	符合	—	—	338	56.1	—	—
	完全符合	—	—	167	27.8	—	—
s23（遵守翻译行为规范）	完全不符合	4.223	0.6503	1	0.2	1	5
	不符合	—	—	11	1.8	—	—
	不确定	—	—	36	6.0	—	—
	符合	—	—	359	59.6	—	—
	完全符合	—	—	195	32.4	—	—
s24（翻译职业认同感）	完全不符合	4.035	0.7569	5	0.8	1	5
	不符合	—	—	14	2.3	—	—
	不确定	—	—	90	15.0	—	—
	符合	—	—	339	56.3	—	—
	完全符合	—	—	154	25.6	—	—
s25（损害翻译职业声誉）	完全不符合	4.209	0.6573	2	0.3	1	5
	不符合	—	—	9	1.5	—	—
	不确定	—	—	41	6.8	—	—
	符合	—	—	359	59.7	—	—
	完全符合	—	—	191	31.7	—	—

续表

变量名称	变量类别	平均数	标准差	个数	百分比/%	最小值	最大值
s26（翻译职业专业化发展）	完全不符合	3.799	0.7959	4	0.7	1	5
	不符合	—	—	24	4.0	—	—
	不确定	—	—	167	27.7	—	—
	符合	—	—	301	50.0	—	—
	完全符合	—	—	106	17.6	—	—

表 4-9 翻译硕士职业胜任力人口统计特征和院校特征上差异（二分类别变量）

变量名称	变量类别	样本个数	均值	标准差	标准误均值	t 值	p 值
性别	女	506	81.5810	9.80131	0.43572	−0.066	0.509
	男	96	82.5312	13.37787	1.36537		
学制	2.5 年	194	81.4845	11.52795	0.82766	−0.401	0.688
	3 年	408	81.8505	9.90395	0.49032		
本科专业	非英语	74	81.4189	12.04103	1.39974	−0.276	0.783
	英语	528	81.7765	10.21548	0.44457		
在职与否	否	471	81.4968	10.56729	0.48691	−1.050	0.294
	是	131	82.5802	9.99381	0.87316		
有无翻译实习	无	326	79.3773	9.96125	0.55170	−6.196	0.000
	有	276	84.5145	10.33880	0.62232		
大学类型	综合类	275	81.7091	10.46139	0.63085	−0.051	0.960
	外语类	327	81.7523	10.45014	0.57789		
大学所在地	西部	270	81.9037	9.28674	0.56517	0.370	0.712
	东部	332	81.5934	11.31452	0.62097		
有无翻译资格证书	无	465	81.1978	10.83873	0.50263	−2.322	0.021
	有	137	83.5474	8.78415	0.75048		

比较翻译硕士职业胜任力变量的均值，可以看出变量 s23 的平均值较高，表明翻译硕士能较好地遵守翻译职业行为规范。同时，不会做有损于翻译职业声誉的事情（s25），能公正地进行翻译（s19），认为有必要对翻译从业人员进行继续教育（s22），并具有很强的翻译职业认同感（s24）。令人担忧的是，翻译硕士具有的特定专业领域（如法律和经济）知识及术语知识则低于平均值 3。

独立样本 t 检验结果显示，翻译硕士职业胜任力在性别、学制、本科专业、在职情况、大学类型、大学所在地六个变量上无统计显著差异，而获得翻译资格证书的和有真实翻译职业环境实习经历的翻译硕士的职业胜任力则显著高于未获得翻译资格证书和无翻译实习经历者。由此可以判断，假设 H3a、H3b、H3c、H3d、H4a、H4b 假设不成立，而假设 H3e 和 H3f 成立。

2. 翻译硕士职业胜任力差异(三个及以上类别变量)

翻译硕士职业胜任力在三个及以上类别变量上的差异，是指在第一学历大学层次、所在年级、英语水平、翻译职业了解程度和学习经历满意度五个变量上的差异，对应了假设 H3g~H3k 中的自变量，结果如表 4-10 所示。

表 4-10　翻译硕士职业胜任力描述性统计(三个及以上类别变量)

变量名称	变量类别	样本个数	平均数	标准差	95%置信区间 下界	95%置信区间 上界
第一学历大学层次	普通高校(A)	421	82.1140	9.98410	81.1575	83.0705
	"211 工程"大学(B)	120	80.3500	11.72418	78.2308	82.4692
	"985 工程"大学(C)	61	81.8197	10.85742	79.0390	84.6004
	合计	602	81.7326	10.44660	80.8964	82.5687
所在年级	研一(A)	278	81.1763	10.31811	79.9580	82.3945
	研二(B)	217	81.3134	10.15133	79.9551	82.6716
	研三(C)	107	84.0280	11.13846	81.8932	86.1629
	合计	602	81.7326	10.44660	80.8964	82.5687
英语水平	大学英语四六级(A)	65	81.0462	10.75644	78.3808	83.7115
	英语专业四八级(B)	537	81.8156	10.41568	80.9327	82.6986
	合计	602	81.7326	10.44660	80.8964	82.5687
翻译职业了解程度	不了解(A)	57	76.2456	11.21587	73.2696	79.2216
	了解一点(B)	465	81.1785	9.78675	80.2866	82.0704
	了解(C)	80	88.8625	10.17287	86.5986	91.1264
	合计	602	81.7326	10.44660	80.8964	82.5687
学习经历满意度	不满意(A)	44	75.5909	13.41869	71.5113	79.6706
	一般(B)	308	80.2273	9.28627	79.1861	81.2685
	满意(C)	250	84.6680	10.38601	83.3743	85.9617
	合计	602	81.7326	10.44660	80.8964	82.5687

方差分析中会因方差是否同质而选用不同的方法，分别进行变量 d10、d6、d12、d16 和 d23 方差同质性检验，结果发现：d10 为自变量，职业胜任力方差同质，d6、d12、d16 为自变量，职业胜任力方差同质，采用 Scheffe、TurkeyHSD 和 LSD 三种方法进行方差分析。d23 为自变量的职业胜任力方差异质，需要采用不同于方差同质的分析方法，此处采用事后比较法(Tamhane 法)。d12 变量中"大学英语四

级"组的人数较少（2个），因此与"大学英语六级"组合并成为"大学英语四六级"组，同样，"英语专业四级"组与"英语专业八级"组合并为"英语专业四八级"组。同样变量 d23 的五组合并为"不满意"组、"一般"组和"满意"组。

分析结果显示（表 4-11），翻译硕士第一学历所在大学的层次对于翻译硕士职业胜任力无显著影响（H3g 假设不成立）；不同年级的翻译硕士的职业胜任力有显著差异，研三的学生显著高于研二和研一学生（$p = 0.043 < 0.05$），研二和研一学生的职业胜任力无显著差异（H3h 假设部分成立）；不同英语水平翻译硕士的职业胜任力无显著差异（H3i 假设不成立）；对翻译职业了解程度的自变量对翻译硕士职业胜任力有显著差异，其中了解程度越深，职业胜任力越强，验证了研究假设 H3j；学习经历满意度对于职业胜任力有显著影响，学历经历"满意"组的职业胜任力高于"一般"组和"不满意"组，而"一般"组和"不满意"组的职业胜任力无显著差异，部分验证了研究假设 H3k。

表 4-11　翻译硕士职业胜任力人口统计特征上差异（三个及以上类别变量）

变量名称	位置关系	平方和	自由度	平均平方和	F 检验	事后比较 Scheffe 法	事后比较 Turkey HSD 法	事后比较 LSD 法	事后比较 Tamhane 法
第一学历大学层次	组间	291.098	2	145.549	1.335	n. a.	—	—	—
	组内	65296.844	599	—					
	总和	65587.942	601	109.010					
所在年级	组间	687.971	2	343.986	3.175*	—	C>A	C>A	—
	组内	64899.970	599	108.347					
	总和	65587.942	601					C>B	
英语水平	组间	34.332	2	34.332	0.314	n. a.	—	—	—
	组内	65553.610	599	109.256					
	总和	65587.942	601						
翻译职业了解程度	组间	5925.708	2	2962.850	29.747**	B>A	B>A	B>A	—
	组内	59662.234	599	4		C>A	C>A	C>A	
	总和	65587.942	601	99.603		C>B	C>B	C>B	
学习经历满意度	组间	4511.771	2	2255.880		—	—	—	C>A
	组内	61076.171	599	5	22.124**	—	—	—	C>B
	总和	65587.942	601	101.964					

注：n. a. 表示方差分析结果未达显著水平。

* 表示 $p < 0.05$，* * 表示 $p < 0.01$。

第三节　翻译硕士职业胜任力问题及对策

翻译人才的职业胜任力已成为国外学者广泛关注的问题。法律、医疗、教育等行业都对翻译从业人员提出了具体的要求。我国目前虽已开始重视翻译人才的职业胜任力问题,但还未能深入具体行业领域,也未能开展职业胜任力现状的实证调查,影响了对于该问题的理解和解决。

对于我国翻译硕士职业胜任力的测量和现状分析显示,我国翻译硕士职业胜任力是由职业知识、核心能力、相关能力和职业道德四个层面构成。职业道德层面的均值为 4.03,为中等偏上水平,高于其他三个层面。令人担忧的是职业知识层面,其均值只有 2.80,低于中间值 3。具体说来,该层面所含三个题项的均值分别为 3.012(我具有的翻译领域专业知识足以胜任翻译工作)、2.698[我具有特定专业领域(如法律、经济)的知识]、2.676(我具有的术语知识足以胜任翻译工作)。

可以看出,翻译硕士的术语知识状况最令人担忧,特定专业领域知识状况次之,而翻译领域专业知识的掌握情况也不理想。术语知识状况不佳的问题,与我国术语教育发展阶段有很大的关系。我国是从 20 世纪 90 年代才开始重视术语学,目前术语教育还处于起步阶段,很少有院系设立术语学课程(王少爽,2013)。这可能是翻译硕士术语知识水平差问题出现的原因。

翻译硕士特定专业领域知识状况不佳的原因:一方面可能与该群体第一学历背景单一,多为语言文学学科毕业生有关。正如前面对于我国七所东西部翻译硕士培养单位的调查显示,87.7%翻译硕士的第一学历为英语专业。另一方面则可能与课程设置和师资队伍的教育背景有关。调查显示,国内翻译硕士培养单位的课程设置与学术型翻译研究生课程体系雷同,所开选修课多限于英语语言文学学科,跨学科类课程较少(曹莉,2012)。师资方面,翻译硕士的任课教师多为学术型学位研究生导师,他们当中半数以上人群缺乏特定专业领域的从业经验(葛林等,2011)。

至于翻译领域专业知识掌握情况,其均值仅略高于中间值,这一发现着实有些让人吃惊。既然有研究表明,翻译硕士的课程与翻译学硕士雷同,任课教师也为原班人马,翻译领域专业知识理应受到高度重视,目前的结果有些令人费解。不过,考虑到翻译专业知识本身较为枯燥,难以激发学生学习热情的特性,而翻译学科成为独立学科的时间还较短,学科理论还处于发展期,加之翻译硕士任课教师的学科背景多为外国语言文学专业或应用语言学专业,而非翻译专业,出现这一问题也就不难理解了。

对此,F 高校翻译硕士认为"课程应增加实践性课程,并增加专业领域的学习"。B 高校翻译硕士研二学生指出"不能面面俱到,只学一类两类翻译类型即可。

（否则）个个通，个个松”。至于解决问题的办法，他们的观点有“提供更多的专业教师为学生传道授业”（F 高校研一学生）、“给予学生系统明确指导翻译方向和就业方向”（F 高校研三学生）、“加强训练强度，划分更细，具体到某个领域，做到更专业，培养高精尖翻译人才”（F 高校研三学生）。

本 章 小 结

本章主要论述了翻译硕士职业胜任力量表的编制和检验，并对收集到的数据进行了人口统计特征和院校特征变量上的差异分析。研究发现：翻译硕士职业胜任力量表具有较好的信度和效度，是由职业知识、核心能力、相关能力和职业道德四个因子构成；翻译硕士职业胜任力职业道德层面的状况较好，而职业知识层面的状况欠佳；翻译硕士职业胜任力在性别、学制、本科专业、在职情况、大学类型、大学所在地、大学层次（第一学历）、英语水平变量上，无统计显著差异；翻译硕士职业胜任力在翻译资格证书、实习经历、年级、翻译职业了解程度和学习经历满意度变量上的差异达到了统计显著水平。研究假设检验结果见表 4-12。

表 4-12 翻译硕士职业胜任力人口统计特征和院校特征变量研究假设检验结果

序号	研究假设	检验结果
H3a	不同性别翻译硕士职业胜任力有显著差异	不支持
H3b	不同学制翻译硕士职业胜任力有显著差异	不支持
H3c	本科专业为英语专业和非英语专业的翻译硕士职业胜任力有显著差异	不支持
H3d	在职和非在职翻译硕士职业胜任力有显著差异	不支持
H3e	有翻译实习经历和无翻译实习经历翻译硕士职业胜任力有显著差异	得到支持
H3f	取得翻译资格证书的和未取得翻译资格证书的翻译硕士职业胜任力有显著差异	得到支持
H3g	不同层次（第一学历）大学的翻译硕士职业胜任力有显著差异	不支持
H3h	不同年级翻译硕士的职业胜任力有显著差异	部分支持
H3i	不同英语水平的翻译硕士职业胜任力有显著差异	不支持
H3j	不同翻译职业了解程度的翻译硕士职业胜任力有显著差异	得到支持
H3k	不同学习经历满意度的翻译硕士职业胜任力有显著差异	部分支持
H4a	综合类大学和外语类大学的翻译硕士职业胜任力有显著差异	不支持
H4b	东西部高校翻译硕士职业胜任力有显著差异	不支持

第五章　专业承诺和学习投入中介作用研究

前面对于翻译硕士培养环境和职业胜任力的研究,表明这两方面的状况均为中等水平,后面对其中介变量进行检验。文献综述和理论基础部分已经表明,培养环境对于专业承诺有影响作用,而专业承诺水平影响职业胜任力,因此,专业承诺可能是培养环境和职业胜任力的中介变量。同样,培养环境影响学习投入,而学习投入影响职业胜任力,学习投入因而可能是培养环境和职业胜任力的中介变量。

本章首先对翻译硕士专业承诺量表和学习投入量表的信效度进行分析,其次分析我国翻译硕士专业承诺和学习投入的状况,最后使用结构方程模型对这两个变量的中介作用进行检验。所要回答的问题是:我国翻译硕士专业承诺和学习状况如何? 在院校特征变量上是否存在差异? 要检验的研究假设是 H6 和 H9。

第一节　翻译硕士专业承诺测量

翻译硕士专业承诺的问题还未能得到我国学者的关注,我国翻译硕士专业承诺现状如何还处于未知状态。收集翻译硕士专业承诺的数据成为分析其专业承诺状况的先决条件。所使用的测量工具是以成熟的专业承诺量表为基础,并根据翻译工作性质和特点进行了必要的修订。具体测量过程如下。

一、目的

本节研究目的是通过收集我国不同地区和不同类型翻译硕士培养单位翻译硕士专业承诺的信息,来掌握翻译硕士专业承诺的现状。

二、方法

对于专业承诺的测量,学者们普遍通过实施专业承诺量表的方法来进行。对于翻译硕士专业承诺的测量,研究者同样也使用连榕等(2005 年)提出的四维度量表(包括情感承诺、继续承诺、规范承诺和理想承诺)收集数据。为检验已有量表建构效度的适切性和真实性,研究者使用了验证性因子分析方法。

三、结果

对翻译硕士专业承诺进行验证性因子分析,得到的模型图见图 5-1,模型和数据拟合指数见表 5-1。可以看出,模型拟合指数符合模型适配标准,表明假设模型与实际数据拟合程度较好,说明翻译硕士专业承诺由情感承诺、继续承诺、规范承诺和理想承诺四个维度构成。

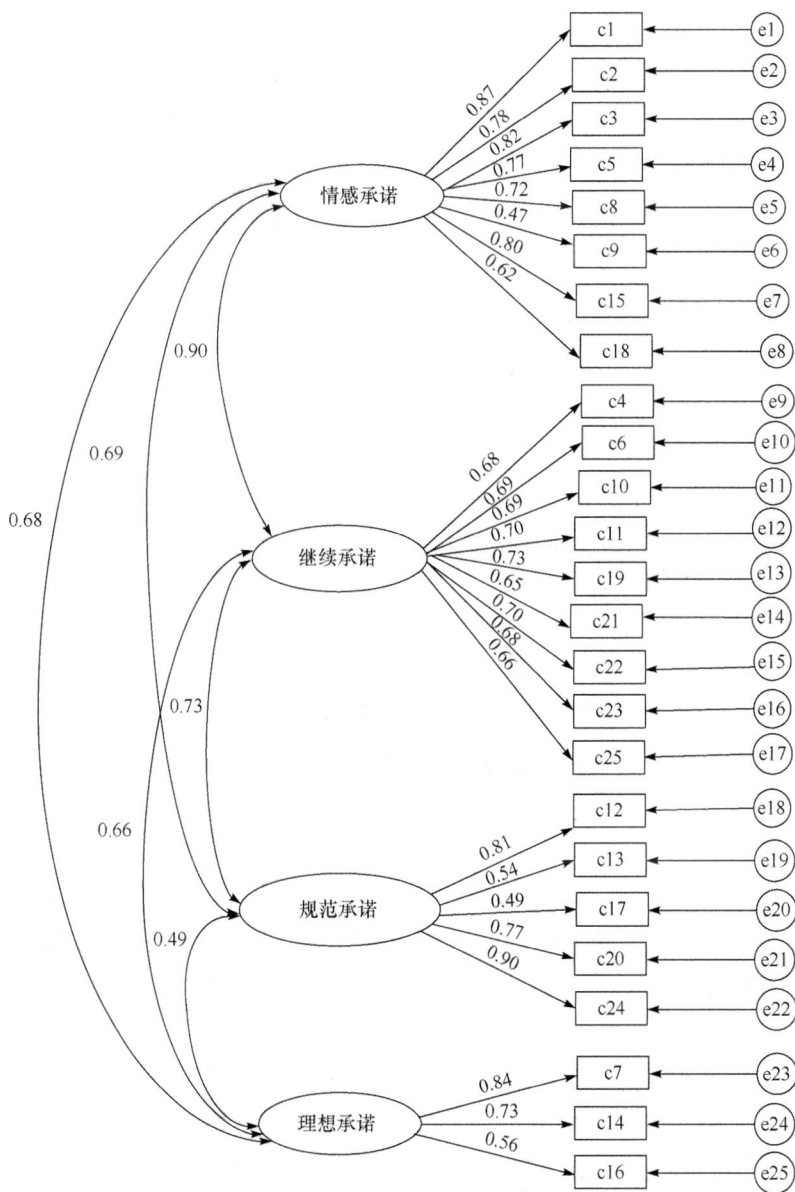

图 5-1　翻译硕士专业承诺结构方程模型

表 5-1　翻译硕士专业承诺验证性因子分析拟合指标摘要

拟合指标	标准	检验结果	拟合指标	标准	检验结果	拟合指标	标准	检验结果
RMR	<0.05	0.044	AGFI	>0.90	0.823	IFI	>0.90	0.894
RMSEA	<0.10	0.076	NFI	>0.90	0.867	TLI	>0.90	0.881
GFI	>0.90	0.853	RFI	>0.90	0.852	CFI	>0.90	0.893

第二节　翻译硕士专业承诺分析

一、描述性统计分析

上一节对翻译硕士专业承诺量表进行的验证性因子分析表明，翻译硕士专业承诺同样是由情感承诺、继续承诺、规范承诺和理想承诺四个维度构成。下面主要通过描述性统计分析的方法分析我国翻译硕士专业承诺发展现状。表 5-2 显示 c12、c13 和 c24 的均值大于 4，分别为 4.113、4.091 和 4.050，表示被试在"我认为，青年人要有一技之长，就该学好所学专业"(c12)、"国家需要各类各专业人才，青年人有义务学好自己的专业"(c13)和"每个大学生都应学好自己的专业，成为合格、优秀的专业人才"(c24)这三个规范承诺层面的题项上认同度较高。其中 90.7% 的被试认为 c12"符合"或"非常符合"，89.4% 的被试认为 c13"符合"或"非常符合"，89.2% 的被试认为 c24"符合"或"非常符合"。

表 5-2　翻译硕士专业承诺描述性统计分析

题项	样本数 统计量	最小值 统计量	最大值 统计量	均值 统计量	标准差 统计量	偏度 统计量	偏度 标准误	峰度 统计量	峰度 标准误
c1	602	1.0	5.0	3.731	0.8922	−0.757	0.100	0.169	0.199
c2	602	1.0	5.0	3.578	0.8642	−0.483	0.100	0.006	0.199
c3	602	1.0	5.0	3.714	0.9292	−0.814	0.100	0.328	0.199
c4	602	1.0	5.0	3.615	0.9343	−0.649	0.100	0.198	0.199
c5	602	1.0	5.0	3.694	0.8257	−0.608	0.100	0.602	0.199
c6	602	1.0	5.0	3.875	0.8236	−0.895	0.100	0.936	0.199
c7	602	1.0	5.0	3.060	0.8258	−0.023	0.100	0.227	0.199
c8	602	1.0	5.0	3.550	0.8965	−0.477	0.100	−0.032	0.199
c9	602	1.0	5.0	3.786	0.9630	−0.850	0.100	0.417	0.199
c10	602	1.0	5.0	3.932	0.7299	−0.899	0.100	1.846	0.199
c11	602	1.0	5.0	3.718	0.8653	−0.704	0.100	0.385	0.199

续表

题项	样本数统计量	最小值统计量	最大值统计量	均值统计量	标准差统计量	偏度统计量	标准误	峰度统计量	标准误
c12	602	1.0	5.0	4.113	0.7022	−1.405	0.100	4.734	0.199
c13	602	1.0	5.0	4.091	0.7274	−1.365	0.100	4.057	0.199
c14	602	1.0	5.0	3.203	0.8451	−0.033	0.100	0.216	0.199
c15	602	1.0	5.0	3.907	0.8125	−1.042	0.100	1.538	0.199
c16	602	1.0	5.0	2.799	0.9520	0.213	0.100	−0.444	0.199
c17	602	1.0	5.0	3.965	0.8079	−1.095	0.100	1.789	0.199
c18	602	1.0	5.0	3.610	0.8780	−0.604	0.100	0.242	0.199
c19	602	1.0	5.0	3.507	0.9034	−0.400	0.100	−0.400	0.199
c20	602	1.0	5.0	3.766	0.8729	−0.972	0.100	1.082	0.199
c21	602	1.0	5.0	3.280	0.8090	−0.062	0.100	0.314	0.199
c22	602	1.0	5.0	3.400	0.8480	−0.283	0.100	0.156	0.199
c23	602	1.0	5.0	3.390	0.9320	−0.454	0.100	−0.656	0.199
c24	602	1.0	5.0	4.050	0.7450	−1.507	0.100	4.350	0.199
c25	602	1.0	5.0	3.320	0.9130	−0.098	0.100	−0.189	0.199
情感承诺	602	10.0	40.0	29.567	5.3905	−0.484	0.100	0.720	0.199
继续承诺	602	9.0	45.0	32.030	5.7217	−0.394	0.100	0.972	0.199
规范承诺	602	5.0	25.0	19.983	3.0899	−1.096	0.100	3.465	0.199
理想承诺	602	3.0	15.0	9.062	2.1487	−0.005	0.100	0.566	0.199
专业承诺	602	29.0	125.0	90.645	14.1412	−0.497	0.100	1.606	0.199

　　值得注意的是 c16 的均值只有 2.799，表明被试在"我选择翻译硕士主要是因为就业形势好"题项上认同度低。表 5-3 显示 40.7％的被试认为 c16"不符合"或"完全不符合"，35.9％的被试则"不确定"。这说明被试选择翻译硕士这一专业学位并不是出于就业形势的考虑。

表 5-3　题项 c12、c13、c24 和 c16 频次分布表

题项	数值	频次/次	百分比/%	题项	数值	频次/次	百分比/%
c12	1	8	1.3	c24	1	10	1.7
	2	11	1.8		2	19	3.2
	3	37	6.1		3	36	6.0
	4	395	65.6		4	404	67.0
	5	151	25.2		5	133	22.1
c13	1	8	1.3	c16	1	39	6.5
	2	15	2.5		2	206	34.2
	3	41	6.8		3	216	35.9
	4	388	64.5		4	119	19.8
	5	150	24.9		5	22	3.6

　　具体到翻译硕士专业承诺各层面上,情感承诺层面包含八个题项,层面均值为29.5698,题项均值为3.696;继续承诺层面包含九个题项,层面均值为32.0299,题项均值为3.559;规范承诺层面包含五个题项,层面均值为19.9834,题项均值为3.997;理想承诺层面包含三个题项,层面均值为9.0615,题项均值为3.021。可以看出,被试在规范承诺层面上的均值最高,其次为情感承诺层面和继续承诺层面,理想承诺层面题项的均值最低,也就是说被试攻读翻译硕士专业学位并不是因为"与翻译硕士专业相关的工作晋升机会多"(c7)、"与翻译硕士相关的工作进修机会多"(c14)和"我选择翻译硕士主要是因为就业形势好"(c16),更多是出于规范承诺层面的"我认为,青年人要有一技之长,就该学好所学专业"(c12)、"国家需要各类各专业人才,青年人有义务学好自己的专业"(c13)、"我认为,应该'进一行,学一行,爱一行'"(c17)、"翻译在国家建设中有重要作用,为了国家的明天,我该学好"(c20)、"每个大学生都应学好自己的专业,成为合格、优秀的专业人才"(c24)。

　　此处出现的翻译硕士规范承诺高于其他三个承诺的现象,与前面分析翻译硕士职业胜任力时所发现的翻译硕士职业道德层面均值高于其他层面的情况类似,说明翻译硕士在规范承诺和职业道德层面的情况较好。这一结果的出现,可能是因为两者相关性较高。

二、院校特征变量上的差异

(一)目的

　　本小节研究目的是比较不同学制、地区和大学类型变量上翻译硕士专业承诺上的差异。

（二）方法

为了实现上面的研究目的，所采用的数据分析方法为独立样本 t 检验。

（三）结果

独立样本 t 检验结果显示，翻译硕士专业承诺大学类型、大学所在地变量上无统计显著差异。由此可以判断，不同学制翻译硕士专业承诺无显著差异；不同地区大学翻译硕士专业承诺无显著差异；不同类型大学翻译硕士专业承诺无显著差异，具体结果见表 5-4 和表 5-5。

表 5-4　翻译硕士专业承诺描述性统计（二分类别变量）

变量名称	变量类别	个数/个	百分比/%	平均数	标准差	最小值	最大值
c1	完全不符合	5	0.8	3.731	0.892	1	5
	不符合	73	12.1	——	——	——	——
	不确定	93	15.5	——	——	——	——
	符合	339	56.3	——	——	——	——
	完全符合	92	15.3	——	——	——	——
c2	完全不符合	7	1.2	3.578	0.864	1	5
	不符合	63	10.5	——	——	——	——
	不确定	174	28.9	——	——	——	——
	符合	291	48.3	——	——	——	——
	完全符合	67	11.1	——	——	——	——
c3	完全不符合	11	1.8	3.714	0.929	1	5
	不符合	69	11.5	——	——	——	——
	不确定	97	16.1	——	——	——	——
	符合	329	54.7	——	——	——	——
	完全符合	96	15.9	——	——	——	——
c4	完全不符合	15	2.5	3.615	0.934	1	5
	不符合	61	10.1	——	——	——	——
	不确定	150	24.9	——	——	——	——
	符合	291	48.4	——	——	——	——
	完全符合	85	14.1	——	——	——	——

续表

变量名称	变量类别	个数/个	百分比/%	平均数	标准差	最小值	最大值
c5	完全不符合	8	1.3	3.694	0.826	1	5
	不符合	37	6.1	—	—	—	—
	不确定	166	27.6	—	—	—	—
	符合	311	51.7	—	—	—	—
	完全符合	80	13.3	—	—	—	—
c6	完全不符合	4	0.7	3.875	0.824	1	5
	不符合	47	7.8	—	—	—	—
	不确定	81	13.5	—	—	—	—
	符合	358	59.4	—	—	—	—
	完全符合	112	18.6	—	—	—	—
c7	完全不符合	18	3.0	3.060	0.826	1	5
	不符合	111	18.4	—	—	—	—
	不确定	313	52.0	—	—	—	—
	符合	137	22.8	—	—	—	—
	完全符合	23	3.8	—	—	—	—
c8	完全不符合	10	1.7	3.550	0.897	1	5
	不符合	67	11.1	—	—	—	—
	不确定	177	29.4	—	—	—	—
	符合	278	46.2	—	—	—	—
	完全符合	70	11.6	—	—	—	—
c9	完全不符合	14	2.3	3.786	0.963	1	5
	不符合	59	9.8	—	—	—	—
	不确定	96	15.9	—	—	—	—
	符合	306	50.9	—	—	—	—
	完全符合	127	21.1	—	—	—	—
c10	完全不符合	4	0.7	3.932	0.730	1	5
	不符合	23	3.8	—	—	—	—
	不确定	89	14.8	—	—	—	—
	符合	380	63.1	—	—	—	—
	完全符合	106	17.6	—	—	—	—

续表

变量名称	变量类别	个数/个	百分比/%	平均数	标准差	最小值	最大值
c11	完全不符合	7	1.2	3.718	0.865	1	5
	不符合	55	9.1	—	—	—	—
	不确定	127	21.1	—	—	—	—
	符合	325	54.0	—	—	—	—
	完全符合	88	14.6	—	—	—	—
c12	完全不符合	8	1.3	4.113	0.702	1	5
	不符合	11	1.8	—	—	—	—
	不确定	37	6.1	—	—	—	—
	符合	395	65.6	—	—	—	—
	完全符合	151	25.2	—	—	—	—
c13	完全不符合	8	1.3	4.091	0.727	1	5
	不符合	15	2.5	—	—	—	—
	不确定	41	6.8	—	—	—	—
	符合	388	64.5	—	—	—	—
	完全符合	150	24.9	—	—	—	—
c14	完全不符合	15	2.5	3.203	0.845	1	5
	不符合	84	14.0	—	—	—	—
	不确定	304	50.5	—	—	—	—
	符合	162	26.9	—	—	—	—
	完全符合	37	6.1	—	—	—	—
c15	完全不符合	6	1.0	3.907	0.813	1	5
	不符合	41	6.8	—	—	—	—
	不确定	70	11.6	—	—	—	—
	符合	371	61.6	—	—	—	—
	完全符合	114	19.0	—	—	—	—
c16	完全不符合	39	6.5	2.799	0.952	1	5
	不符合	206	34.2	—	—	—	—
	不确定	216	35.9	—	—	—	—
	符合	119	19.8	—	—	—	—
	完全符合	22	3.6	—	—	—	—

续表

变量名称	变量类别	个数/个	百分比/%	平均数	标准差	最小值	最大值
	完全不符合	6	1.0	3.965	0.808	1	5
	不符合	37	6.1	—	—	—	—
c17	不确定	60	10.0	—	—	—	—
	符合	368	61.1	—	—	—	—
	完全符合	131	21.8	—	—	—	—
	完全不符合	10	1.7	3.610	0.878	1	5
	不符合	58	9.6	—	—	—	—
c18	不确定	161	26.7	—	—	—	—
	符合	301	50.0	—	—	—	—
	完全符合	72	72	—	—	—	—
	完全不符合	6	1.0	3.507	0.903	1	5
	不符合	89	14.8	—	—	—	—
c19	不确定	164	27.2	—	—	—	—
	符合	280	46.5	—	—	—	—
	完全符合	63	10.5	—	—	—	—
	完全不符合	12	2.0	3.766	0.873	1	5
	不符合	48	8.0	—	—	—	—
c20	不确定	100	16.6	—	—	—	—
	符合	351	58.3	—	—	—	—
	完全符合	91	15.1	—	—	—	—
	完全不符合	11	1.8	3.280	0.809	1	5
	不符合	66	11.0	—	—	—	—
c21	不确定	305	50.7	—	—	—	—
	符合	183	30.4	—	—	—	—
	完全符合	37	6.1	—	—	—	—
	完全不符合	12	2.0	3.280	0.848	1	5
	不符合	61	10.1	—	—	—	—
c22	不确定	252	41.9	—	—	—	—
	符合	230	38.2	—	—	—	—
	完全符合	47	7.8	—	—	—	—

续表

变量名称	变量类别	个数/个	百分比/%	平均数	标准差	最小值	最大值
	完全不符合	9	1.5	3.390	0.932	1	5
	不符合	123	20.4	—	—	—	—
c23	不确定	137	22.8	—	—	—	—
	符合	293	48.7	—	—	—	—
	完全符合	40	6.6	—	—	—	—
	完全不符合	10	1.7	4.050	0.745	1	5
	不符合	19	3.1	—	—	—	—
c24	不确定	36	6.0	—	—	—	—
	符合	404	67.1	—	—	—	—
	完全符合	133	22.1	—	—	—	—
	完全不符合	14	2.3	3.320	0.913	1	5
	不符合	85	14.1	—	—	—	—
c25	不确定	255	42.4	—	—	—	—
	符合	190	31.6	—	—	—	—
	完全符合	58	9.6	—	—	—	—

表 5-5　翻译硕士专业承诺院校特征变量上差异(二分类别变量)

变量名称	变量类别	样本数/个	均值	标准差	标准误均值	t 值	p 值
学制	2.5 年	194	89.9845	15.86356	1.13894	−0.741	0.459
	3 年	408	90.9583	13.25337	0.65614		
所在大学类型	综合类	275	91.5164	13.40616	0.80842	1.388	0.166
	外语类	327	89.9113	14.71138	0.81354		
大学所在地	西部	270	91.4370	12.69142	0.77238	1.264	0.207
	东部	332	90.0000	15.20733	0.83461		

第三节　翻译硕士学习投入测量

　　翻译硕士专业学位虽然已于近年快速发展,通过 10 年左右的时间设立了 206 所培养单位,但对于翻译硕士学习投入的具体研究还鲜见。翻译硕士学习投入的测量采用的是成熟的学习投入量表。这一量表的信效度已经得到学者方来坛等的检验,可直接用于研究,但需要对其进行验证性因子分析。具体过程如下。

一、目的

学习投入量表是否适用于翻译硕士学习投入的测量,其信度和效度如何,需要通过验证性因子分析来检验。

二、方法

本书研究采用的学习投入的定义,是荷兰学者提出的三维度概念(方来坛等,2008)。其中维度一活力指的是翻译硕士具有出众的精力与韧性,心理愉悦,具有高水平能量,愿意在学习和实践中付出且不容易疲倦,面对困难能容忍,能坚持不懈。维度二奉献指的是翻译硕士对于翻译工作和学习具有强烈的工作卷入,有强烈的热情,感到翻译工作有意义并具有挑战,有自豪和受鼓舞的感觉。维度三专注指的是翻译硕士全身心投入翻译学习和工作的愉悦状态,感觉时间过得很快,不愿意从翻译学习和工作中出来。具体测量指标见表5-6。采用验证性因子分析的方法对翻译硕士学习投入量表进行检验。

表 5-6　翻译硕士学习投入测量指标

维度	题项	题项序号
活力	早晨一起床,我就乐意去学习	t1
	学习时,我感到精力充沛	t2
	即使学习不顺利,我也毫不气馁,能够坚持不懈	t3
	我能持续学习很长时间,中间不需休息	t4
	学习时即使精神疲劳,我也能很快恢复	t5
	学习时,我浑身有力且干劲十足	t6
奉献	我发现学习富有挑战性	t7
	学习激发我的灵感	t8
	我对学习充满热情	t9
	我因我的学习而感到自豪	t10
	我清楚学习的目的和意义	t11
	全身心投入学习时,我感到很快乐	t17
专注	学习时,我忘了周围的一切	t12
	学习时,我感到时间过得很快	t13
	学习时,我心里只想着学习	t14
	我难以放下手中的学习	t15
	我沉浸在学习中	t16

三、结果

对翻译硕士学习投入量表进行验证性因子分析,得到的模型拟合指数见表 5-7。可以看出,各项拟合指数均符合标准,假设模型与实际数据拟合程度较好。翻译硕士学习投入模型见图 5-2。

表 5-7　翻译硕士学习投入验证性因子分析摘要

拟合指标	标准	检验结果	拟合指标	标准	检验结果	拟合指标	标准	检验结果
RMR	<0.05	0.026	AGFI	>0.90	0.900	IFI	>0.90	0.947
RMSEA	<0.10	0.068	NFI	>0.90	0.930	TLI	>0.90	0.938
GFI	>0.90	0.920	RFI	>0.90	0.917	CFI	>0.90	0.947

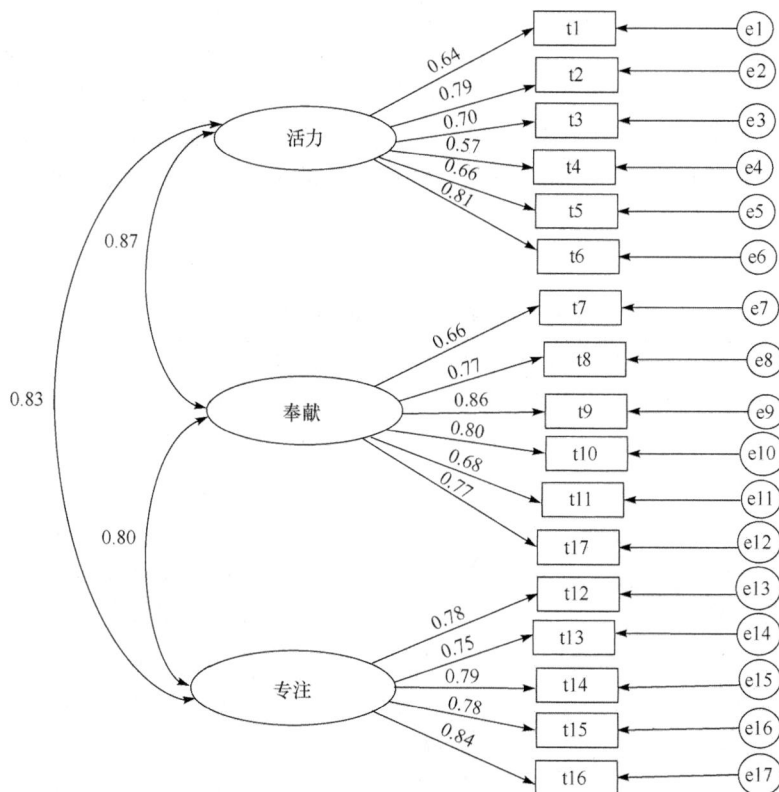

图 5-2　翻译硕士学习投入结构方程模型

第四节　翻译硕士学习投入分析

对翻译硕士学习投入量表进行验证性因子分析，验证了该量表由活力、奉献和专注三个维度组成，而为了分析我国翻译硕士学习投入现状及其在人口统计特征和院校特征变量上的差异，需要进行独立样本 t 检验和方差分析。

一、描述性统计分析

翻译硕士学习投入的现状可通过描述性统计分析看出。表 5-8 显示 t7 和 t11 的均值高于其他题项，分别为 3.82 和 3.80，大于中间值 3，接近 4。频次分布表 5-9 显示 71.1% 的被试"经常"或者"总是""我发现学习富有挑战性"（t7），68.8% 的被试"经常"或者"总是""我清楚学习的目的和意义"（t11）。相比之下，题项 t15 和 t4 的均值仅略高于中间值，为 3.04 和 3.05。仅有 26.8% 的被试表示"经常"或者"总是""我难以放下手中的学习"（t15），近一半的被试表示"有时"是这样的。不到1/3的被试"经常"或者"总是""我能持续学习很长时间，中间不需休息"（t4），几乎一半的是"有时"会这样。总的来说，被试在各题项上的均值高于中间值，但与最大值还有一定距离，表示被试学习投入的程度尚可，只是还需要进一步增加学习方面的投入。

表 5-8　翻译硕士学习投入描述性统计

题项	样本数 统计量	最小值 统计量	最大值 统计量	均值 统计量	标准差 统计量	偏度		峰度	
						统计量	标准误	统计量	标准误
t1	602	1	5	3.36	0.842	−0.271	0.100	0.281	0.199
t2	602	1	5	3.59	0.708	−0.151	0.100	0.457	0.199
t3	602	1	5	3.66	0.740	−0.037	0.100	0.348	0.199
t4	602	1	5	3.05	0.861	0.083	0.100	−0.148	0.199
t5	602	1	5	3.31	0.806	−0.087	0.100	−0.016	0.199
t6	602	1	5	3.47	0.780	−0.142	0.100	0.223	0.199
t7	602	1	5	3.82	0.738	−0.506	0.100	0.830	0.199
t8	602	1	5	3.72	0.741	−0.321	0.100	0.479	0.199
t9	602	1	5	3.72	0.757	−0.303	0.100	0.483	0.199
t10	602	1	5	3.75	0.823	−0.584	0.100	0.754	0.199
t11	602	1	5	3.80	0.809	−0.561	0.100	0.595	0.199
t12	602	1	5	3.23	0.874	−0.065	0.100	0.072	0.199
t13	602	1	5	3.63	0.830	−0.443	0.100	0.433	0.199

续表

题项	样本数 统计量	最小值 统计量	最大值 统计量	均值 统计量	标准差 统计量	偏度		峰度	
						统计量	标准误	统计量	标准误
t14	602	1	5	3.39	0.835	−0.178	0.100	0.127	0.199
t15	602	1	5	3.04	0.875	0.060	0.100	0.039	0.199
t16	602	1	5	3.27	0.826	0.157	0.100	0.054	0.199
t17	602	1	5	3.75	0.826	−0.507	0.100	0.552	0.199
活力	602	6.00	30.00	20.4385	3.57246	−0.060	0.100	1.003	0.199
奉献	602	6.00	30.00	22.5714	3.76458	−0.362	0.100	1.571	0.199
专注	602	5.00	25.00	16.5581	3.54117	−0.006	0.100	0.601	0.199
学习投入	602	17.00	85.00	59.5681	9.84114	−0.180	0.100	1.406	0.199

表 5-9 题项 t7、t11、t15 和 t4 的频次分布表

题项	数值	频次/次	百分比/%	题项	数值	频次/次	百分比/%
t7	1	4	0.7	t15	1	21	3.5
	2	16	2.7		2	126	20.9
	3	154	25.6		3	294	48.8
	4	336	55.7		4	131	21.8
	5	92	15.3		5	30	5.0
t11	1	6	1.0	t4	1	15	2.5
	2	26	4.3		2	135	22.4
	3	156	25.9		3	281	46.7
	4	310	51.5		4	144	23.9
	5	104	17.3		5	27	4.5

    具体到学习投入各层面上:活力层面题项的均值等于 20.4385÷6=3.406;奉献层面题项的均值等于 22.5714÷6=3.762;专注层面题项的均值等于 16.5581÷5=3.312。

    比较而言,翻译硕士学习投入奉献层面的均值高于活力层面和专注层面。这一结果与上文发现的奉献层面的题项 t7 和 t11 较高,活力层面的题项 t4 和专注层面的题项 t15 偏低的结果相互印证,同时也说明被试的活力和专注两个方面需要得到提升。

二、院校特征变量上的差异

(一) 目的

本小节研究是为了比较翻译硕士学习投入在学制、大学类型、大学所在地自变量上的差异。

(二) 方法

为实现上面的研究目的,采用的数据分析方法为独立样本 t 检验。

(三) 结果

这里的二分类别变量具体包括学制、大学类型、大学所在地,具体结果见表 5-10 和表 5-11。比较翻译硕士学习投入变量的均值,可以看出整体平均值较高($m>3$),表明翻译硕士能较好地投入到学习中。比较高的平均值是 t7($m=3.82$)、t11($m=3.80$)、t17($m=3.75$)、t8($m=3.72$),即"我发现学习富有挑战性"(t7)、"我清楚学习的目的和意义"(t11)、"全身心投入学习时,我感到很快乐"(t17)、"学习激发我的灵感"(t8)。也就是说,奉献维度要优于活力维度和专注维度。

表 5-10　翻译硕士学习投入描述性统计(二分类别变量)

变量名称	变量类别	个数/个	百分比/%	平均数	标准差	最小值	最大值
	完全不符合	14	2.3	3.36	0.842	1	5
	不符合	59	9.8	—	—	—	—
t1	不确定	269	44.7	—	—	—	—
	符合	217	36.1	—	—	—	—
	完全符合	43	7.1	—	—	—	—
	完全不符合	4	0.7	3.59	0.708	1	5
	不符合	17	2.8	—	—	—	—
t2	不确定	250	41.5	—	—	—	—
	符合	282	46.9	—	—	—	—
	完全符合	49	8.1	—	—	—	—

续表

变量名称	变量类别	个数/个	百分比/%	平均数	标准差	最小值	最大值
	完全不符合	3	0.5	3.66	0.740	1	5
	不符合	29	4.8	—	—	—	—
t3	不确定	198	32.9	—	—	—	—
	符合	313	52.0	—	—	—	—
	完全符合	59	9.8	—	—	—	—
	完全不符合	15	2.5	3.05	0.861	1	5
	不符合	135	22.4	—	—	—	—
t4	不确定	281	46.7	—	—	—	—
	符合	144	23.9	—	—	—	—
	完全符合	27	4.5	—	—	—	—
	完全不符合	7	1.2	3.31	0.806	1	5
	不符合	75	12.5	—	—	—	—
t5	不确定	279	46.3	—	—	—	—
	符合	206	34.2	—	—	—	—
	完全符合	35	5.8	—	—	—	—
	完全不符合	6	1.0	3.47	0.780	1	5
	不符合	42	7.0	—	—	—	—
t6	不确定	267	44.3	—	—	—	—
	符合	239	39.7	—	—	—	—
	完全符合	48	8.0	—	—	—	—
	完全不符合	4	0.7	3.82	0.738	1	5
	不符合	16	2.7	—	—	—	—
t7	不确定	154	25.5	—	—	—	—
	符合	336	55.8	—	—	—	—
	完全符合	92	15.3	—	—	—	—
	完全不符合	4	0.7	3.72	0.741	1	5
	不符合	17	2.8	—	—	—	—
t8	不确定	196	32.6	—	—	—	—
	符合	309	51.3	—	—	—	—
	完全符合	76	12.6	—	—	—	—

变量名称	变量类别	个数/个	百分比/%	平均数	标准差	最小值	最大值
t9	完全不符合	5	0.8	3.72	0.757	1	5
	不符合	15	2.5	—	—	—	—
	不确定	203	33.7	—	—	—	—
	符合	297	49.4	—	—	—	—
	完全符合	82	13.6	—	—	—	—
t10	完全不符合	9	1.5	3.75	0.823	1	5
	不符合	24	4.0	—	—	—	—
	不确定	172	28.6	—	—	—	—
	符合	301	50.0	—	—	—	—
	完全符合	96	15.9	—	—	—	—
t11	完全不符合	6	1.0	3.80	0.809	1	5
	不符合	26	4.3	—	—	—	—
	不确定	156	25.9	—	—	—	—
	符合	310	51.5	—	—	—	—
	完全符合	104	17.3	—	—	—	—
t12	完全不符合	16	2.7	3.23	0.874	1	5
	不符合	85	14.1	—	—	—	—
	不确定	287	47.7	—	—	—	—
	符合	171	28.4	—	—	—	—
	完全符合	43	7.1	—	—	—	—
t13	完全不符合	9	1.5	3.63	0.830	1	5
	不符合	34	5.6	—	—	—	—
	不确定	204	33.9	—	—	—	—
	符合	279	46.4	—	—	—	—
	完全符合	76	12.6	—	—	—	—
t14	完全不符合	10	1.7	3.39	0.835	1	5
	不符合	60	10.0	—	—	—	—
	不确定	266	44.1	—	—	—	—
	符合	218	36.2	—	—	—	—
	完全符合	48	8.0	—	—	—	—

续表

变量名称	变量类别	个数/个	百分比/%	平均数	标准差	最小值	最大值
	完全不符合	21	3.5	3.04	0.875	1	5
	不符合	126	20.9	—	—	—	—
t15	不确定	294	48.8	—	—	—	—
	符合	131	21.8	—	—	—	—
	完全符合	30	5.0	—	—	—	—
	完全不符合	7	1.2	3.27	0.826	1	5
	不符合	79	13.1	—	—	—	—
t16	不确定	307	51.0	—	—	—	—
	符合	163	27.1	—	—	—	—
	完全符合	46	7.6	—	—	—	—
	完全不符合	8	1.3	3.75	0.826	1	5
	不符合	24	4.0	—	—	—	—
t17	不确定	178	29.6	—	—	—	—
	符合	291	48.3	—	—	—	—
	完全符合	101	16.8	—	—	—	—

表 5-11　翻译硕士学习投入院校特征变量上差异（二分类别变量）

变量名称	变量类别	样本数/个	均值	标准差	标准误均值	t 值	p 值
学制	2.5 年	194	59.1907	10.79770	0.77523	−0.617	0.538
	3 年	408	59.7475	9.36077	0.46343		
大学类型	综合类	275	59.8727	9.60811	0.57939	0.696	0.487
	外语类	327	59.3119	10.04044	0.55524		
大学所在地	西部	270	59.6852	8.85955	0.53917	0.268	0.789
	东部	332	59.4729	10.58483	0.58092		

独立样本 t 检验结果显示（表 5-11），翻译硕士学习投入在学制、大学类型、大学所在地变量上无统计显著差异。

第五节　专业承诺和学习投入的中介作用

本节通过建立无中介模型、完全中介模型和部分中介模型三个模型,根据巴伦(Reuben Baron)和肯尼(David Kenny)检验中介变量的方法(Baron et al.,1986)来检验专业承诺和学习投入对于培养环境与翻译硕士职业胜任力的中介作用,验证研究假设 H6 和 H9。

一、专业承诺的中介作用

为了检验翻译硕士专业承诺对其培养环境和职业胜任力有中介作用,分别建立了翻译硕士培养环境和职业胜任力的无中介模型(M1)、完全中介模型(M2)和部分中介模型(M3),见图 5-3～图 5-5。三个模型估算结果见图 5-6～图 5-8。

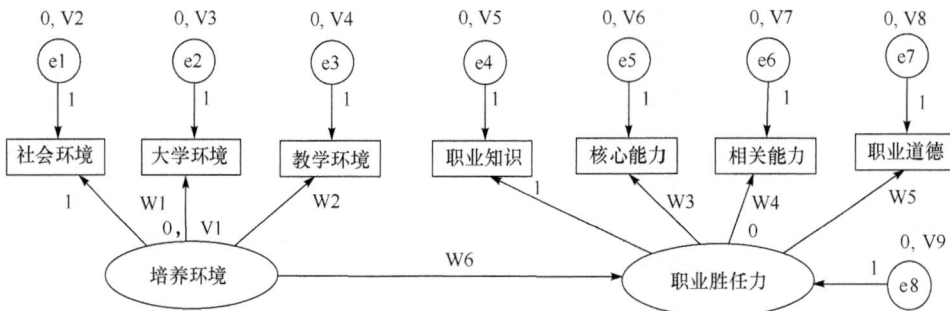

图 5-3　无中介模型(M1)

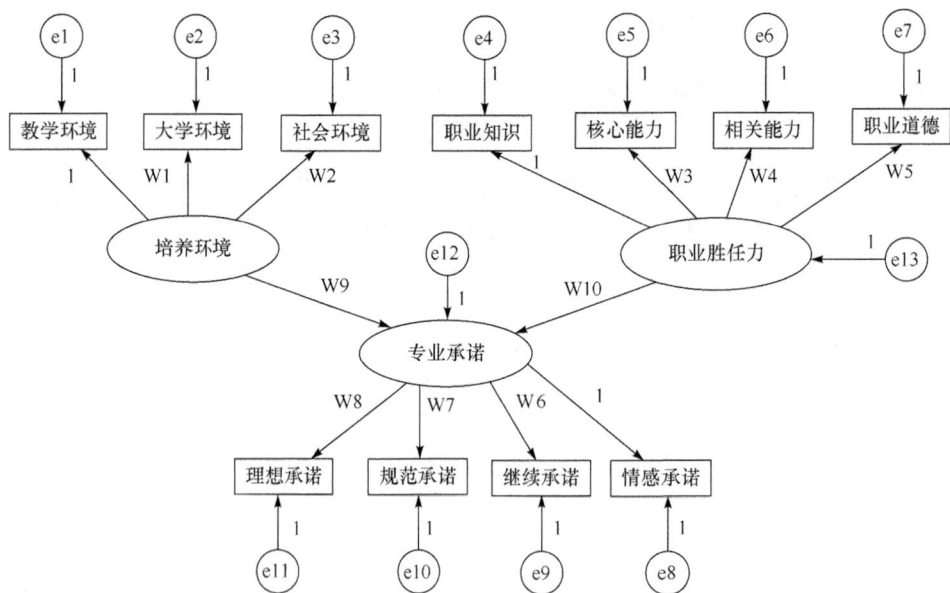

图 5-4　完全中介模型(M2)

比较上面三个模型的标准化系数,可以看出 M1 中翻译硕士培养环境与职业胜任力的标准化回归系数为 0.43,达到了显著性水平($p<0.001$)。完全中介模型

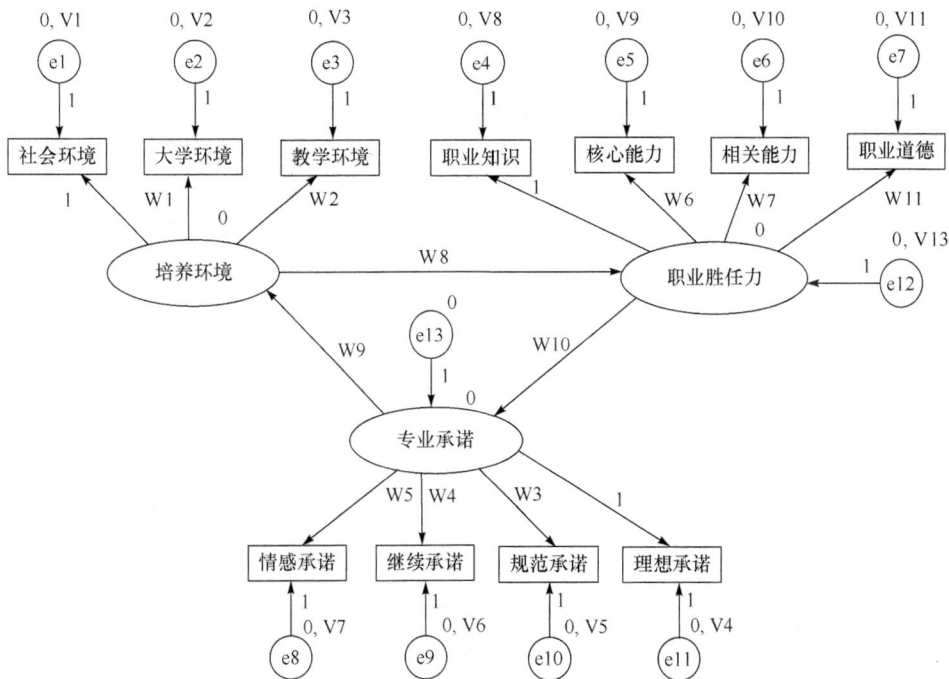

图 5-5　部分中介模型(M3)

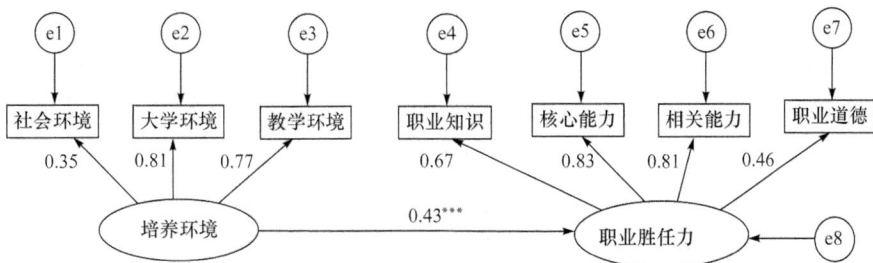

图 5-6　翻译硕士培养环境和职业胜任力无中介模型(M1)估算结果

***表示 $p<0.001$

(M2)培养环境与专业承诺、专业承诺与职业胜任力的标准化系数分别为 0.66 和 0.48,也均达到显著性水平($p<0.001$)。引入中介变量专业承诺后,M3 中翻译硕士与职业胜任力的标准化回归系数为 0.24($p<0.001$),培养环境与专业承诺及专业承诺与职业胜任力的标准化系数分别为 0.65 和 0.31,也达到显著性水平。显然,专业承诺对于翻译硕士培养环境和职业胜任力起到部分中介作用。因此,研究假设 H9(专业承诺是翻译硕士培养环境和职业胜任力的中介变量)成立。

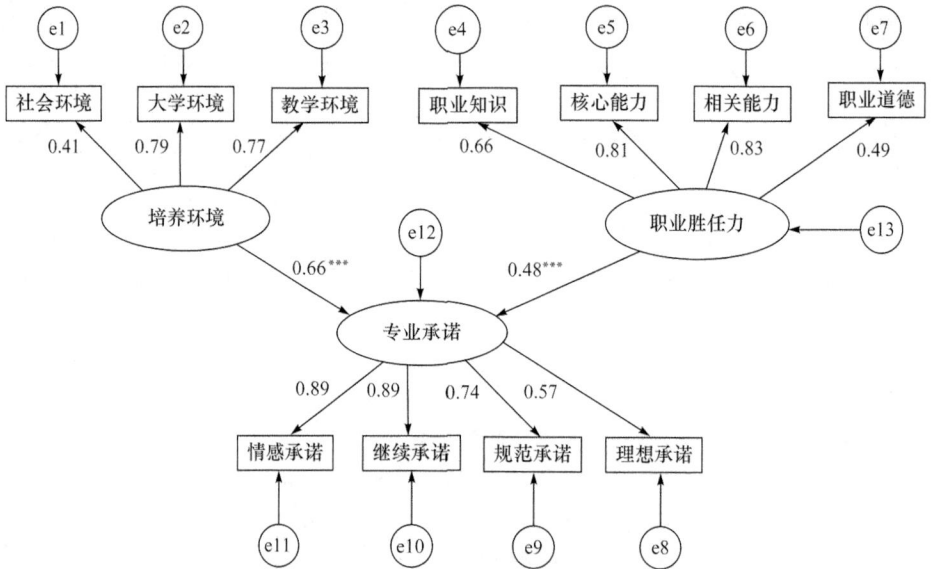

图 5-7　完全中介模型(M2)估算结果

∗∗∗ 表示 $p < 0.001$

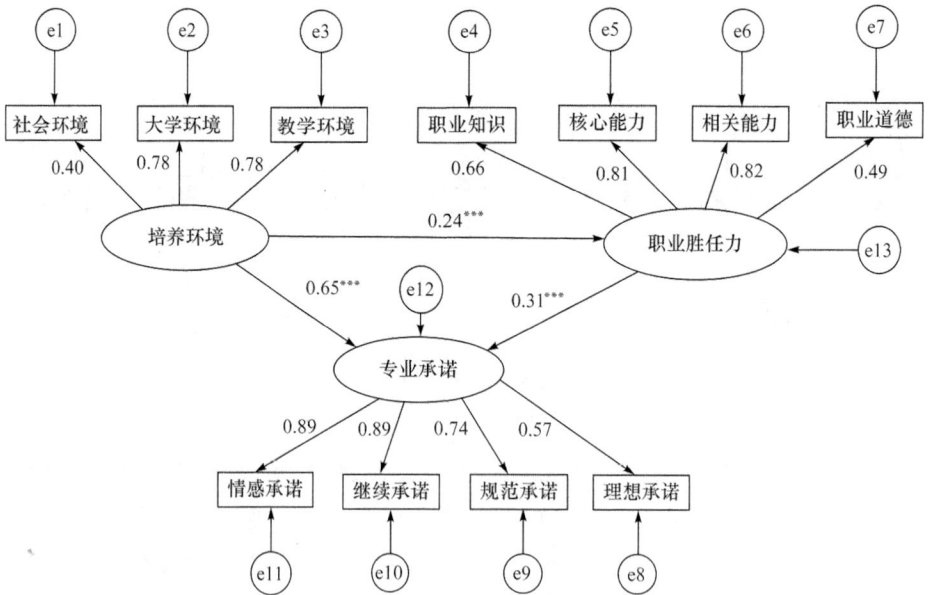

图 5-8　部分中介模型(M3)估算结果

∗∗∗ 表示 $p < 0.001$

二、学习投入的中介作用

使用同样的方法,来验证研究 H6。分别建立三个模型:一是翻译硕士培养环境与职业胜任力无中介模型(M1);二是学习投入在翻译硕士培养环境和职业胜任力中起完全中介作用的模型(M_2);三是学习投入在翻译硕士培养环境和职业胜任力中起部分中介作用的模型(M_3)。具体模型见图 5-3、图 5-9 和图 5-10(因素构念界定参照指标,某些参数限定为常数 1,部分固定参数限定为 0)。模型估算结果见图 5-6、图 5-11 和图 5-12。

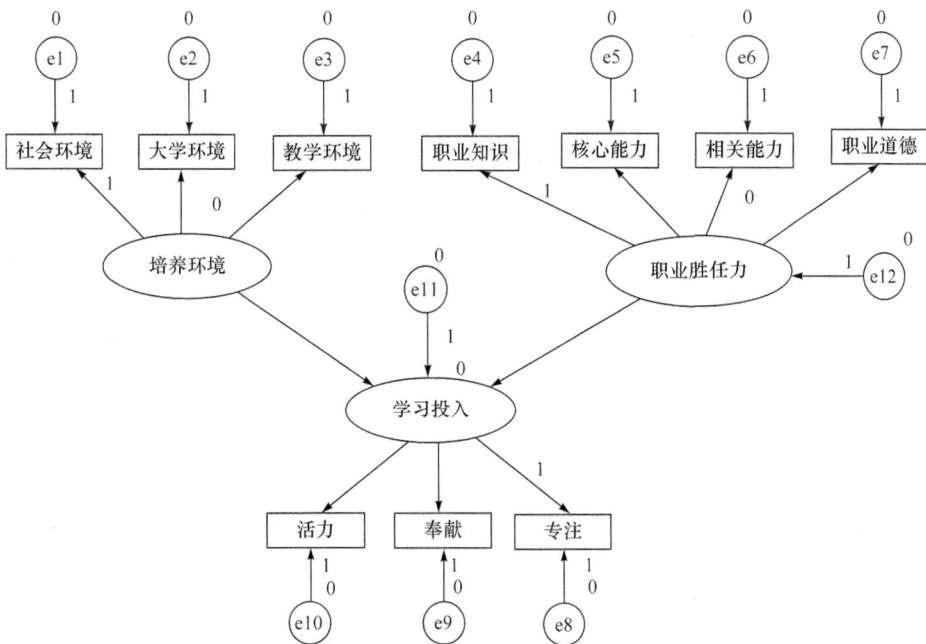

图 5-9　理论模型(M_2)

M_2 完全中介模型中培养环境与学习投入、学习投入与职业胜任力的标准化系数分别为 0.53 和 0.57,达到显著性水平($p < 0.001$)。M_3 部分中介模型中培养环境与职业胜任力、培养环境与学习投入、学习投入与职业胜任力的标准化系数分别为 0.21、0.52 和 0.46,均达到了显著性水平($p < 0.001$)。M1 无中介模型中,培养环境与职业胜任力的标准化系数为 0.43($p < 0.001$)。可以看出加入学习投入这个中介变量后,翻译硕士培养环境与职业胜任力的标准化系数,由 M1 中的 0.43 降至 0.21,说明学习投入发挥了部分中介作用。研究假设 H6 得到验证,学习投入是翻译硕士培养环境和职业胜任力的中介变量,起部分中介作用。

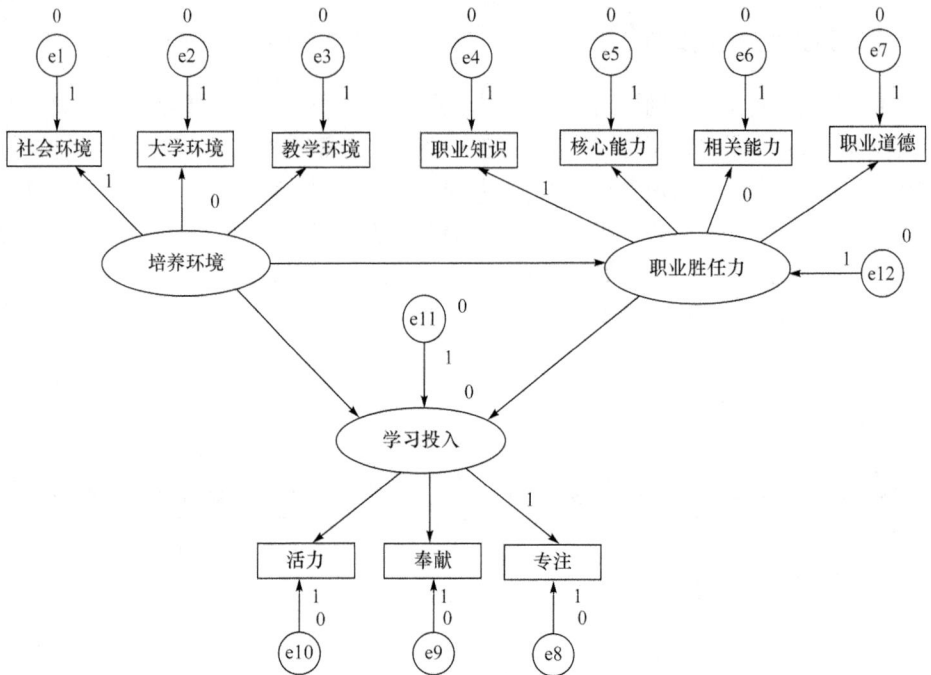

图 5-10　理论模型 M_3

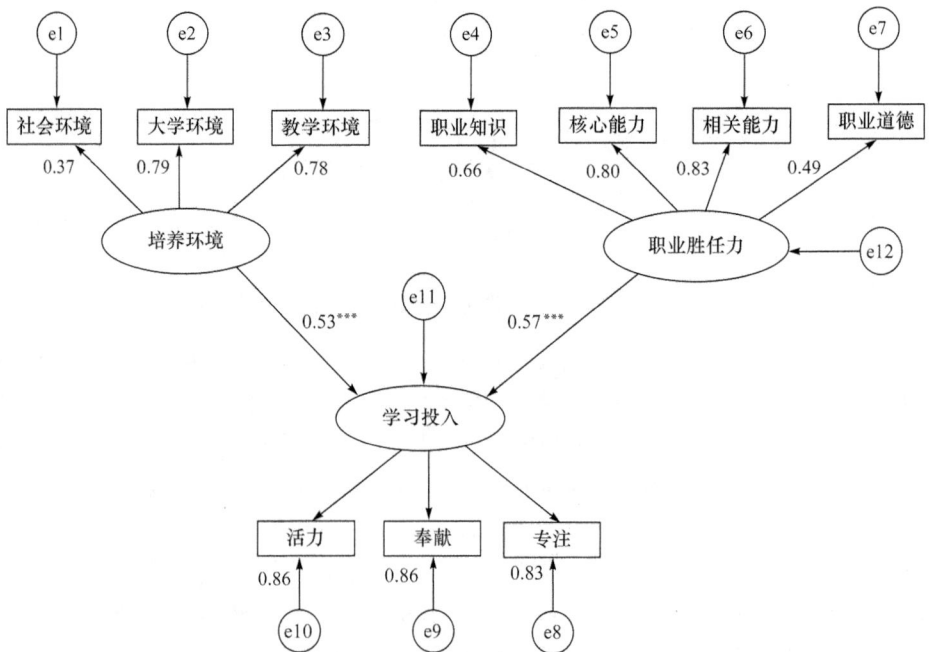

图 5-11　理论模型 M_2 估算结果

＊＊＊表示 $p < 0.001$

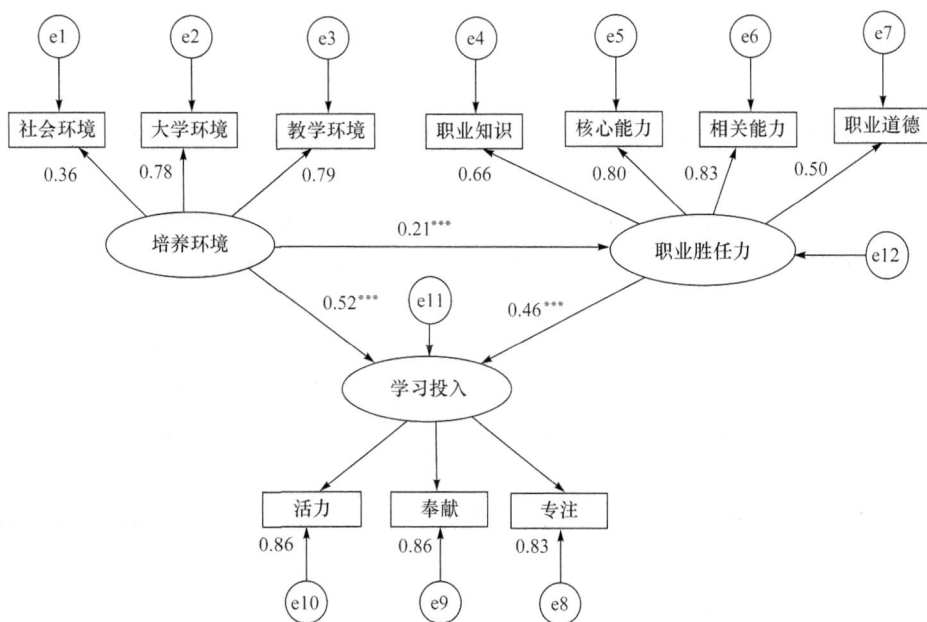

图 5-12　理论模型 M_3 估算结果
*** 表示 $p < 0.001$

本 章 小 结

　　专业承诺量表和学习投入量表均已是成熟量表,因而,这一章对这两个量表进行验证性因子分析,检验其信度和效度,同时对这两个变量的总体状况和院校特征变量上差异进行了分析。研究发现:翻译硕士专业承诺量表的信效度较好,是由情感承诺、继续承诺、规范承诺和理想承诺四个因子构成;翻译硕士专业承诺在学制、大学类型、大学所在地上无统计显著差异;翻译硕士学习投入量表的信效度也较好,由活力、奉献和专注三个因子构成;翻译硕士学习投入总体水平高于中间值,在学制、大学类型、大学所在地变量上无统计显著差异。专业承诺和学习投入分别对培养环境与翻译硕士职业胜任力起部分中介作用(表 5-12)。

表 5-12　专业承诺和学习投入中介变量检验结果

序号	研究假设	检验结果
H6	学习投入是翻译硕士培养环境和职业胜任力的中介变量	得到支持
H9	专业承诺是翻译硕士培养环境和职业胜任力的中介变量	得到支持

第六章 翻译硕士培养环境与职业胜任力研究

前面章节已分别对翻译硕士培养环境量表和职业胜任力量表进行了探索性因子分析和验证性因子分析,确定了两个量表的构成,并对其院校特征变量上的差异进行了分析,回答了研究问题 1 和研究问题 2 及研究假设 H1～H4。对专业承诺量表和学习投入量表进行的验证性因子分析与院校特征变量上的差异分析,验证了两个量表的构成,显示了翻译硕士专业承诺和学习投入的总体状况及在学制、大学类型和大学所在地变量上的差异。本章对培养环境、专业承诺、学习投入和职业胜任力四个潜变量进行相关分析,并在此基础上进行多元回归分析,检验变量间的关系。此外,研究还使用 AMOS 软件来综合分析翻译硕士培养环境对职业胜任力的直接效应、间接效应和总效应。

要回答的研究问题为:我国翻译硕士培养环境对于翻译硕士职业胜任力的影响如何?所要检验的研究假设为:翻译硕士培养环境对翻译硕士职业胜任力有正向显著影响(H5);翻译硕士培养环境对翻译硕士专业承诺有正向显著影响(H7);翻译硕士专业承诺对翻译硕士职业胜任力有正向显著影响(H8);翻译硕士培养环境对翻译硕士学习投入有正向显著影响(H10);翻译硕士专业承诺对翻译硕士学习投入有正向显著影响(H11);翻译硕士学习投入对翻译硕士职业胜任力有正向显著影响(H12)。

第一节 两两变量相关关系分析

为避免多元回归分析时的多元共线性问题,回归分析前应进行自变量间的相关分析(吴明隆,2010)。本节依次对翻译硕士培养环境与职业胜任力、培养环境与专业承诺、培养环境与学习投入、专业承诺与职业胜任力、专业承诺与学习投入、学习投入与职业胜任力的相关关系进行分析。

一、翻译硕士培养环境与职业胜任力相关关系

前面对于翻译硕士培养环境量表的探索性因子分析和验证性因子分析,已验证了这一量表是由教学环境、大学环境和社会环境三个因子构成,量表具有较好的信度和效度。分析翻译硕士培养环境人口统计特征变量上的差异,发现不同性别、不同学制、不同第一学历、在职与否、有无翻译实习经历、综合类大学和外语类大学、东西部高校、是否获得翻译资格证书、不同英语水平及对于翻译职业了解程度

不同,对于翻译硕士培养环境感知的影响无显著差异;翻译硕士培养环境感知在第一学历大学层次、年级和学习经历满意度变量上有显著差异。

对于翻译硕士职业胜任力量表进行的探索性因子分析和验证性因子分析,验证了翻译硕士专业胜任力是由职业知识、核心能力、相关能力和职业道德四个因子构成,量表的信度和效度较好。对其进行的人口统计特征变量上的差异分析,表明翻译硕士职业胜任力水平在性别、学制、本科专业、在职情况、大学类型、大学所在地6个变量上无统计显著差异,而在翻译资格证书和真实翻译职业环境实习经历两个变量上有显著差异。前面的理论框架部分已经表明,培养环境对于培养结果有影响,翻译硕士培养环境与翻译硕士职业胜任力之间是否也是如此,需要进行检验。下面的分析是为研究翻译硕士培养环境与其职业胜任力的关系,并检验研究假设H5(翻译硕士培养环境对翻译硕士职业胜任力有正向显著影响)。

翻译硕士培养环境与职业胜任力均为连续变量,因此应采用皮尔逊(Pearson)积差相关方法来求这两个变量的相关度。两个变量/层面的具体信息见表6-1。相关分析中,相关系数(r)与相关系数的平方(r^2)是需要参考的重要数值。相关系数的平方也叫决定系数或解释变异量的比例。推论统计中,大样本会使得相关系数的值容易达到显著,因此需要参考决定系数的值。

表 6-1　翻译硕士培养环境与职业胜任力量表/层面汇总

量表	层面名称	代号	所含题项	题项数/个
培养环境量表	教学环境	jh	h16+h17+h18+h19+h20	5
	大学环境	dh	h8+h9+h10+h11+h13+h14	6
	社会环境	sh	h1+h2+h3+h5+h6	5
	培养环境量表总分	ph	jh+dh+sh	16
职业胜任力量表	职业知识	zz	s1+s2+s3	3
	核心能力	hn	s5+s6+s7+s8	4
	相关能力	xn	s9+s10+s12+s14+s15+s16+s17	7
	职业道德	zd	s18+s19+s20+s21+s22+s23+s24+s25+s26	9
	职业胜任力量表总分	zs	zz+hn+xn+zd	23

分析结果(表6-2)显示,翻译硕士培养环境与职业胜任力的相关系数为0.381($p<0.01$),决定系数为0.145;教学环境层面、大学环境层面、社会环境层面与职业胜任力的相关系数为0.801、0.878、0.632,均达到了显著水平($p<0.01$),对应的决定系数为0.642、0.771、0.399。培养环境与职业知识层面、核心能力层面、相关能力层面和职业道德层面的相关系数分别为0.236、0.259、0.288和0.345,也均达到了显著水平($p<0.01$),对应的决定系数为0.056、0.067、0.083和0.119。

可以看出，翻译硕士培养环境对于翻译硕士职业胜任力有显著正向影响，验证了研究假设 H5。同时，翻译硕士培养环境对于职业胜任力的职业知识层面、核心能力层面、相关能力层面和职业道德层面也有正向显著影响。

表 6-2　翻译硕士培养环境与职业胜任力积差相关分析结果

变量	相关	ph	zs	jh	dh	sh	zz	hn	xn	zd
ph	皮尔逊相关	1	0.381**	0.801**	0.878**	0.632**	0.236**	0.259**	0.288**	0.345**
	显著性（双尾）	—	0.000	0.000	0.000	0.000	0.000	0.000	0.000	0.000
	样本数	602	602	602	602	602	602	602	602	602
zs	皮尔逊相关	0.381**	1	0.401**	0.322**	0.159**	0.635**	0.777**	0.859**	0.761**
	显著性（双尾）	0.000	—	0.000	0.000	0.000	0.000	0.000	0.000	0.000
	样本数	602	602	602	602	602	602	602	602	602
jh	皮尔逊相关	0.801**	0.401**	1	0.625**	0.232**	0.230**	0.282**	0.324**	0.348**
	显著性（双尾）	0.000	0.000	—	0.000	0.000	0.000	0.000	0.000	0.000
	样本数	602	602	602	602	602	602	602	602	602
dh	皮尔逊相关	0.878**	0.322**	0.625**	1	0.330**	0.217**	0.251**	0.242**	0.266**
	显著性（双尾）	0.000	0.000	0.000	—	0.000	0.000	0.000	0.000	0.000
	样本数	602	602	602	602	602	602	602	602	602
sh	皮尔逊相关	0.632**	0.159**	0.232**	0.330**	1	0.091*	0.053	0.097*	0.194**
	显著性（双尾）	0.000	0.000	0.000	0.000	—	0.026	0.196	0.017	0.000
	样本数	602	602	602	602	602	602	602	602	602
zz	皮尔逊相关	0.236**	0.635**	0.230**	0.217**	0.091*	1	0.600**	0.522**	0.191**
	显著性（双尾）	0.000	0.000	0.000	0.000	0.026	—	0.000	0.000	0.000
	样本数	602	602	602	602	602	602	602	602	602
hn	皮尔逊相关	0.259**	0.777**	0.282**	0.251**	0.053	0.600**	1	0.664**	0.338**
	显著性（双尾）	0.000	0.000	0.000	0.000	0.196	0.000	—	0.000	0.000
	样本数	602	602	602	602	602	602	602	602	602
xn	皮尔逊相关	0.288**	0.859**	0.324**	0.242**	0.097*	0.522**	0.664**	1	0.454**
	显著性（双尾）	0.000	0.000	0.000	0.000	0.017	0.000	0.000	—	0.000
	样本数	602	602	602	602	602	602	602	602	602
zd	皮尔逊相关	0.345**	0.761**	0.348**	0.266**	0.194**	0.191**	0.338**	0.454**	1
	显著性（双尾）	0.000	0.000	0.000	0.000	0.000	0.000	0.000	0.000	—
	样本数	602	602	602	602	602	602	602	602	602

* 表示达 0.05 显著水准（双尾），** 表示达 0.01 显著水准（双尾）。

　　具体到翻译硕士培养环境的教学环境层面与职业胜任力的职业知识、核心能力、相关能力和职业道德层面的相关系数分别为 0.230、0.282、0.324 和 0.348,对应的决定系数分别为 0.053、0.080、0.105 和 0.121。大学环境层面对于职业胜任力的职业知识、核心能力、相关能力和职业道德层面的相关系数分别为 0.217、0.251、0242 和 0.266,对应的各决定系数为 0.047、0.063、0.059 和 0.071。社会环境层面对于职业胜任力的职业知识、核心能力、相关能力和职业道德层面的相关系数分别为 0.091、0.053、0.097 和 0.194,所对应的决定系数为 0.008、0.003、0.009 和 0.038。可以看出,教学环境层面、大学环境层面和社会环境层面均与职业道德层面的相关度较高。三个环境层面中,教学环境层面与职业胜任力各层面的相关度高于大学环境层面,而大学环境层面高于社会环境层面。

二、翻译硕士培养环境与专业承诺相关关系

第四章对于翻译硕士培养环境量表进行的探索性因子分析和验证性因子分析,验证了该量表是由教学环境、大学环境和社会环境三个维度构成,各维度的具体组成见表 6-3。对于翻译硕士培养环境进行的人口统计特征变量分析,表明性别、学制、第一学历、在职与否、有无翻译实习经历、综合类大学和外语类大学、东西部高校、是否获得翻译资格证书、不同英语水平及对于翻译职位了解程度不同的十个变量对于翻译硕士培养环境的感知无显著差异;而第一学历大学层次、年级和学习经历满意度三个变量对培养环境感知有显著差异。

表 6-3　翻译硕士培养环境与专业承诺量表/层面汇总

量表	层面名称	代号	所含题项	题项数
培养环境量表	教学环境	jh	h16+h17+h18+h19+h20	5
	大学环境	dh	h8+h9+h10+h11+h13+h14	6
	社会环境	sh	h1+h2+h3+h5+h6	5
	培养环境量表总分	ph	jh+ dh+ sh	16
专业承诺量表	情感承诺	qc	c1+c2+c3+c5+c8+c9+c15+c18	8
	继续承诺	jc	c4+c6+c10+c11+c19+c21+ c22+c23+c25	9
	规范承诺	gc	c12+c13+c17+c20+c24	5
	理想承诺	lc	c7+c14+c16	3
	专业承诺量表总分	zc	qc+jc+gc+lc	25

前面对于翻译硕士专业承诺量表进行的验证性因子分析,表明了翻译硕士专业承诺是由情感承诺、继续承诺、规范承诺、理想承诺四个层面构成,各层面的组成详见表 6-3。

对翻译硕士专业承诺进行的院校特征变量的分析,表明翻译硕士专业承诺在

学制、大学类型、大学所在地上无统计显著差异。翻译硕士培养环境对于其专业承诺的影响（即研究假设 H7）需要进一步的分析。这两个变量都是连续变量，因此，下面对两个变量进行皮尔逊积差分析，观察培养环境变量对于专业承诺变量的影响。

观察翻译硕士培养环境与专业承诺积差相关分析的结果（表 6-4），可以看出培养环境与专业承诺的相关系数是 0.576（$p < 0.01$），正向显著相关（验证了研究假设 H7），决定系数为 0.332。与专业承诺各层面的相关系数分别是 0.535（$p < 0.01$）、0.448（$p < 0.01$）、0.487（$p < 0.01$）和 0.446（$p < 0.01$），对应的决定系数分别为 0.286、0.201、0.237 和 0.199。翻译硕士培养环境与专业承诺的情感承诺层面的相关度高于其他三个层面。

具体到培养环境各层面上，教学环境对于专业承诺的影响系数为 0.477（$p < 0.01$），决定系数为 0.228。与情感承诺、继续承诺、规范承诺和理想承诺的相关系数分别是 0.463（$p < 0.01$）、0.411（$p < 0.01$）、0.408（$p < 0.01$）和 0.295（$p < 0.01$），决定系数分别为 0.214、0.169、0.166 和 0.087。大学环境对于专业承诺的影响系数为 0.458（$p < 0.01$），决定系数为 0.210，与情感承诺、继续承诺、规范承诺和理想承诺的相关系数分别是 0.441（$p < 0.01$）、0.381（$p < 0.01$）、0.389（$p < 0.01$）和 0.335（$p < 0.01$），决定系数分别为 0.194、0.145、0.151 和 0.112。社会环境对于专业承诺的影响系数为 0.412（$p < 0.01$），决定系数为 0.170，与情感承诺、继续承诺、规范承诺和理想承诺的相关系数分别是 0.340（$p < 0.01$）、0.352（$p < 0.01$）、0.343（$p < 0.01$）和 0.426（$p < 0.01$），决定系数分别为 0.116、0.124、0.118 和 0.181。分析结果表明，翻译硕士培养环境的教学环境层面和大学环境层面，与专业承诺的情感承诺层面的相关度（表 6-4）高于与其他层面承诺的，而社会环境层面与理想承诺的相关度要高于与其他层面承诺的。

表 6-4　翻译硕士培养环境与专业承诺积差相关分析结果

变量	相关性	ph	zc	jh	dh	sh	qc	jc	gc	lc
ph	皮尔逊相关	1	0.576**	0.801**	0.878**	0.632**	0.535**	0.488**	0.487**	0.446**
	显著性（双尾）	—	0.000	0.000	0.000	0.000	0.000	0.000	0.000	0.000
	样本数	602	602	602	602	602	602	602	602	602
zc	皮尔逊相关	0.576**	1	0.477**	0.458**	0.412**	0.923**	0.931**	0.796**	0.642**
	显著性（双尾）	0.000	—	0.000	0.000	0.000	0.000	0.000	0.000	0.000
	样本数	602	602	602	602	602	602	602	602	602
jh	皮尔逊相关	0.801**	0.477**	1	0.625**	0.232**	0.463**	0.411**	0.408**	0.295**
	显著性（双尾）	0.000	0.000	—	0.000	0.000	0.000	0.000	0.000	0.000
	样本数	602	602	602	602	602	602	602	602	602

续表

变量	相关性	ph	zc	jh	dh	sh	qc	jc	gc	lc
dh	皮尔逊相关	0.878**	0.458**	0.625**	1	0.330**	0.441**	0.381**	0.389**	0.335**
	显著性(双尾)	0.000	0.000	0.000	—	0.000	0.000	0.000	0.000	0.000
	样本数	602	602	602	602	602	602	602	602	602
sh	皮尔逊相关	0.632**	0.412**	0.232**	0.330**	1	0.340**	0.352**	0.343**	0.426**
	显著性(双尾)	0.000	0.000	0.000	0.000	—	0.000	0.000	0.000	0.000
	样本数	602	602	602	602	602	602	602	602	602
qc	皮尔逊相关	0.535**	0.923**	0.463**	0.441**	0.340**	1	0.798**	0.648**	0.506**
	显著性(双尾)	0.000	0.000	0.000	0.000	—		0.000	0.000	0.000
	样本数	602	602	602	602	602	602	602	602	602
jc	皮尔逊相关	0.488**	0.931**	0.411**	0.381**	0.352**	0.798**	1	0.663**	0.511**
	显著性(双尾)	0.000	0.000	0.000	0.000	0.000	0.000	—	0.000	0.000
	样本数	602	602	602	602	602	602	602	602	602
gc	皮尔逊相关	0.487**	0.796**	0.408**	0.389**	0.343**	0.648**	0.663**	1	0.413**
	显著性(双尾)	0.000	0.000	0.000	0.000	0.000	0.000	0.000	—	0.000
	样本数	602	602	602	602	602	602	602	602	602
lc	皮尔逊相关	0.446**	0.642**	0.295**	0.335**	0.426**	0.506**	0.511**	0.413**	1
	显著性(双尾)	0.000	0.000	0.000	0.000	0.000	0.000	0.000	0.000	—
	样本数	602	602	602	602	602	602	602	602	602

** 表示达 0.01 显著水准（双尾）。

三、翻译硕士培养环境与学习投入相关关系

前面对翻译硕士学习投入量表进行的验证性因子分析，表明该量表的信度和效度较好，是由活力、奉献和专注三个层面构成。具体题项组成见表 6-5。通过翻译硕士学习投入在院校特征变量上的差异分析发现，学习投入在学制、大学类型、大学所在地变量上无统计显著差异。根据前面的理论框架，下面具体分析翻译硕士培养环境对学习投入的影响。翻译硕士培养环境和学习投入是两个连续变量，因此采用皮尔逊积差相关分析的方法。

表 6-5　翻译硕士培养环境与学习投入量表/层面汇总

量表	层面名称	代号	所含题项	题项数
培养环境量表	教学环境	jh	h16+h17+h18+h19+h20	5
	大学环境	dh	h8+h9+h10+h11+h13+h14	6
	社会环境	sh	h1+h2+h3+h5+h6	5
	培养环境量表总分	ph	jh+ dh+ sh	16
学习投入量表	活力	hl	t1+t2+t3+t4+t5+t6	6
	奉献	fx	t7+t8+t9+t10+t11+t17	6
	专注	ab	t12+t13+t14+t15+t16	5
	学习投入量表总分	xt	hl+fx+ab	17

　　观察表 6-6 中翻译硕士培养环境和学习投入两个变量的相关系数,可以看出培养环境与学习投入的相关系数为 0.434($p<$0.01),决定系数为 0.188。与各层面的相关系数分别为 0.406($p<$0.01)、0.421($p<$0.01)、0.349($p<$0.01),对应的决定系数为 0.165、0.177 和 0.122。翻译硕士培养环境与奉献层面的相关度高于活力和专注层面。翻译硕士培养环境对学习投入有正向显著影响,研究假设 H10 成立。

表 6-6　翻译硕士培养环境与学习投入积差相关分析结果

变量	相关性	ph	xt	hl	fx	ab	jh	dh	sh
ph	皮尔逊相关	1	0.434**	0.406**	0.421**	0.349**	0.801**	0.878**	0.632**
	显著性(双尾)	—	0.000	0.000	0.000	0.000	0.000	0.000	0.000
	样本数	602	602	602	602	602	602	602	602
xt	皮尔逊相关	0.434**	1	0.906**	0.909**	0.898**	0.396**	0.350**	0.267**
	显著性(双尾)	0.000	—	0.000	0.000	0.000	0.000	0.000	0.000
	样本数	602	602	602	602	602	602	602	602
hl	皮尔逊相关	0.406**	0.906**	1	0.739**	0.724**	0.394**	0.313**	0.246**
	显著性(双尾)	0.000	0.000	—	0.000	0.000	0.000	0.000	0.000
	样本数	602	602	602	602	602	602	602	602
fx	皮尔逊相关	0.421**	0.909**	0.739**	1	0.719**	0.394**	0.349**	0.236**
	显著性(双尾)	0.000	0.000	0.000	—	0.000	0.000	0.000	0.000
	样本数	602	602	602	602	602	602	602	602
ab	皮尔逊相关	0.349**	0.898**	0.724**	0.719**	1	0.283**	0.287**	0.244**
	显著性(双尾)	0.000	0.000	0.000	0.000	—	0.000	0.000	0.000
	样本数	602	602	602	602	602	602	602	602

变量	相关性	ph	xt	hl	fx	ab	jh	dh	sh
jh	皮尔逊相关	0.801**	0.396**	0.394**	0.394**	0.283**	1	0.625**	0.232**
	显著性（双尾）	0.000	0.000	0.000	0.000	0.000	—	0.000	0.000
	样本数	602	602	602	602	602	602	602	602
dh	皮尔逊相关	0.878**	0.350**	0.313**	0.349**	0.287**	0.625**	1	0.330**
	显著性（双尾）	0.000	0.000	0.000	0.000	0.000	0.000	—	0.000
	样本数	602	602	602	602	602	602	602	602
sh	皮尔逊相关	0.632**	0.267**	0.246**	0.236**	0.244**	0.232**	0.330**	1
	显著性（双尾）	0.000	0.000	0.000	0.000	0.000	0.000	0.000	—
	样本数	602	602	602	602	602	602	602	602

**表示达 0.01 显著水准（双尾）。

　　翻译硕士培养环境的教学环境层面与学习投入的活力层面、奉献层面和专注层面的相关系数分别是 0.394（$p<0.01$）、0.394（$p<0.01$）和 0.283（$p<0.01$），对应的决定系数是 0.155、0.155 和 0.080。翻译硕士培养环境的大学环境层面与学习投入的活力层面、奉献层面和专注层面的相关系数分别是 0.313（$p<0.01$）、0.349（$p<0.01$）和 0.287（$p<0.01$），对应的决定系数是 0.098、0.122 和 0.082。翻译硕士培养环境的社会环境层面与学习投入的活力层面、奉献层面和专注层面的相关系数分别是 0.246（$p<0.01$）、0.236（$p<0.01$）和 0.244（$p<0.01$），对应的决定系数是 0.061、0.056 和 0.060。

四、翻译硕士专业承诺与职业胜任力相关关系

　　前面理论框架提出的研究假设 H8 为，翻译硕士专业承诺对翻译硕士职业胜任力有正向显著影响。为验证这一假设，下面将对翻译硕士专业承诺和其职业胜任力进行皮尔逊积差相关分析，检验这两个变量的相关性。翻译硕士专业承诺和职业胜任力的量表/层面信息见表 6-7。

表 6-7　翻译硕士专业承诺与职业胜任力量表/层面汇总

量表	层面名称	代号	所含题项	题项数
	情感承诺	qc	$c1+c2+c3+c5+c8+c9+c15+c18$	8
	继续承诺	jc	$c4+c6+c10+c11+c19+c21+c22+c23+c25$	9
专业承诺量表	规范承诺	gc	$c12+c13+c17+c20+c24$	5
	理想承诺	lc	$c7+c14+c16$	3
	专业承诺量表总分	zc	$qc+jc+gc+lc$	25

续表

量表	层面名称	代号	所含题项	题项数
	职业知识	zz	s1＋s2＋s3	3
	核心能力	hn	s5＋s6＋s7＋s8	4
职业胜任力量表	相关能力	xn	s9＋s10＋s12＋14＋s15＋s16＋s17	7
	职业道德	zd	s18＋s19＋s20＋s21＋s22＋s23＋s24＋s25＋s26	9
职业胜任力量表总分		zs	zz＋hn＋xn＋zd	23

观察翻译硕士专业承诺对其职业胜任力的影响（表 6-8），其相关系数为 0.497（$p < 0.01$），决定系数为 0.247，表明翻译硕士专业承诺对其职业胜任力有正向显著影响，验证了研究假设 H8。翻译硕士专业承诺与职业胜任力的职业知识层面、核心能力层面、相关能力层面和职业道德层面的相关系数分别是 0.255（$p < 0.01$）、0.295（$p < 0.01$）、0.362（$p < 0.01$）和 0.504（$p < 0.01$），对应的决定系数分别是 0.065、0.087、0.131 和 0.254。可见，翻译硕士专业承诺与其职业道德层面的相关度较高，其中规范承诺与职业道德相关度更是高达 0.521。据此推测这两个因子可能存在共变关系，后面构建翻译硕士职业胜任力模型时应予以考虑。

表 6-8　翻译硕士专业承诺与职业胜任力积差相关分析结果

变量	相关变量	zc	qc	jc	gc	lc	zs	zz	hn	xn	zd
zc	皮尔逊相关	1	0.923**	0.931**	0.796**	0.642**	0.497**	0.255**	0.295**	0.362**	0.504**
	显著性（双尾）	—	0.000	0.000	0.000	0.000	0.000	0.000	0.000	0.000	0.000
	样本数	602	602	602	602	602	602	602	602	602	602
qc	皮尔逊相关	0.923**	1	0.798**	0.648**	0.506**	0.460**	0.225**	0.284**	0.345**	0.459**
	显著性（双尾）	0.000	—	0.000	0.000	0.000	0.000	0.000	0.000	0.000	0.000
	样本数	602	602	602	602	602	602	602	602	602	602
jc	皮尔逊相关	0.931**	0.798**	1	0.663**	0.511**	0.481**	0.290**	0.295**	0.361**	0.457**
	显著性（双尾）	0.000	0.000	—	0.000	0.000	0.000	0.000	0.000	0.000	0.000
	样本数	602	602	602	602	602	602	602	602	602	602
gc	皮尔逊相关	0.796**	0.648**	0.663**	1	0.413**	0.429**	0.109**	0.214**	0.292**	0.521**
	显著性（双尾）	0.000	0.000	0.000	—	0.000	0.000	0.007	0.000	0.000	0.000
	样本数	602	602	602	602	602	602	602	602	602	602
lc	皮尔逊相关	0.642**	0.506**	0.511**	0.413**	1	0.218**	0.185**	0.137**	0.139**	0.202**
	显著性（双尾）	0.000	0.000	0.000	0.000	—	0.000	0.000	0.001	0.001	0.000
	样本数	602	602	602	602	602	602	602	602	602	602
zs	皮尔逊相关	0.497**	0.460**	0.481**	0.429**	0.218**	1	0.635**	0.777**	0.859**	0.761**
	显著性（双尾）	0.000	0.000	0.000	0.000	0.000	—	0.000	0.000	0.000	0.000
	样本数	602	602	602	602	602	602	602	602	602	602

续表

变量	相关变量	zc	qc	jc	gc	lc	zs	zz	hn	xn	zd
zz	皮尔逊相关	0.255**	0.225**	0.290**	0.109**	0.185**	0.635**	1	0.600**	0.522**	0.191**
	显著性（双尾）	0.000	0.000	0.000	0.007	0.000	0.000	—	0.000	0.000	0.000
	样本数	602	602	602	602	602	602	602	602	602	602
hn	皮尔逊相关	0.295**	0.284**	0.295**	0.214**	0.137**	0.777**	0.600**	1	0.664**	0.338**
	显著性（双尾）	0.000	0.000	0.000	0.000	0.001	0.000	0.000	—	0.000	0.000
	样本数	602	602	602	602	602	602	602	602	602	602
xn	皮尔逊相关	0.362**	0.345**	0.361**	0.292**	.139**	.859**	0.522**	0.664**	1	0.454**
	显著性（双尾）	0.000	0.000	0.000	0.000	0.001	0.000	0.000	0.000	—	0.000
	样本数	602	602	602	602	602	602	602	602	602	602
zd	皮尔逊相关	0.504**	0.459**	0.457**	0.521**	0.202**	0.761**	0.191**	0.338**	0.454**	1
	显著性（双尾）	0.000	0.000	0.000	0.000	0.000	0.000	0.000	0.000	0.000	
	样本数	602	602	602	602	602	602	602	602	602	602

** 表示达到 0.01 显著水准（双尾）。

情感承诺层面、继续承诺层面、规范承诺层面和理想承诺层面与翻译硕士职业胜任力的相关系数为 $0.460(p<0.01)$、$0.481(p<0.01)$、$0.429(p<0.01)$、0.218 $(p<0.01)$，对应的决定系数分别是 0.212、0.231、0.184 和 0.048。也就是说，翻译硕士专业承诺各层面与翻译硕士职业胜任力相关度达到统计显著水平，其中继续承诺层面与其相关度高于其他三个层面。

五、翻译硕士专业承诺与学习投入相关关系

理论框架部分的研究成果表明专业承诺对学习投入有显著正向影响。为检验研究假设 H11（翻译硕士专业承诺对翻译硕士学习投入有正向显著影响），下面对这两个连续变量进行皮尔逊积差相关分析。翻译硕士专业承诺和学习投入各层面题项信息见表 6-9。

表 6-9　翻译硕士专业承诺与学习投入量表/层面汇总

量表	层面名称	代号	所含题项	题项数
专业承诺量表	情感承诺	qc	c1+c2+c3+c5+c8+c9+c15+c18	8
	继续承诺	jc	c4+c6+c10+c11+c19+c21+c22+c23+c25	9
	规范承诺	gc	c12+c13+c17+c20+c24	5
	理想承诺	lc	c7+c14+c16	3
	专业承诺量表总分	zc	qc+jc+gc+lc	25
学习投入量表	活力	hl	t1+t2+t3+t4+t5+t6	6
	奉献	fx	t7+t8+t9+t10+t11+t17	6
	专注	ab	t12+t13+t14+t15+t16	5
	学习投入量表总分	xt	hl+fx+ab	17

翻译硕士专业承诺与学习投入的关系可从表 6-10 中看出。总体来说，翻译硕士专业承诺与其学习投入的相关系数为 0.652（$p<0.01$），决定系数为 0.425。与学习投入各层面的相关系数为 0.584（$p<0.01$）、0.653（$p<0.01$）和 0.527（$p<0.01$），对应的决定系数为 0.341、0.426 和 0.278。显然，翻译硕士专业承诺与奉献层面的相关性高于活力和专注层面。情感承诺层面、继续承诺层面、规范承诺层面和理想承诺层面与翻译硕士学习投入的相关系数分别为 0.577（$p<0.01$）、0.655（$p<0.01$）、0.510（$p<0.01$）和 0.362（$p<0.01$），决定系数分别为 0.333、0.429、0.260 和 0.131。可见，继续承诺层面与翻译硕士学习投入的相关性高于其他三个层面。

表 6-10　翻译硕士专业承诺与学习投入积差相关分析结果

变量	相关性	xt	hl	fx	ab	zc	qc	jc	gc	lc
xt	皮尔逊相关	1	0.906**	0.909**	0.898**	0.652**	0.577**	0.655**	0.510**	0.362**
	显著性（双尾）	—	0.000	0.000	0.000	0.000	0.000	0.000	0.000	0.000
	样本数	602	602	602	602	602	602	602	602	602
hl	皮尔逊相关	0.906**	1	0.739**	0.724**	0.584**	0.518**	0.600**	0.429**	0.331**
	显著性（双尾）	0.000	—	0.000	0.000	0.000	0.000	0.000	0.000	0.000
	样本数	602	602	602	602	602	602	602	602	602
fx	皮尔逊相关	0.909**	0.739**	1	0.719**	0.653**	0.591**	0.639**	0.552**	0.322**
	显著性（双尾）	0.000	0.000	—	0.000	0.000	0.000	0.000	0.000	0.000
	样本数	602	602	602	602	602	602	602	602	602
ab	皮尔逊相关	0.898**	0.724**	0.719**	1	0.527**	0.452**	0.537**	0.398**	0.332**
	显著性（双尾）	0.000	0.000	0.000	—	0.000	0.000	0.000	0.000	0.000
	样本数	602	602	602	602	602	602	602	602	602
zc	皮尔逊相关	0.652**	0.584**	0.653**	0.527**	1	0.923**	0.931**	0.796**	0.642**
	显著性（双尾）	0.000	0.000	0.000	0.000	—	0.000	0.000	0.000	0.000
	样本数	602	602	602	602	602	602	602	602	602
qc	皮尔逊相关	0.577**	0.518**	0.591**	0.452**	0.923**	1	0.798**	0.648**	0.506**
	显著性（双尾）	0.000	0.000	0.000	0.000	0.000		0.000	0.000	0.000
	样本数	602	602	602	602	602	602	602	602	602
jc	皮尔逊相关	0.655**	0.600**	0.639**	0.537**	0.931**	0.798**	1	0.663**	0.511**
	显著性（双尾）	0.000	0.000	0.000	0.000	0.000	0.000	—	0.000	0.000
	样本数	602	602	602	602	602	602	602	602	602

续表

变量	相关性	xt	hl	fx	ab	zc	qc	jc	gc	lc
gc	皮尔逊相关	0.510**	0.429**	0.552**	0.398**	0.796**	0.648**	0.663**	1	0.413**
	显著性(双尾)	0.000	0.000	0.000	0.000	0.000	0.000	0.000	—	0.000
	样本数	602	602	602	602	602	602	602	602	602
lc	皮尔逊相关	0.362**	0.331**	0.322**	0.332**	0.642**	0.506**	0.511**	0.413**	1
	显著性(双尾)	0.000	0.000	0.000	0.000	0.000	0.000	0.000	0.000	—
	样本数	602	602	602	602	602	602	602	602	602

** 表示达 0.01 显著水准(双尾)。

六、翻译硕士学习投入与职业胜任力相关关系

上面的分析表明翻译硕士培养环境对学习投入有显著正向影响。根据前面的理论框架可知,学习投入影响学习结果,下面进一步分析翻译硕士学习投入对职业胜任力的影响,检验研究假设 H12 是否成立。两个变量层面题项的组成见表 6-11。翻译硕士学习投入和职业胜任力均是连续变量,因而对这两个变量进行皮尔逊积差相关分析,结果见表 6-12。

表 6-11　翻译硕士学习投入与职业胜任力量表/层面汇总

量表	层面名称	代号	所含题项	题项数
学习投入量表	活力	hl	t1+t2+t3+t4+t5+t6	6
	奉献	fx	t7+t8+t9+t10+t11+t17	6
	专注	ab	t12+t13+t14+t15+t16	5
	学习投入量表总分	xt	hl+fx+ab	17
职业胜任力量表	职业知识	zz	s1+s2+s3	3
	核心能力	hn	s5+s6+s7+s8	4
	相关能力	xn	s9+s10+s12+s14+s15+s16+s17	7
	职业道德	zd	s18+s19+s20+s21+s22+s23+s24+s25+s26	9
	职业胜任力量表总分	zs	zz+hn+xn+zd	23

表 6-12　翻译硕士学习投入与职业胜任力积差相关分析结果

变量	相关性	xt	hl	fx	ab	zs	zz	hn	xn	zd
xt	皮尔逊相关	1	0.906**	0.909**	0.898**	0.546**	0.348**	0.371**	0.437**	0.469**
	显著性(双尾)	—	0.000	0.000	0.000	0.000	0.000	0.000	0.000	0.000
	样本数	602	602	602	602	602	602	602	602	602

续表

变量	相关性	xt	hl	fx	ab	zs	zz	hn	xn	zd
hl	皮尔逊相关	0.906**	1	0.739**	0.724**	0.493**	0.338**	0.340**	0.393**	0.413**
	显著性(双尾)	0.000	—	0.000	0.000	0.000	0.000	0.000	0.000	0.000
	样本数	602	602	602	602	602	602	602	602	602
fx	皮尔逊相关	0.909**	0.739**	1	0.719**	0.536**	0.258**	0.343**	0.424**	0.511**
	显著性(双尾)	0.000	0.000	—	0.000	0.000	0.000	0.000	0.000	0.000
	样本数	602	602	602	602	602	602	602	602	602
ab	皮尔逊相关	0.898**	0.724**	0.719**	1	0.450**	0.352**	0.324**	0.368**	0.343**
	显著性(双尾)	0.000	0.000	0.000	—	0.000	0.000	0.000	0.000	0.000
	样本数	602	602	602	602	602	602	602	602	602
zs	皮尔逊相关	0.546**	0.493**	0.536**	0.450**	1	0.635**	0.777**	0.859**	0.761**
	显著性(双尾)	0.000	0.000	0.000	0.000	—	0.000	0.000	0.000	0.000
	样本数	602	602	602	602	602	602	602	602	602
zz	皮尔逊相关	0.348**	0.338**	0.258**	0.352**	0.635**	1	0.600**	0.522**	0.191**
	显著性(双尾)	0.000	0.000	0.000	0.000	0.000	—	0.000	0.000	0.000
	样本数	602	602	602	602	602	602	602	602	602
hn	皮尔逊相关	0.371**	0.340**	0.343**	0.324**	0.777**	0.600**	1	0.664**	0.338**
	显著性(双尾)	0.000	0.000	0.000	0.000	0.000	0.000	—	0.000	0.000
	样本数	602	602	602	602	602	602	602	602	602
xn	皮尔逊相关	0.437**	0.393**	0.424**	0.368**	0.859**	0.522**	0.664**	1	0.454**
	显著性(双尾)	0.000	0.000	0.000	0.000	0.000	0.000	0.000	—	0.000
	样本数	602	602	602	602	602	602	602	602	602
zd	皮尔逊相关	0.469**	0.413**	0.511**	0.343**	0.761**	0.191**	0.338**	0.454**	1
	显著性(双尾)	0.000	0.000	0.000	0.000	0.000	0.000	0.000	0.000	—
	样本数	602	602	602	602	602	602	602	602	602

** 表示达 0.01 显著水准(双尾)。

分析翻译硕士学习投入与职业胜任力的相关性,其相关系数为 0.546($p<$ 0.01),决定系数为 0.298,表示职业胜任力的变异量中,可被学习投入变量解释的变异量的百分比为 29.8%。翻译硕士学习投入对其职业胜任力有显著正向影响,研究假设 H12 成立。活力层面与职业胜任力的相关系数为 0.493($p<0.01$),决定系数为 0.243;奉献层面与职业胜任力的相关系数为 0.536($p<0.01$),决定系数为 0.287;专注层面与职业胜任力的相关系数为 0.450($p<0.01$),决定系数为 0.203。奉献层面与职业胜任力的相关度高于其他两个层面。

翻译硕士学习投入与职业知识、核心能力、相关能力和职业道德的相关系数分别为 $0.348(p<0.01)$、$0.371(p<0.01)$、$0.437(p<0.01)$ 和 $0.469(p<0.01)$，对应的决定系数分别为 0.121、0.138、0.191 和 0.220。可以看出，翻译硕士学习投入与其职业道德层面的相关性高于其他三个层面，接下来是与相关能力和核心能力的相关度，最后是与职业知识层面的相关度。专注层面与职业知识层面的相关度高于活力层面和奉献层面。

第二节　翻译硕士职业胜任力回归方程分析

上面的分析表明翻译硕士培养环境、职业胜任力、专业承诺和学习投入两两变量间有相关关系。为进一步分析三个预测变量（翻译硕士培养环境、专业承诺和学习投入）和一个效标变量（职业胜任力）的关系，检验前者对后者的预测作用，下面对预测变量和效标变量所含的具体变量，即教学环境、大学环境、社会环境、情感承诺、继续承诺、规范承诺、理想承诺、活力、奉献和专注这十个变量进行多元回归分析。

本节所采用的分析方法是逐步回归法（stepwise）。这一方法是使用较为广泛的一种多元回归分析方法，结合了顺向选择法（forward selection）和反向剔除法（backward elimination）的优点（吴明隆，2000）。其主要步骤为：与效标变量相关度最高的变量，首先进入回归方程式，然后根据各预测变量与效标变量净相关的高低，来决定进入方程式的顺序，同时，预测变量的标准化回归系数，必须通过 F 概率值标准，被纳入方程式的预测变量需再经过反向剔除法的检验，符合剔除标准的会被剔除。检验结果见表 6-13 和表 6-14。

表 6-13　逐步多元回归进入/剔除的变量[a]

模型	进入变量	剔除变量	方法
1	fx	.	逐步回归法（进入模式的标准是 F 的概率值小于或等于 0.050，剔除的标准是 F 的概率值大于或等于 0.100）
2	jh		逐步回归法（进入模式的标准是 F 的概率值小于或等于 0.050，剔除的标准是 F 的概率值大于或等于 0.100）
3	jc	.	逐步回归法（进入模式的标准是 F 的概率值小于或等于 0.050，剔除的标准是 F 的概率值大于或等于 0.100）
4	hl		逐步回归法（进入模式的标准是 F 的概率值小于或等于 0.050，剔除的标准是 F 的概率值大于或等于 0.100）
5	gc		逐步回归法（进入模式的标准是 F 的概率值小于或等于 0.050，剔除的标准是 F 的概率值大于或等于 0.100）

注：a 表示效标变量 zs。

表 6-14　逐步多元回归分析摘要

选出的变量顺序	多元相关系数 R	决定系数 R^2	增加解释量 ΔR	F 值	净 F 值	标准化回归
奉献	0.536	0.287	0.287	241.454	241.454	0.244
教学环境	0.574	0.330	0.043	147.236	38.092	0.166
继续承诺	0.590	0.348	0.019	106.584	17.276	0.111
活力	0.596	0.356	0.007	82.350	6.637	0.142
规范承诺	0.600	0.360	0.004	67.022	4.036	0.092

回归分析结果显示，十个变量预测效标变量时，进入方程式的只有五个，分别为奉献、教学环境、继续承诺、活力和规范承诺。其多元相关系数为 0.600，联合解释变异量为 0.360，也就是说这五个变量能联合预测翻译硕士职业胜任力 36% 的变异量。具体到各预测变量上，奉献的预测力最佳，解释的变异量为 28.7%，其次为教学环境层面（4.3%）和继续承诺层面（1.9%）。这三个变量联合预测力达34.9%。翻译硕士职业胜任力的标准化回归方程式为

$$翻译硕士职业胜任力 = 0.244 \times 奉献 + 0.166 \times 教学环境 + 0.142 \times 活力$$
$$+ 0.111 \times 继续承诺 + 0.092 \times 规范承诺$$

第三节　翻译硕士培养环境和职业胜任力关系模型

前面对于翻译硕士培养环境、职业胜任力、专业承诺和学习投入四个变量进行的多元回归分析表明，奉献、教学环境、活力、继续承诺和规范承诺五个变量对于翻译硕士职业胜任力有显著预测作用。下面使用结构方程模型，综合分析翻译硕士培养环境对于职业胜任力的直接效应、间接效应和总效应。

根据中介变量检验结果和相关关系分析结果，提出由翻译硕士培养环境、专业承诺、学习投入和职业胜任力四个变量组成的理论模型（图 6-1）。

对上面的模型与实际数据进行拟合，得出的模型拟合指数见表 6-15。

表 6-15　四个潜变量关系初始模型拟合指数

拟合指标	标准	检验结果	拟合指标	标准	检验结果
RMSEA	<0.10	0.173	RFI	>0.90	0.619
GFI	>0.90	0.732	IFI	>0.90	0.681
AGFI	>0.90	0.644	TLI	>0.90	0.632
NFI	>0.90	0.670	CFI	>0.90	0.681

可以看出，所有拟合指数均未达到拟合标准，所提出的初始模型与实际数据无

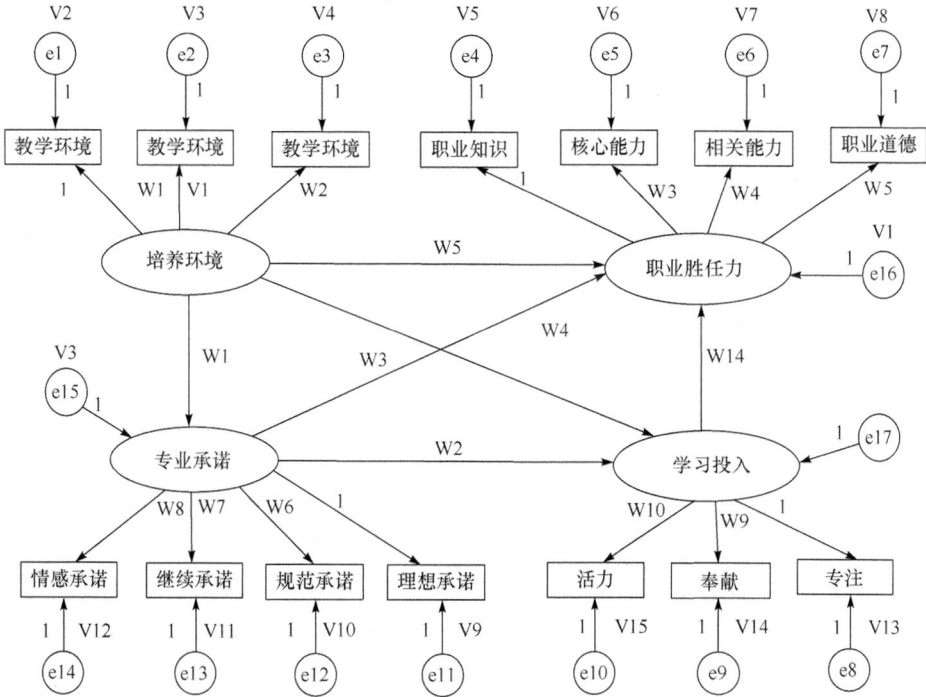

图 6-1　四个潜变量关系初始模型图

法拟合。为了搜寻与理论架构最为符合、适配度最佳且较为精简的模型,下面采用模型界定搜寻的方法来搜寻。模型界定搜寻方法是一种模型发展策略,允许路径选择的箭号越多,表示越接近探索性的界定搜寻;反之,允许路径选择的箭号越少,表示模型越接近验证性的界定搜寻(吴明隆,2010)。

模型界定搜寻是由研究者提出一个自由度较少的模型,也就是模型中的因果路径符号较多,除了界定少数几条必含的路径外,其余的路径由 AMOS 组合排列,各组合排列的假设模型与实际数据进行估计,就可分别估计出各种路径组合模型的适配度(吴明隆,2010)。根据前面对于专业承诺和学习投入中介变量检验结果,这里界定的必含路径为:培养环境→职业胜任力、培养环境→专业承诺、专业承诺→学习投入、学习投入→职业胜任力。备选的路径(optional)为培养环境→学习投入、专业承诺→职业胜任力。执行模型界定搜寻可得到各模型的相关统计量。得到的模型界定搜寻结果摘要表显示这些模型的卡方值显著性均达统计显著性水平($p < 0.01$)(表 6-16),基于前面的理论框架和对于中介变量检验结果,根据卡方值的大小,研究最终选取模型 2 进行参数估计和模型修正(图 6-2)。

表 6-16　模型界定搜寻结果摘要表

模型	待估计的自由度参数	自由度	卡方值	C-df	BCC0	BIC0	卡方自由度比	p
1	32	73	476.534	403.534	330.534	326.797	9.316	6.528
2	33	72	474.272	402.272	330.272	326.586	13.453	6.587
3	33	72	476.532	404.532	332.532	328.846	15.713	6.618

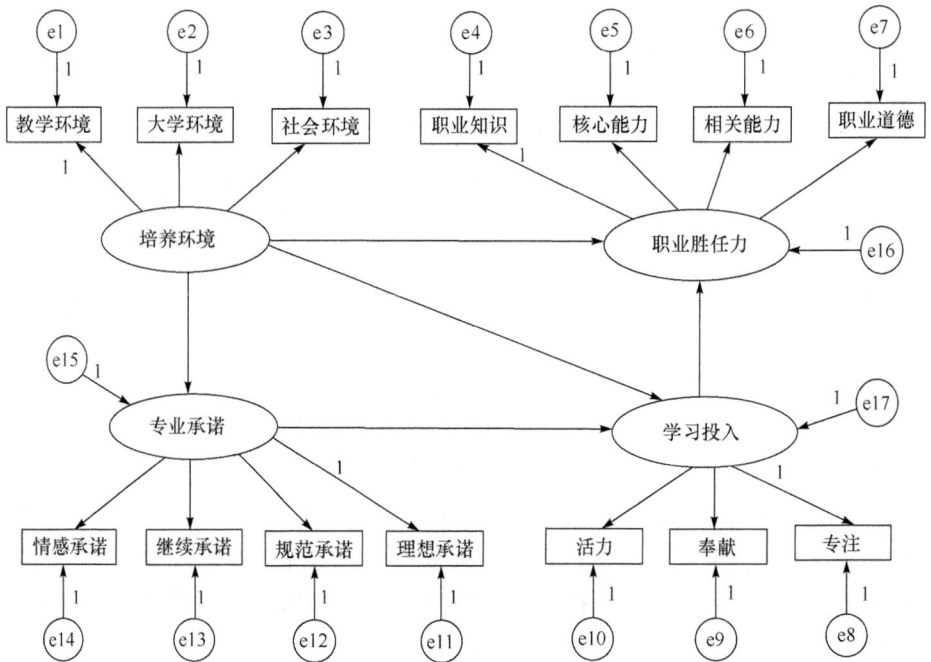

图 6-2　模型 2 路径图

　　拟合指数见表 6-17，其中 RMSEA＝0.096＜0.1、IFI＝0.910＞0.90、CFI＝0.910＞0.90，达到了拟合标准。其中，GFI＝0.891、AGFI＝0.841、NFI＝0.896、RFI＝0.868、TLI＝0.886，这 5 个指数虽然没有大于 0.90，但已较为接近。

表 6-17　模型 2 拟合指数

拟合指标	标准	检验结果	拟合指标	标准	检验结果
RMSEA	＜0.10	0.096	RFI	＞0.90	0.868
GFI	＞0.90	0.891	IFI	＞0.90	0.910
AGFI	＞0.90	0.841	TLI	＞0.90	0.886
NFI	＞0.90	0.896	CFI	＞0.90	0.910

　　模型2的估算结果显示,假设模型与实际数据适配的情况尚可,但不是很理想,有修正的必要。接下来是观察模型修正值,并释放某些假定。表6-18显示若是将e7和e12由固定参数改为自由参数,至少可以降低卡方值48.026,其估计参数改变值为正数,模型参数改变量会增加大约2.685。若是将e7和e15由固定参数改为自由参数,可以减少卡方值48.424,其估计参数改变值为正数,模型参数改变量会增加大约1.321。

表6-18　模型2修正指数表

题项	映射	对应关系	修正指标值	参数改变量	题项	映射	对应关系	修正指标值	参数改变量
e9	↔	e17	6.065	−0.468	e6	↔	e11	6.054	−0.492
e8	↔	培养环境	4.761	−0.575	e6	↔	e7	5.823	1.142
e8	↔	e17	6.750	0.528	e5	↔	e15	7.833	−0.225
e8	↔	e10	6.665	0.493	e5	↔	e16	4.113	0.183
e14	↔	e17	6.965	−0.730	e5	↔	e7	12.837	−1.147
e14	↔	e8	9.289	−0.853	e4	↔	e10	5.108	0.330
e13	↔	培养环境	7.715	−0.996	e4	↔	e9	27.548	−0.773
e13	↔	e15	5.309	0.298	e4	↔	e8	16.902	0.630
e13	↔	e17	10.238	0.890	e4	↔	e13	7.660	0.578
e13	↔	e10	5.110	0.612	e4	↔	e12	26.275	−0.762
e12	↔	e10	8.798	−0.572	e4	↔	e11	6.645	0.315
e12	↔	e9	19.043	0.848	e4	↔	e7	32.256	−1.660
e11	↔	e16	4.307	−0.195	e4	↔	e5	23.640	0.589
e11	↔	e9	9.128	−0.483	e3	↔	e15	29.664	0.685
e11	↔	e8	4.843	0.366	e3	↔	e16	7.549	−0.411
e7	↔	培养环境	28.713	2.703	e3	↔	e11	39.789	1.336
e7	↔	e15	48.424	1.321	e3	↔	e5	6.681	−0.555
e7	↔	e16	29.488	−1.212	e2	↔	e13	9.570	−1.222
e7	↔	e9	32.652	2.193	e1	↔	e10	7.092	0.578
e7	↔	e8	11.222	−1.337	e1	↔	e8	8.944	−0.680
e7	↔	e12	48.026	2.685	e1	↔	e3	16.896	−1.179
e7	↔	e11	4.159	−0.650					

　　显然,无论是设定e7和e12,还是e7和e15间有共变关系,都可大幅度地减少卡方值。从模型参数改变量来说,设立e7和e12有共变关系,模型参数改变量会增加大约2.685。根据前面分析所发现的,专业承诺中的规范承诺与职业胜任力

职业道德层面相关度较高，因此，推测这两者的误差变量存在共变关系。遵循逐次释放假定的原则(吴明隆，2010)，设立了 e7 和 e12 的共变关系，并对修正模型计算估计，其模型拟合指数见表 6-19。

表 6-19　模型 2 修正模型拟合指数

拟合指标	标准	检验结果	拟合指标	标准	检验结果
RMSEA	<0.10	0.090	RFI	>0.90	0.882
GFI	>0.90	0.905	IFI	>0.90	0.922
AGFI	>0.90	0.859	TLI	>0.90	0.900
NFI	>0.90	0.908	CFI	>0.90	0.922

可以看出，修正后模型 2 的大部分拟合指数达到了拟合标准，RMSEA＝0.090＜0.1、GFI＝0.905＞0.90、NFI＝0.908＞0.90、IFI＝0.922＞0.90、CFI＝0.922＞0.90，表示修正后的假设模型与实际数据能适配。模型估算结果见图 6-3。

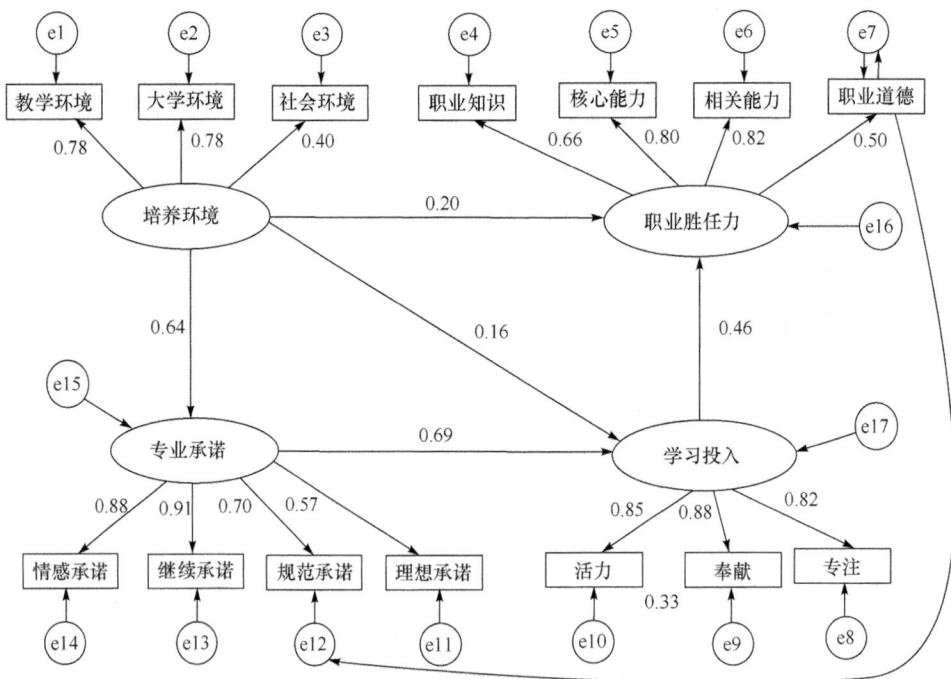

图 6-3　模型 2 修正后的模型估算结果

依据图 6-3 显示的标准化回归系数，进一步计算变量间的直接效应、间接效应和总效应。培养环境对于职业胜任力的直接效应是 0.20，通过学习投入产生的间接效

应是 $0.16 \times 0.46 = 0.07$，通过专业承诺产生的间接效应是 $0.64 \times 0.69 \times 0.46 = 0.20$。翻译硕士培养环境对其职业胜任力的总效应是直接效应＋间接效应＝$0.20 + 0.07 + 0.20 = 0.47$。翻译硕士培养环境对于翻译硕士学习投入的间接效应是 $0.64 \times 0.69 = 0.44$，总效应是直接效应＋间接效应＝$0.16 + 0.44 = 0.60$。翻译硕士培养环境对其专业承诺的直接效应是 0.64。

本 章 小 结

　　本章内容是本书的核心部分，对翻译硕士培养环境、专业承诺、学习投入和职业胜任力两两变量的相关关系进行了分析，对预测变量和效标变量的关系进行了多元回归分析，并建立了翻译硕士职业胜任力关系模型（图 6-3）。得出翻译硕士职业胜任力标准化回归方程为翻译硕士职业胜任力＝$0.244 \times$奉献＋$0.166 \times$教学环境＋$0.142 \times$活力＋$0.111 \times$继续承诺＋$0.092 \times$规范承诺。研究假设检验结果见表 6-20。

表 6-20　翻译硕士培养环境和职业胜任力关系研究假设检验结果

序号	研究假设	检验结果
H5	翻译硕士培养环境对翻译硕士职业胜任力有正向显著影响	得到支持
H7	翻译硕士培养环境对翻译硕士专业承诺有正向显著影响	得到支持
H8	翻译硕士专业承诺对翻译硕士职业胜任力有正向显著影响	得到支持
H10	翻译硕士培养环境对翻译硕士学习投入有正向显著影响	得到支持
H11	翻译硕士专业承诺对翻译硕士学习投入有正向显著影响	得到支持
H12	翻译硕士学习投入对翻译硕士职业胜任力有正向显著影响	得到支持

第七章 研究结论与讨论

第三章至第六章对于翻译硕士培养环境、职业胜任力、专业承诺和学习投入的研究,分别回答了研究问题1、研究问题2和研究问题3,呈现了我国翻译硕士培养环境、职业胜任力的状况及前者对于后者的影响。下面将总结量化研究的主要研究结论,并通过质性研究对其进行验证和解释,进而进行讨论,给出改善翻译硕士培养环境的建议,以回答研究问题4。

第一节 主要研究结论

从目前的统计数字来看,翻译行业呈现出勃勃生机。2013年全球语言服务市场产值为347.8亿美元,2018年增至470亿美元(Statistica,2014)。翻译工作的职位也呈现出增势。美国劳工部统计数字显示,美国国内口译和笔译工作职位的增速将在2012~2022年排第五,从业人员总数将从2012年的63600人增至92900人(Bureau of Labor Statistics,2014)。国内语言服务市场在"十二五"期间以年均15%的速度增长,是国家GDP增速的2倍(李铎等,2014)。2015年国内语言服务企业年产值超过2600亿元,从业人员数量达200万人,语言服务企业达到6万多家(中国翻译协会,2012)。然而,根据上面数据分析得出的研究结论令人忧虑和深思。主要研究结论如下。

一、培养环境整体状况一般,社会环境状况堪忧

第三章的数据分析显示我国翻译硕士培养环境整体状况尚可。相对而言,翻译硕士教学环境的状况优于大学环境和社会环境,而社会环境的状况着实令人担忧。该层面的均值低于中间值,且以翻译职业地位和收入及雇主参与度的问题尤为严重。

二、翻译硕士职业胜任力水平一般,职业知识尤为欠缺

第四章对于翻译硕士职业胜任力水平的分析,发现我国翻译硕士职业胜任力整体水平一般。职业道德方面的情况良好,接下来是相关能力和核心能力,而职业知识的掌握情况不容乐观。其中,尤以专业领域知识和术语知识较为匮乏。

三、专业承诺和学习投入是培养环境影响翻译硕士职业胜任力的中介变量

培养环境对于翻译硕士职业胜任力有直接效应。同时,培养环境对翻译硕士职业胜任力影响的间接路径为:培养环境→学习投入→职业胜任力;培养环境→专业承诺→学习投入→职业胜任力。

四、培养环境对于职业胜任力的间接效应大于直接效应

培养环境对于职业胜任力的直接效应是 0.20,通过学习投入产生的间接效应是 0.07,而通过专业承诺和学习投入产生的间接效应是 0.20。培养环境对于职业胜任力的直接效应小于间接效应,表明培养环境本身对于翻译硕士职业胜任力的培养具有一定的作用,但更重要的是通过影响翻译硕士的专业承诺和学习投入而对职业胜任力产生的作用。培养环境的外因作用通过影响学习者所产生的作用更大。

第二节 基于质性研究的讨论

前面量化实证研究获取的研究结论,虽然得出了统计意义上的发现,但是否与真实情况相符,则需要进一步通过质性研究来验证,以增进对于"数量化"和"凝固化"(陈向明,1996)结论的理解,弥补定量研究过度形式化的弊端(陈向明,2008)。同时,通过深度描绘翻译硕士的培养,有助于收获解决量化研究中所发现问题的方法。

一、质性研究

(一)研究方法

质性的研究方法很多,"像一把大伞",包括现象学、民族志、扎根理论、参与性观察等(陈向明,2000)。同时,认为质性研究因其多元、综合和丰富性,无法对其进行分类(陈向明,2008)。研究者的立场不同,对于质性研究的分类也因而不同。此处无意于继续这方面的讨论,而是根据研究的需要选用"合适"的方法。

访谈是质性研究常用的一种收集资料的方法,是一种研究性交谈,是研究者通过口头交谈的方式从被研究者处获取第一手资料的一种方法。主要是通过他们过去的经历及对于耳闻目睹事件的解释了解"被研究者的所思所想"(陈向明,2000)。本书要了解翻译硕士对于所处培养环境的感知和培养环境对于职业胜任力的影响,因此适于采用访谈翻译硕士的方法来收集资料。

访谈的类型按结构来分,有封闭型、开放型和半开放型。半开放型访谈中,研

究者对于访谈结构具有一定的控制作用,使用粗线条的访谈提纲,对被研究者提问,并鼓励他们提出自己的问题(陈向明,2000)。与封闭型和开放型访谈相比,半开放型访谈更适于对前面量化研究的发现进行追问,也因此为本书研究所选用,访谈提纲见附录 B。

(二)研究抽样

质性研究的抽样方法不同于量化研究,不可能也不需要进行随机抽样,而是遵循"目的性抽样"的原则,包括的具体策略主要有极端式或偏差型个案抽样、强度抽样、最大差异抽样、同质型抽样和典型个案抽样等,抽样具体方式则有滚雪球抽样、机遇式抽样、目的性随机抽样和综合式抽样等(陈向明,2000)。

本书研究采用的是综合式抽样:研究初期采取"方便式抽样"的方式联系了两位自己认识的翻译硕士;随后采用"滚雪球"的方式,委托其中的一位翻译硕士毕业生联系她熟悉的其他毕业生;同时,请另一位翻译硕士在读学生进行"分层目的型抽样",从研一、研二和研三 3 个年级中分别联系 2~3 位(不同性别)学生。因研三学生在最后一个学期忙于撰写毕业论文和求职,无心接受访谈,最终抽取了 A 大学的 11 位学生。访谈对象的具体情况见表 7-1。

表 7-1　访谈对象特征

代号	性别	年级	本科专业	本科大学层次	本科大学所在地
1	女	研一	英语	二本	东部
2	女	研一	英语	二本	东部
3	男	研一	英语	二本	西部
4	男	研二	英语	二本	东部
5	女	研二	商务英语	大专	西部
6	女	研二	英语	二本	东部
7	女	研二	英语	二本	西部
8	女	毕业生	英语	三本	西部
9	女	毕业生	英语	二本	西部
10	女	毕业生	英语	二本	西部
11	女	毕业生	英语	二本	西部

资料来源:本书研究访谈数据。

选择 A 大学翻译硕士毕业生和研究生,主要是基于以下的考虑。

首先,A 大学是一所拥有百年历史的"211 工程"综合性大学。就大学的层次和类型来说,既非"985 工程"大学,也非外语类院校,能够较好地反映本书研究样本的总况(4 所综合性大学,5 所非"985 工程"大学)。该大学在国内大学中等偏上的排名,使得对其的研究在一定程度上能折射出我国翻译硕士培养环境和职业胜任力方面问题的普遍状况。

其次,选取同一所大学不同年级翻译硕士进行访谈,能够较为清晰地纵向呈现不同年级对于同一培养环境感知及职业胜任力水平的差异,有助于透视事物的本质揭示其真相。同时,访谈对象在访谈过程中不时会提及自己在其他大学的同学,这方面的信息一定程度上弥补了本书研究在访谈对象选取上的局限性。

最后,研究者本人为 A 大学的教师,从事过翻译硕士课程的教学,对于 A 大学这方面的工作较为熟悉。无论是联系访谈对象,还是对访谈内容真实性的把握,都具有一定的便利和优势。

（三）资料收集与分析

1. 资料收集

资料收集过程受多方面因素的影响和制约。作为质性研究的工具,研究者本人的角色意识、看问题的角度和个人经历等因素,都会影响研究实施的方式和结果(陈向明,2000)。研究者需要在研究中保持警惕,同时,又可利用其服务于研究。鉴于世界上本不存在绝对的“客观真相”,研究者在访谈开始时,就向被研究者公开了自己的身份,并对研究的保密性做出了承诺,以打消被研究者不必要的顾虑。

访谈工作的时间集中于 2015 年 3 月初,考虑到研究者与被研究者同属一个学院的因素,被研究者可能会有所顾忌,容易隐瞒、淡化甚至“美化”问题,研究者采用了电话访谈的方式。这样既维持了与被研究者间 “局内人”的亲切感,同时,又在一定程度上实现了保密性。访谈前,研究者还通过短信或电话的方式,协商了具体访谈时间,以尽可能方便被研究者为原则。访谈开始时,在得到被研究者同意后(全部同意),研究者对访谈内容进行了录音。几乎所有访谈持续的时间都接近或达到一小时。与 3 号受访者的访谈因背景噪声过大的原因,只持续了半个小时。

2. 资料分析

对于收集到的访谈资料,研究者采取了整理和分析同步进行的方式,及时进行了分析。在逐字逐句整理录音记录时,研究者同时记录了他们的非言语行为,如笑和沉默,来尽可能地呈现所有的资料。研究者对 11 次访谈进行了编码,阿拉伯数字 1 代表 1 号受访者,对其性别、年级、本科专业、本科大学层次和所在地及现在/未来职业进行了记录。

资料分析的实质是浓缩,是将具体、零散的资料提炼成有一定意义关联的资料,具体手段有比较、类比归纳、演绎、综合等。具体过程是:提升资料中的核心概念或主题,用它们来统领资料,然后将它们放回资料中,并通过具体事物表现出来

（陈向明，2000）。在分析本书研究的访谈资料时，研究者采取了主动"投降"的态度，搁置起自己的前设和价值判断，让资料自己说话。不仅如此，研究者还向自己与资料互动中的体验"投降"，来深刻理解资料，完成找寻意义的任务。

　　研究者采用开放式编码的方式对资料进行登录，对相同或相近的资料按编码系统进行了归类。归类时遵循了既结合研究目的的需要，又结合资料自身的特点的原则，本书的访谈是按照主题来进行的，因此采用了类属分析（categorization）的形式整理和分析资料。类属分析就是在资料中寻找反复出现的现象及可以解释这些现象的重要概念的过程（陈向明，2000）。根据前面量化研究的结果，设计了一个粗线条的访谈提纲，来收集翻译硕士对于培养环境和职业胜任力方面的观点，尤其是社会环境中翻译职业收入和地位、翻译硕士职业胜任力中职业知识方面的状况，以及培养环境对于翻译职业胜任力影响三个方面。下面就从这三个方面进行分析。

二、分析讨论

（一）成为翻译硕士的原因

　　翻译硕士专业学位设立的初衷是培养翻译专门人才，然而，11位受访者本科教育背景似乎在无言地"诉说"：翻译硕士生源质量一般。翻译硕士学位难免会让人产生"山寨学位"之感。那么，事情的真相究竟如何？分析翻译硕士攻读该学位的原因，可以起到管中窥豹的作用。

　　A大学第一届翻译硕士毕业生（8号受访者）如是说：

　　　　"当时是因为考研的时候报的是学术的，结果我那年的分没有进复试线，差了五六分。后来学校就打电话说，开了一个翻硕这个专业，看愿意不愿意调剂过去。然后我当时就答应调剂过去了，我当时不太喜欢翻译这个专业，因为我觉得我自己文采不咋地，翻译的话，可能就是对这个的要求还挺高的。但当时怕要是再耽搁的话，再复习，考不上。然后，所以才调（剂）的。我们班当时45个人，我看能有，好像是，翻硕第一专业报了12个人，其余全都是调剂过来的。"

　　翻译硕士研一学生（3号受访者）对于自己成为翻译硕士的原因，主要是翻译硕士不用考第二外语的解释，具有一定的代表性。他是这样说道：

　　　　"一开始，其实我想学翻译，本科的老师就说，学翻译要不就是学硕那边，不是有个翻译理论与实践的那个，还有就是翻译硕士。然后，我当时的话，二外特别不好。他就说，那你想学翻译，就学翻硕吧。然后，我就去考这个了。"

　　研二学生（5号受访者）对于自己选择翻译硕士的原因，表示"自己的起点不是太好,原来是专科,自考了本科。高职的课程还是很单一,我学的是商务英语,如果我要报另外的一种,我觉得我没有把握。之前好多都没学过"。

上面三位受访者的观点基本上反映了大部分学生成为翻译硕士的原因。显然,研究生教育分流中,一些基础较薄弱、学业水平不太高的学生流向了翻译硕士专业学位。他们所经历的培养环境及对于自己培养结果的评价成为下面所要解析的对象。

(二)翻译硕士培养环境状况

1. 国内翻译职业收入和地位

量化分析结果显示,翻译硕士普遍认为目前翻译职业的收入和地位不高,翻译硕士访谈的结果佐证了这一点。

A大学第一届翻译硕士11号受访者对于国内外翻译行业薪资的比较说明了存在的差异:

"现在做翻译很少了,几乎不做了。去年还在做,不管是网上的,还是什么的。当时我们上学(翻译硕士)的时候,不是研二,第二年一年都属于实习期。去了翻译公司,去了两个月不到。那两个月觉得其实翻译真挺累的,而且还不挣钱。他给我们每天的量在五千字到七千字左右。我们每天都在翻,而且不给算工作量。每个月就领实习工资500块钱。两个月挺难熬的。……国外翻译的价比国内的高得多。我们当时在网上接的,就是国内这边的,一千字的好像是四五十的,但是,我当时弄美国的这个,他给的是一千字在三百左右,两百到三百左右。……有一次译得特别少,才两百多个字,他给我六十多块钱。国内的还是低。我们当时(实习的翻译)公司给客户的报价是,汉译英好像就是一千字一百一(十),英译汉是一百。公司给客户报价已经很低了。但是给公司里的专职笔译是,好像是一千字15还是20。然后给兼职译员,兼职译员一般比专职译员的水平高一些,好像给他们的是35或40,一般都不会超过50。国内翻译相对来说工资比较低。"

对于翻译职业地位,9号受访者指出了目前存在的两种极端"高的特别高,给国家总理做翻译,社会地位很高。但要是一般的,翻译公司的,社会地位真的不高。可能是因为刚进去的,人家用得比较多,赚得又那么少,社会地位不高。可能慢慢地,业务熟了,就好了。"

2. 师资、教学和实习

数据分析显示教学环境状况优于社会环境和大学环境,无论是教师的教学态度、重视态度，还是学历水平总体状况都比较令人满意。但研一学生2号受访者却感到：

"没有得到重视。可能是我自己的原因。当时也有同学考别的学校，觉得他们比较忙，也比较有事。然后我就觉得一天，他们导师会带着做一些项目什么的。我们这边太闲了。……我现在就是觉得老师离我们比较远。感觉没有本科的时候，本科的时候也比较小，本科的时候老师和我们接触得比较多。老师上课还讲得挺好的。其实我一直有一个想法，我觉得应该给翻译硕士开些汉语课。我希望能开一些语言类的，因为翻译它不是需要两种语言都要掌握得非常好。但是我发现，英文需要自己再努力些，但是我觉得还是有必要系统地再练一下我们的语言驾驭能力，汉语的语言驾驭能力。应该开设些这方面的课，就是文学院学的东西，我觉得我们也应该学一点。比如说现代汉语。我觉得我们真应该多阅读一些东西。不管是中英文的，都应该读。因为语言驾驭能力都是在阅读中提高的。自己下去读。如果能开成必修课最好。"

研二学生5号受访者指出了教学、导师分配和研二的实习教学存在的问题：

"我们的课程只有研一一年。研一的课程，我觉得比较复杂，就是门门都有，开得课程挺广泛的，但是没有一门课是往深里钻的。有一门课，就是相当于即时翻译（同声传译），本身我们就是需要知道怎么做，但是他就大概扫了一遍，还让我们当听说课上了。我觉得应该把大家需要的课多上。现在是研二，我觉得研二有问题。当时说分导师，我就想着帮导师做些事情，好好武装自己。但是，反正没有导师和学生见面会。分了导师后，导师和学生也没有见面。因为把我分到××大学老师那了，也没有提供那个老师的联系方式，啥都没有。所以说是分导师是白分了，根本就没办法联系这个老师。还是自己摸索，没有老师指导。

翻译课，我觉得，尽可能找一些有实际经验的老师。比如说研一的时候，我们班同学去听那个××大学听过一个讲座。那个老师是××的老师，她也是给学生教的是翻译。她是有很多实战经验的。她讲的东西觉得很实用，因为是实际生活中发生的。给我们上课的老师有些可能根本就没有做过翻译。可能很少，或者可能就没有做过。自己就是照本宣科。我们是可以自己看书的。

我觉得学习这个东西，主要是通过实践。学校应该给学生多提供一些实践机会。就是真的，比如说，分了这个导师，导师应该跟学生好好配合。不能说研二、研三让自己去弄。自己还是有点瞎摸索。我现在，除了代课，自己想翻点东西吧，不知道翻哪方面。而且自己比较懒，有惰性。没人监督，没人催促的话，真的做起事情比较慢。希望有导师的监督和指导。"

毕业生(11号受访者)对于班上同学研二那一年的实习也不满意:

> "三年的学制,对于我们来说是浪费。我们当时有一少部分,1/3 的同学去实习了,剩下的那些都没有正儿八经地相应的实习,都是当先工作了。学校要是推荐我们去一些优秀的公司去实践的话,不管是私立的,或者是跟政府的。因为政府各部门没有翻译这部门的存在,做做也挺好的。"

(三)翻译硕士职业胜任力

与职业道德、核心能力和相关能力相比,翻译硕士的职业知识存量较少,尤其是专门领域知识。研二学生4号受访者认为"学校开设的课程过于宽泛",5号受访者的观点亦是如此:

> "觉得这些理论技巧学完了,自己之前这样翻,像是理论通了似得。把知识和实践对比,懂了是怎么翻的。这些技巧我觉得是很宝贵的东西。理论方面提高了。上课的老师都挺好的。就是课开得太杂了。开的面广,但是没有很深地去学一个东西。学校应该把翻译课专业化,我觉得像新闻翻译、法律翻译这些,要有专业性。有一本书上面是广交会的发言稿,我觉得这样不好。要把翻译翻深,翻精了,这样就挺好的。没必要开那么多别的课。除了理论课,就是再专业化点。人家需要的是电子呀、法律呀、医药方面的,我们根本就不会。"

11号受访者毕业后从事兼职翻译的经历,反映了翻译市场对于人才专业化的要求。

> "他们做得比较专,是法律方面的,不是我的强项。只有那些公共领域的,他才会考虑到我。他把大家的长处摸索出来,然后看适合你的才给你。我当时翻译的都是什么X战警、问卷调查什么的,就是 iPhone,还是 Windows 旗下的一些问卷调查。我觉得应该让一些职业译员来给翻译硕士授课,应学习一些翻译软件。咱学校最大的一个缺点是没有细分方向,应分成商务、旅游、会展,都可以细分一下的。⋯⋯三年学习主要是对自己对于翻译的认识有帮助。"

(四)培养环境对翻译硕士职业胜任力的影响

1. 培养环境

培养环境对于翻译硕士职业胜任力的影响,从受访者对于不同大学翻译硕士课程的比较,可以得到佐证。

一位毕业生(11号受访者)肯定了院校类型和地区因素的作用：

"我有同学在一个外语院校，我觉得他们的强度特别大，每天都特别累，他们最后的能力会比较强一些。我们这届人比较多，我们的导师一直不确定，刚开始还说有一部分是社会上的译员什么的。但是我们到研二的时候才定的导师。咱学校不是翻译的老师少，有好多都是文学的和语言学的，有些能沾上边。如果说导师的方向，是语言学文学比较偏的，对我们平常的指导不是很大。而我同学在的外语院校的师资力量比较雄厚一些，他们老师就是平时一直在做着翻译，会带学生做一些翻译或者说项目之类的。但是我们翻译硕士的所有学生在研期间没有跟导师做过项目。

我当时还有同学在××上翻译硕士。我觉得人家现在出来就特别强。她上的是两年，也是翻硕。出来以后在一家国企工作。她学了好几种语言。她当时进那所大学的时候分数不是最高，笔试成绩是倒数第二，是压着线进的。期间主要是他们学校有一个类似于交换生的机会。他们主要是为了传播中国文化，去一些国家教他们武术什么的。她去了半年，去的是××。这个对她之后的成长，作用是非常大的。他们的机会很多，我们学校就没有。可能也有地域的原因，机会非常少。"

对于不同类型大学翻译硕士的课程，研一学生2号受访者对本校和外校科目数量差异进行了比较，认为：

"我觉得我们的课其实挺少的。一星期大概6节课。其他大学的(翻译硕士)，我了解到的，别人晚上还上课。如果我没记错的话，她一周要上13节课。我觉得应该多做一些读书报告什么的。我和同学打电话，他们经常说我这星期有一个报告，我又要做什么。经常说，我就觉得别人可忙了。"

2. 专业承诺和学习投入

前面的量化分析验证了专业承诺和学习投入对于翻译硕士培养环境与职业胜任力的部分中介作用。研二的4号和5号受访者也肯定了这两个变量的作用。4号受访者对于考取翻译资格证书投入了相当多的时间，并认为这是提高翻译水平的路径：

"光靠上课那点时间是不够的。要把自己的基础知识，汉语能力、英语能力，打牢了，然后通过考证来提高自己的能力。平常如果不考证，光看几本小说，肯定不够。你知道自己的水平不够，不敢做。要通过考证来提高自己。我教育部的考了，人事部的，二级笔译太难，没考过，但是还在考。一直在考，通过考证来锻炼自己。现在在准备教育部的三级和人事部的二级考试。最近在看一些翻译的书,天天背单词,看语法,看一些文化沟通差异方面的。每天最少要花 4 个小时左右时间,看翻译方面的。"5 号受访者承认自己专业承诺和学习投入方面存在问题:

> "我个人努力程度不够。主观上,真的是自己想学得更好、更深入,自己更加努力,也可以。但是好像自己本身就不稳定。或者就是对就职什么的,挺渺茫的,不知道从哪下手。因为目标很模糊,所以导致不是很努力。研一挺努力的。研二没有什么事情可做。每天不太做翻译,但是坚持听 VOA 新闻。最近还在读呀、背呀。"

三、建议

上面对于访谈内容的分析,进一步验证了前面量化研究的结论,翻译硕士培养环境中社会层面环境的确存在较大问题,第三章的讨论部分已就此问题进行了讨论,此处不再赘述。如何提升翻译硕士的职业胜任力,是此处所关注的。翻译硕士"渴望"成为专门领域的翻译,职业知识则是提升其职业胜任力的重点。分析职业知识与其他变量的关系,是提出有针对性建议的基础。第六章对于翻译硕士培养环境变量、专业承诺变量、学习投入变量和职业胜任力变量两两变量相关关系的分析,表明职业知识与教学环境的相关度较高,相关系数为 0.230;与继续承诺的相关度高于其他三个层面的承诺,相关系数为 0.290;与专注的相关度高于其他两个层面,相关系数为 0.352。因此,增进翻译硕士职业知识的关键,在于改善翻译硕士教学环境,提高其继续承诺和专注度。

(一)改善翻译硕士教学环境

改善翻译硕士教学环境,是可以着力的外因。对于目前的教学环境,开放式问题中一位翻译硕士如是评论:"翻译专业招生人数很多,但是课程设置不合理,师资不够,许多课有的因为不成熟,学生不能真正学到知识。希望学校能提高师资水平。"(B 高校翻译硕士研三学生)还有学生表示:"老师应加强对翻译硕士教学工作的认识,很多老师不清楚翻译硕士应如何培养人才及如何进行课程教学。课程应改进,多实践与练习课程,多开设中文类课程。"(A 高校翻译硕士研三学生)。因此,课程设置上,应根据课程导向来设计课程期望、内容、方法和结果,以培养和发展学生的职业能力(汪霞等,2011)。

对于师资水平的提高,中国翻译协会和全国翻译硕士专业学位教育指导委员会,近年针对专任教师和兼职教师采取了相应措施。专任教师方面,组织了多期翻译专业师资培训,并先后在北京外国语大学(广东外语外贸大学 MTI 教育中心,2015a)和南京大学(广东外语外贸大学 MTI 教育中心,2015b)等院校开展了教学开放周。兼职教师方面,首批认证的 41 位来自翻译行业人员,不仅充实了翻译硕士教育教师队伍,也为下面进一步工作的开展迈开了第一步。继续加强对于专任教师的培训,选聘认证有丰富实践经验的翻译从业人员,是所要继续大力开展的工作。

(二)增强翻译硕士继续承诺和专注度

改造外因的同时,可以并行推进提升内因的工作。增强翻译硕士的继续承诺和专注度,是增进其职业知识的内因。第五章对于翻译硕士专业承诺现状的分析,表明其继续承诺的均值为 3.5589,低于规范承诺和情感承诺。进一步分析,可以发现构成继续承诺的题项中,c_{21}(毕业后,我会从事翻译方面的工作)和 c_{25}(毕业后,我会继续在翻译方面深造)的均值较低,仅为 3.28 和 3.32。显然,翻译硕士对于毕业后从事翻译方面工作,以及继续在这方面深造,并没有强烈的愿望。这虽然与翻译硕士专业学位设立的初衷相悖,但无疑会直接影响他们对于职业知识学习的热情和掌握程度。根据前面对于翻译硕士培养环境与继续承诺关系的分析,可知社会环境、大学环境和教学环境层面对于继续承诺的影响,均已达到统计显著水平。也就是说,增强翻译硕士的继续承诺是一个系统性工作,需要社会、大学和教学三方面的合力。

提高翻译硕士的专注度,需要分析对其产生影响的因素。第六章对于翻译硕士培养环境、专业承诺与专注相关关系的分析,显示社会环境、大学环境和教学环境与专注的相关度,均达到了统计显著水平。其中社会环境层面的相关度高于其他两个层面,表明改善社会环境,即提高翻译职业地位、收入和雇主参与度,能较大程度地增强翻译硕士的专注度。分析专业承诺与专注的相关关系,表明专业承诺四个层面与专注的相关度均达到统计显著水平,其中继续承诺与专注的相关度最高,为 0.537。也就是说,提高翻译硕士专注度的重点在于增强他们的继续承诺,而实现这一目标,则很大程度上与翻译自身专业化运动的进程有关。依据学者赵康(2001)提出的测量职业专业化程度的标准,可以看出翻译职业目前还是以兼职工作形式为主,所具有的经济/社会效益总体尚不明显,缺乏国家设置的市场保护,从业人员社会威望不高,还只是一种"出现的专业",专业的成熟度还有待发展。这种现状下希望翻译硕士毕业后以翻译为生,也只能是个"奢望"。

此外,除了在教学环境、继续承诺和专注方面采取措施,大学还可关注特定年级(如研二)和特定群体(如第一学历为"211 工程"大学的学生),采取有针对性的激励措施,并将翻译资格证书与学位授予工作相挂钩,来促进翻译硕士的学习投入,进而提升其职业胜任力。

当然,对于翻译硕士职业胜任力的培养和提升,除了改善培养环境,加强过程管理,其他因素,如翻译硕士选拔机制也是需要考虑的重要因素。倘若"入口"环节疏于管理,翻译硕士专业学位仍只会是那些未能进入学术型学位课程学生,"退而求其次",提升学历水平的手段。培养单位或终将成为"文凭工厂",培养高层次应用型翻译人才的理想,也将只是一种"美好的愿望"。

第三节　主要创新与研究局限

一、主要创新

翻译硕士教育的发展,无论是招生人数和培养单位的数量,还是研究成果的增势,都已是"如火如荼",深入开展这方面的研究具有迫切性和重要性。就目前研究成果的类型来说,多为微观层面的课程研究。这些研究注重"输入"环节的研究,但缺乏对于"输出"环节的重视,更没有关注两者间的关系,难以真实把握我国翻译硕士人才培养状况,也难以提出行之有效的改进建议。

翻译硕士培养的是专门性翻译人才,如同其他专业学位人才一样,职业胜任力可作为评估人才培养结果和质量的指标。研究翻译硕士的职业胜任力,能客观反映翻译人才培养质量,促进翻译人才培养工作的开展。研究培养环境对于翻译人才职业胜任力的影响机制,则揭示了专业承诺和学习投入中介变量发挥的作用,增进了对于专业人才培养环境和培养结果关系的认识。

研究的主要创新点,概括如下。

一是创新性地编制并检验了翻译硕士培养环境量表。专业学位人才培养环境理论虽然已被国外学者应用于具体专业学位培养环境的研究上,但我国学者尚未开展这方面的研究。具体到翻译硕士培养环境上,这方面尚无相应的测量工具。研究基于专业学位人才培养环境理论编制的这一量表,具有较好的信度和效度,可供翻译硕士培养单位进行培养环境自评,也可用于第三方组织对翻译硕士培养单位进行评估。

二是创新性地编制并检验了翻译硕士职业胜任力量表。与专业学位人才培养环境研究类似的是,国外学者也已将其应用于具体专业学位人才培养结果的评估。我国虽有学者探究了个别专业学位人才的职业胜任力,但尚未开发这方面的测量工具。具体到翻译硕士职业胜任力研究上,也只是限于理论之争,并未开展测量工具方面的研究。对该量表进行的探索性因子分析和验证性因子分析,表明该量表具有较好的信度和效度,既可供翻译硕士研究生自评,诊断和发现自己职业胜任力发展状况,也可供高校评价本校翻译硕士职业胜任力的问题,为制订"有的放矢"的解决方案提供可能。

三是较为全面地开展了翻译硕士培养环境和职业胜任力的现状调查并进行了深入分析。对于这两方面现状的分析,较为真实地呈现了我国有三个年级翻译硕士学生群体大学的状况。其在人口统计特征和院校特征变量上的差异,揭示出对于培养环境和职业胜任力有显著影响的变量,有助于促进翻译硕士培养工作的发展。同样,对于翻译硕士专业承诺和学习投入状况的分析及院校特征变量上差异的分析,也呈现了这两方面的实况,所得出的研究发现虽与前人研究成果不尽相同,却也丰富和发展了这方面的研究。

四是构建了翻译硕士培养环境、专业承诺、学习投入和职业胜任力的关系模型,揭示出培养环境对于职业胜任力的影响机制。前人的研究虽然已经提出了专业学位人才培养环境和结果模型,但并未考察其中间变量。本书构建的翻译硕士培养环境和职业胜任力模型,有助于加深对于培养过程的理解,也为未来可能采取的干预措施提供了理论依据。

二、研究局限

研究存在的局限主要表现在以下几个方面。

(1) 样本高校数据方面。研究虽然采用整群抽样的方法,收集了我国所有的有三个年级翻译硕士研究生高校(共七所)的数据,但受时间和资源所限,未能收集两年学制翻译硕士的信息,所获得的翻译硕士职业胜任力关系模型,不一定适用于这部分群体。

(2) 问卷实施时间方面。为了收集翻译硕士三个年级学生群体的观点,研究者在 2014 年的 9 月下旬和 10 月,开展了问卷发放和回收工作。选择秋季学期实施问卷的考虑是,研三学生在春季学期多忙于求职和毕业,问卷填答的意愿会受到较大影响,问卷的有效回收率进而也会受到影响。因而,选择了秋季学期来实施问卷,以提高问卷的有效回收率。不过,此时的研一学生入校时间还不长,所感知的培养环境可能会有些偏颇。

(3) 研究对象测量方面。对于翻译硕士培养环境、专业承诺、学习投入和职业胜任力的测量,研究者主要是通过使用自编量表和成熟量表的方式,由翻译硕士研究生进行自评。这种方式虽然广为其他研究者所使用,能够收集所需的数据,不过,就翻译硕士职业胜任力的测量而言,使用较为客观的评价方式,如翻译资格考试,也许能更加准确地测评其职业胜任力水平。

三、未来展望

研究建构了翻译硕士培养环境、专业承诺、学习投入和职业胜任力四个变量的关系模型,对于深入理解硕士研究生层次翻译人才的培养具有一定的理论价值。未来研究可将研究目光扩大到两年制的翻译硕士群体,以及深入具体行业领域,如法律翻译中,对本书构建的翻译硕士职业胜任力模型进行检验,来发展和形成更具一般性的人才培养理论。

同时,未来的研究还可在此基础上,开展专业学位人才培养环境和学术型学位人才培养环境比较研究,还可以本科层次翻译专业学生为被试,开展类似的研究,并与本书的研究结果进行比较,来发现可能存在的共性及差异,以更全面系统地了解和掌握翻译人才培养机制。

此外,其他专业硕士学位,尤其是新兴专业学位的人才培养工作,也可以本书为参考,开展横向或纵向的专业人才培养环境和结果研究,来推动我国专业学位人才培养工作和发展这方面的理论。

参 考 文 献

爱弥尔·涂尔干,2003. 教育思想的演进[M]. 李康,译. 上海:上海人民出版社.

蔡毅,1963. 我对翻译教学的一些看法[J]. 外语教学与研究,1:35-37.

曹莉,2012. 翻译硕士专业学位(MTI)研究生教育的课程设置探讨[J]. 学位与研究生教育,4:
　25-27.

柴明颎,2007. 口译职业化带来的口译专业化[J]. 广东外语外贸大学学报,3:12-14.

常晓宁,2004. 高等教育资源配置的现状及实现优化配置的途径[J]. 中山大学学报,S1:
　251-253.

陈静,2013. 我国专业学位研究生教育发展问题研究[D]. 重庆:西南大学博士学位论文.

陈科芳,刘雨乐,2013. 杭州小型翻译公司笔译译员素养调查与分析[J]. 浙江外国语学院学报,
　5:94-99.

陈浪,2011. 让翻译史发言:论 MTI 教学中的翻译伦理教育[J]. 外语与外语教学,1:45-48.

陈浪,柴明颎,2008. 多元化:翻译教学的必然发展趋势——以英国高校的翻译教学为例[J]. 外
　语界,2:60-64.

陈了了,2011. 计算机辅助翻译与翻译硕士(MTI)专业建设[D]. 济南:山东师范大学硕士学位
　论文.

陈向明,1996. 定性研究方法评介[J]. 教育研究与实验,3:62-68.

陈向明,2000. 质的研究方法与社会科学研究[M]. 北京:教育科学出版社.

陈向明,2008. 质性研究的新发展及其对社会科学研究的意义[J]. 教育研究与实验,2:14-18.

程陶,李纳娜,桑轲,2008. 硕士研究生学业倦怠、专业承诺的状况及其关系[J]. 心理研究,2:
　91-96.

崔慧玲,2014. 专业学位硕士教育服务质量调查研究[D]. 南京:南京大学硕士学位论文.

崔军,2013. 社会对高等工程教育课程改革的诉求研究[J]. 高等理科教育,4:64-70.

崔文琴,2012. 当代大学生学习投入的现状及对策研究[J]. 高教探索,6:67-71.

戴炜栋,胡文仲,2009. 中国外语教育发展研究[M]. 上海:上海外语教育出版社.

邓光平,2006. 我国专业学位设置的政策分析[D]. 武汉:华中科技大学博士学位论文.

丁素萍,吴自选,罗宪乐,等,2012. 理工科院校翻译硕士专业学位(MTI)的课程设置的理论认
　知和实践模型[J]. 山东外语教学,6:102-108.

董洪学,2012. 翻译硕士专业学位教育中存在的问题及对策[J]. 教学研究,3:26-29.

杜文新,2008. 硕士研究生职业成熟度的问卷编制及相关因素探讨[D]. 上海:上海师范大学硕
　士学位论文.

段陆生,李永鑫,2008. 大学生专业承诺、学习倦怠与学习投入的关系[J]. 中国健康心理学杂
　志,16(4):409-411.

段生农,1954. 翻译是民族院校教学中的重要工作[J]. 人民教育,3:38-39.

方来坛,时勘,张风华,2008. 中文版学习投入量表的信效度研究[J]. 中国临床心理学杂志,16(6):618-620.

冯全功,2010. 从认知视角试论翻译能力的构成[J]. 外语教学,6:110-113.

付江涛,2011. 翻译硕士学位课程中口译课程教学体系建构研究[J]. 长江师范学院学报,2:136-142.

高殿森,1965. 在《实践论》的光照下看汉译英课[J]. 外语教学与研究,2:49-57.

高黎,2012. 耶鲁大学通识教育课程的改革与发展[J]. 教育评论,6:153-155.

高黎,汪霞,2012. 查尔斯·威廉·埃利奥特的本科教育思想与实践[J]. 国家教育行政学院学报,8:87-91.

葛林,罗选民,董丽,2011. 诺德翻译能力理论观照下的MTI培养模式研究——以十三所高校问卷调查为例[J]. 中国翻译,4:31-36,96.

龚兵,2006. 全国教育协会:美国教育界一股不容忽视的力量[J]. 湖南师范大学教育科学学报,5(4):72-76.

广东外语外贸大学MTI教育中心,2014. 翻译硕士专业学位研究生教育指导性培养方案[EB/OL]. 广州:全国翻译专业学位研究生教育指导委员会. [2015-07-25]. http://cnmti. gdufs. edu. cn/notices/307. html.

广东外语外贸大学MTI教育中心,2015a. 北京外国语大学关于举办翻译专业硕士口笔译教学开放周活动的通知[EB/OL]. 广州:全国翻译专业学位研究生教育指导委员会. [2015-02-08]. http:// cnmti. gdufs. edu. cn/notices/351. html.

广东外语外贸大学MTI教育中心,2015b. 南京大学关于举办翻译专业硕士口笔译教学开放周活动的通知[EB/OL]. 广州:全国翻译专业学位研究生教育指导委员会. [2015-02-08]. http://cnmti. gdufs. edu. cn/notices/347. html.

广东外语外贸大学MTI教育中心,2017. 翻译硕士专业学位培养院校名单[EB/OL]. 广州:全国翻译专业学位研究生教育指导委员会. [2017-08-07]. http://cnti. gdufs. edu. cn/info/1017/1095. htm.

国际关系学院英语高级班学生,1960. 笔译课学习的一些体会[J]. 外语教学与研究,3:54-56.

国家信息中心,2015. 西部概况[EB/OL]. 北京:中国西部开发网. [2016-01-15]. http://www. chinawest. gov. cn/web/ Column1. asp? ColumnId=6.

国务院学位委员会,2007a. 翻译硕士专业学位设置方案[EB/OL]. 北京:教育部. [2015-07-25]. http://www. moe. gov. cn/s78/A 22/xwb_left/moe_822/ moe_823/ tnull_33152. html.

国务院学位委员会,2007b. 关于《翻译硕士专业学位设置方案》的说明[EB/OL]. 北京:教育部. [2015-07-25]. http://www. moe. gov. cn/ publicfiles/business/htmlfiles/moe/moe _ 823/201002/xxgk_82704. html.

国务院学位委员会,2007c. 关于下达《翻译硕士专业学位设置方案》的通知[EB/OL]. 北京:教育部. [2016-03-15]. http://old. moe. gov. cn/publicfiles/business/htmlfiles/moe/moe_823/201002/xxgk_82704. html.

何瑞清,2011. 对翻译硕士(MTI)笔译方向课程——以国外和台湾笔译硕士课程为参照[J]. 北京第二外国语学院学报,12:37-41.

贺霞,2008. 涂又光:以读书和治学为心灵寄托[EB/OL]. 北京:人民网. [2016-04-02]. http://edu. people. com. cn/GB/7144853. html.

贺显斌,2009. "欧盟笔译硕士"对中国翻译教学的启示[J]. 上海翻译,1:45-48.

洪成文,2002. 美国硕士生教育发展的历史考察[J]. 学位与研究生教育,2/3:68-73.

胡德香,孙旭辉,2010. 中英翻译硕士专业学位课程比较[C]. 中国英汉语比较研究会第九次全国学术会议暨国际英汉比较与翻译研讨会论文集.

黄宝印,2007. 我国专业学位教育发展的回顾与思考(上)[J]. 学位与研究生教育,6:4-8.

黄宝印,2010. 我国专业学位研究生教育发展的新时代[J]. 学位与研究生教育,10:1-7.

黄友义,2007. 谈谈职业翻译人才培养与翻译人才评价以及翻译行业管理的接轨[J]. 中国翻译,4:8-9.

黄忠廉,2010. "翻译硕士专业学位"更应突出应用性和实践性[N]. 中国社会科学报,2010-06-15(8).

冀惠,2012. 全日制专业学位研究生教育服务质量满意度指数研究[D]. 上海:华东师范大学硕士学位论文.

姜大源,2007. 德国企业在职业教育中的作用及成本效益分析[J]. 中国职业技术教育,24:54-56.

姜秋霞,权晓辉,2002. 翻译能力与翻译行为的理论假设[J]. 中国翻译,6:11-15.

教育部,2006. 教育部关于公布2005年度教育部备案或批准设置的高等学校本专科专业结果的通知[EB/OL]. 北京:教育部. [2016-02-12]. http://old. moe. gov. cn/publicfiles/business/html files/moe/ moe_1054/200507/11004. html.

教育部,2009. 加大力度,调整硕士研究生教育结构——国务院学位办主任、中科院院士杨玉良答记者问[EB/OL]. 北京:教育部. [2016-03-04]. http://old. moe. gov. cn/publicfiles/business/ htmlfiles/moe/moe_1485/2009 03/44638. html.

教育部学位与研究生教育发展中心,2017.40种硕士专业学位概览[EB/OL]. 北京:中国学位与研究生教育信息网. [2017-08-07]. http://www. cdgdc. edu. cn/xwyyjsjyxx/gjjl/szfa/267348. shtml.

金利民,2010. 注重人文内涵的英语专业课程体系改革[J]. 外语教学与研究,3:176-184.

柯平,1988. 香港大专院校的翻译课程[J]. 中国翻译,6:33-34.

柯平,鲍川运,2002a. 世界各地高校的口笔译专业与翻译研究机构(上)[J]. 中国翻译,4:59-66.

柯平,鲍川运,2002b. 世界各地高校的口笔译专业与翻译研究机构(中)[J]. 中国翻译,5:52-59.

柯平,鲍川运,2002c. 世界各地高校的口笔译专业与翻译研究机构(下)[J]. 中国翻译,6:45-51.

孔令翠,王慧,2011. 翻译硕士教育发展的困境与思考[J]. 学位与研究生教育,8:41-45.

劳凯声,刘复兴,2000. 论教育政策的价值基础[J]. 北京师范大学学报(人文社会科学版),6:5-17.

冷冰冰,2012.浅探术语教学走进翻译硕士课程体系[J]. 中国科技术语,6:15-19.

李铎,周雪昳,2014. 语言服务行业亟待健全[EB/OL]. 北京:北京商报. [2014-12-29]. http://
www. bjbusiness. com. cn/site1/bjsb/html/2014-08 /06/content_265616. htm? div=-1.

李红章,2008. 概念框架与思想解读——马克思哲学解读状况的反思[D]. 长春:吉林大学博士
学位论文.

李军,黄宝印,朱瑞,2007. 改革和完善外语专业研究生培养模式培养翻译硕士专业学位人
才[J]. 中国翻译,4:6-7.

李克强,2013. 以改革创新驱动中国经济长期持续健康发展——在第七届夏季达沃斯论坛上的
致辞[EB/OL]. 北京:求是. [2016-01-20]. http://www. qstheory. cn/zywz/201309/t20130912
_270452. htm.

李林波,2007. 中国新时期翻译研究考察:1981-2003[M]. 西安:西北工业大学出版社.

李明斐,卢小君,2004. 胜任力与胜任力模型构建方法研究[J]. 大连理工大学学报,1:28-31.

李五洲,2014. 黄友义:尽快为翻译行业立法[EB/OL]. 今日中国:今日中国杂志社. [2014-12-
29]. http://www. chinatoday. com. cn/ctchinese/ second/2011-03/05/content_338516. htm.

李妍,2007. 乔纳森建构主义学习环境设计研究[D]. 上海:华东师范大学博士学位论文.

连榕,杨丽娴,吴兰花,2005. 大学生的专业承诺、学习倦怠的关系与量表编制[J]. 心理学报,5:
632-636.

廖文婕,2010. 我国专业学位研究生培养模式的系统结构研究[D]. 广州:华南理工大学博士学
位论文.

刘宝存,2003. 纽曼大学理念述评[J]. 复旦教育论坛,6:73-76.

刘海峰,李立峰,2002. 高考改革与政治经济的关系[J]. 教育发展研究,22(6):34-38.

刘宏哲,刘金兰,林盛,2012. 大学环境影响学习收获的自主参与模型解析[J]. 复旦教育论坛,
5:39-44.

刘靖之,2001. 香港的翻译与口译教学[J]. 中国翻译,3:36-43.

刘小平,1999. 组织承诺研究综述[J]. 心理学动态,7(4):31-37.

陆春萍,赵明仁,2012. 大学生是如何学习的:学习投入的视角[J]. 高教探索,6:72-76.

罗列,穆雷,2010. 选题:翻译学研究方法的重要组成部分[J]. 中国外语,6:98-106.

罗晓燕,陈洁瑜,2007. 以学生学习为中心的高等教育质量评估——美国 NSSE"全国学生学习
投入调查"解析[J]. 比较教育研究,28(10):50-54.

吕林海,2012. 国际视野下的本科生学习结果评估——对"评估什么"和"如何评估"的分析与思
考[J]. 比较教育研究,1:39-44.

马金晶,2012. 成果导向教育博士课程发展研究[D]. 重庆:西南大学博士学位论文.

马燕红,2012. 翻译硕士专业课程设置调查与思考[J]. 重庆科技学院学报(社会科学版),7:
193-195.

苗菊,2007. 翻译能力研究——构建翻译教学模式的基础[J]. 外语与外语教学,4:47-50.

苗菊,王少爽,2010. 翻译行业的职业趋向对翻译硕士专业(MTI)教育的启示[J]. 外语与外语
教学,3:63-67.

墨翟,2014. 墨子[M]. 长春:吉林大学出版社.

穆雷,2007. 翻译硕士专业学位:职业化教育的新起点[J]. 中国翻译,4:12-13.

穆雷,2012. 翻译的职业化与职业翻译教育[J]. 中国翻译,4:13-14.

穆雷,王巍巍,2011. 翻译硕士专业学位教育的特色培养模式[J]. 中国翻译,1:29-33.

穆雷,郑敏慧,2006. 翻译专业本科教学大纲设计探索[J]. 中国翻译,5:3-7.

倪士光,伍新春,2011. 学习投入:概念、测量与相关变量[J]. 心理研究,1:81-87.

潘天翠,2008. 中国翻译人才的现状与培养——访国际译联第一副主席黄友义[J]. 国际人才交流,10:6-8.

彭春妹,罗润生,2007. 对地方高校大学生专业承诺状况及影响因素的调查研究[J]. 江西教育科研,2:43-45.

彭春妹,罗润生,2009. 高师学生专业承诺现状及其影响因素研究[J]. 大学教育科学,5:71-75.

钱春花,2012. 翻译能力构成要素及其驱动关系分析[J]. 外语界,3:59-65.

秦永杰,2012. 基于核心能力的临床医学专业学位硕士课程体系构建研究[D]. 重庆:第三军医大学博士学位论文.

上海外国语大学研究生部,2013. 我校迎接教育部翻译硕士(MTI)综合改革试点终期评估[EB/OL]. [2015-05-23]. 上海:上海外国语大学. http://graduate. shisu. edu. cn/16/f9/c1188a5881/page. htm.

施冰芸,2009. 从建构主义视角考察以学习者为中心的研究生翻译课程开发[D]. 广州:广东外语外贸大学硕士学位论文.

时花玲,2008. 教育硕士专业学位研究生教学质量保证体系研究[D]. 上海:华东师范大学博士学位论文.

宋彩萍,吴素梅,姜传松,2010. 学生学习投入调查评估工具分析[J]. 教育发展研究,3:73-75.

孙华,2007,论教育事实的分析框架[J]. 江西教育科研,10:3-7.

谭载喜,2004. 翻译学:作为独立学科的今天、昨天与明天[J]. 中国翻译,3:33-34.

唐京,2001. 基于胜任力的培训需求分析模式研究[D]. 杭州:浙江大学博士学位论文.

唐萍,2008. 加拿大和香港翻译专业本科课程设置比较及其启示[D]. 湘潭:湘潭大学硕士学位论文.

陶学文,2011. 我国专业学位研究生培养模式及其创新研究[D]. 武汉:华中科技大学博士学位论文.

田友谊,2007. 创造教育环境研究[D]. 武汉:华中师范大学博士学位论文.

瓦托夫斯基,1982. 科学思想的概念基础[M]. 范岱年,译. 北京:求实出版社.

外交部,2017. 中华人民共和国与各国建立外交关系简表[EB/OL]. 北京:外交部. [2017-08-18]. http://www. fmprc. gov. cn/web/ziliao_674904/2193_674977/.

汪霞,钱小龙,2011. 就业为导向的大学课程修正:差异性的应对[J]. 教育发展研究,(17):43-48.

汪雅霜,2013. 大学生学习投入度的实证研究——基于2012年"国家大学生学习情况调查"数据分析[J]. 中国高教研究,1:32-36.

王传英,2012. 从"自然译者"到PACTE模型——西方翻译能力研究管窥[J]. 中国科技翻译,4:32-36.

王宏,2012. 中国典籍英译:成绩、问题与对策[J]. 外语教学理论与实践,3:9-14.

王建华,2013. 高等教育的应用性[J]. 教育研究,4:51-57.

王少安,2008. 大学环境文化及其育人功能[J]. 中国大学教学,12:11-13.

王少爽,2013. 翻译专业学生术语能力培养:经验、现状与建议[J]. 外语界,5:26-35.

王纾,2011. 研究型大学学生学习性投入对学习收获的影响机制研究——基于 2009 年"中国大学生学情调查"的数据分析[J]. 清华大学教育研究,32(4):24-32.

王新刚,2011. 思想政治教育物质环境研究[D]. 重庆:西南大学博士学位论文.

王志伟,2012. 美国应用型翻译人才培养及其对我国 MTI 教育的启示[J]. 外语界,4:52-60.

文军,2005. 翻译课程模式研究:以发展翻译能力为中心的方法[M]. 北京:中国文史出版社.

文军,李红霞,2010. 以翻译能力为中心的翻译专业本科课程设置研究[J]. 外语界,2:2-7.

文军,穆雷,2009. 翻译硕士(MTI)课程设置研究[J]. 中国翻译,4:92-95.

吴明隆,2000. SPSS 统计应用实务[M]. 北京:中国铁道出版社.

吴明隆,2010. 结构方程模型——AMOS 的操作与应用[M]. 重庆:重庆大学出版社.

项成芳,2003. 胜任力的理论与实证研究[D]. 南京:南京师范大学硕士学位论文.

肖峰,2011. 在职培训与高级口译课程——攻读翻译专业学位研究生学位之浅见[J]. 文教资料,9:174-175.

邢厚媛,2014. 中国企业走出去的现状和对语言服务的需求[J]. 中国翻译,1:12-17.

徐彬,2010. 计算机辅助翻译教学——设计与实施[J]. 上海翻译,4:45-49.

许长勇,2013. 大学生专业承诺对学习投入和学习收获影响机制的研究[D]. 天津:河北工业大学博士学位论文.

薛薇,2011. 统计分析与 SPSS 的应用(第三版)[M]. 北京:中国人民大学出版社.

严瑜,龙立荣,2008. 大学生专业承诺的心理结构及影响因素研究[J]. 高等教育研究,29(6):90-97.

阎光才,2002. 理解大学——关于大学的几点断想[J]. 教育研究,3:33-38.

杨伯峻,2012. 论语译注[M]. 北京:中华书局.

杨朝军,2012. 产业化视域下的翻译硕士培养模式[J]. 中国翻译,1:24-28.

杨辉,刘朝杰,THOMAS S,等,2006. 澳大利亚政府和专业组织在提高全科医学服务质量中的作用及借鉴[J]. 中国全款医学,9(11):875-880.

杨晓华,2012. 基于问题学习的翻译教学研究——以 MTI 文化翻译课程为例[J]. 中国翻译,1:35-39.

姚艳勤,2012. 德雷福斯的技能获得模型及其哲学意义[D]. 上海:上海社会科学院硕士学位论文.

叶晓倩,2011. 大学生就业能力培养:英国经验及其启示[J]. 教育科学,2:90-97.

俞敬松,2009. 培养面向新世纪的语言服务人才——介绍北京大学的计算机辅助翻译硕士课程[C]. 中国翻译人才职业发展——2009 中国翻译职业交流大会论文集.

袁文娟,2013. 行业高校学生学习自我效能感、专业承诺与学习投入的关系[D]. 上海:华东师范大学硕士学位论文.

苑欣,裴正薇,2012. 国内外十所高校翻译硕士培养方案分析[J]. 内蒙古农业大学学报(社会科学版),5:96-98.

曾国秀,朱晓敏,2012. 曼彻斯特大学 MATIS 项目对我国 MTI 培养的启示[J]. 北京第二外国语学院学报,2:40-45.

张春雷,耿俊伟,靖咏安,2015. 涂又光:以读书和治学为心灵寄托[EB/OL]. 北京:人民网. [2015-02-17]. http://edu. people. com. cn/GB/7144853. html.

张红霞,2009. 教育科学研究方法[M]. 北京:教育科学出版社.

张建功,2011. 中美专业学位研究生培养模式比较研究[D]. 广州:华南理工大学博士学位论文.

张静,2011. 基于胜任力的灾难护理课程开发的理论研究[D]. 上海:第二军医大学博士学位论文.

张觉,2012. 荀子译注[M]. 上海:上海古籍出版社.

张娜,2012. 国内外学习投入及其学校影响因素研究综述[J]. 心理研究,5(2):83-92.

张小雷,2008. 中德企业参与职业教育的比较研究[D]. 大连:辽宁师范大学硕士学位论文.

张莹,2005. 大学生的学业倦怠、学业投入及其影响因素[D]. 北京:北京大学硕士学位论文.

赵璧,1980. 四年制高等外语院校课程设置问题[J]. 外国语文教学,(2):6-12.

赵娴娜,2015. 专业硕士摆脱"山寨"之名 2015 年擎起半壁江山[EB/OL]. 北京:人民日报. [2015-06-10]. http:// edu. people. com. cn/GB/13950458. html.

赵康,2000. 专业、专业属性及判断成熟专业的六条标准[J]. 社会学研究,5:30-39.

赵康,2001. 专业化运动理论——人类社会中专业性职业发展历程的理论假设[J]. 社会学研究,5:87-94.

赵明,2013. 学习投入、专业承诺与师范生教师职业胜任力的关系研究[D]. 长春:东北师范大学硕士学位论文.

中国翻译协会,2012.《中国语言服务业发展报告 2012》(摘要)[EB/OL]. 北京:中国翻译协会. [2016-03-20]. http:// www. tac-online. org. cn/ch/tran/2013-04/ 27/content_5911388. htm.

中国翻译协会,2014. 翻译本科专业学位培养单位名录[EB/OL]. 北京:中国翻译协会. [2015-02-12]. http://www. tac-online. org. cn/ch/tran/2010-10/12/content_3765916. htm.

中国翻译协会,2015a. 首批全国翻译专业学位研究生教育实习基地(企业)名单[EB/OL]. 北京:中国翻译协会. [2016-05-14]. http://www. tac-online. org. cn/ch/tran/2014-09/26/content_7265950. htm.

中国翻译协会,2015b. 首批全国翻译专业学位研究生教育兼职教师名单[EB/OL]. 北京:中国翻译协会. [2016-04-16]. http://www. tac-online. org. cn/ch/tran/2014-09/26/content_7265954. htm.

中国教育报,2015. 2016 年考研专业学位报名人数占 48%[EB/OL]. 北京:中国教育新闻网. [2017-08-07]. http://paper. jyb. cn/zgjyb/html/2015-12/28/content_447296. htm?div=-1.

中国教育在线,2006. 复旦等校招收翻译专业本科生[EB/OL]. 北京:中国教育在线. [2015-07-25]. http://www. eol. cn /article/ 20060529/ 3192218. shtml.

中华人民共和国国家统计局,2015. 国家数据[EB/OL]. 北京:国家统计局. [2015-10-22]. http://data. stats. gov. cn /search/keywordlist2; jsessionid = 46939B14E8C201B2230F44A-98AC32D95? keyword=外国人.

中华人民共和国中央人民政府,2015. 中华人民共和国公安部中华人民共和国外交部第 74 号令[EB/OL]. 北京:中国政府网 . [2015-11-02]. http://www. gov. cn/gongbao/content/2005/content_ 64214. htm.

中央文明办,2015. 中国图书对外推广计划 把书卖出去文化传出去[EB/OL]. 北京:中央文明办. [2016-06-09]. http://www. wenming. cn/xj_pd/dwxc/201208/t20120831_833077. shtml.

周亚莉,何东敏,2013. 基于职业笔译员胜任特征的翻译人才培养[J]. 中国翻译,6:65-67.

周逸梅,2010. 硕士专业学位新增 19 种　实践教学不少于半年[EB/OL]. 北京:人民网. [2017-08-07]. http://liuxue people. com. cn/GB/11655355. html.

庄智象,2007. 我国翻译专业建设:问题与对策[D]上海:上海外国语大学博士学位论文.

邹艳春,2002. 建构主义学习理论的发展根源与逻辑起点[J]. 外国教育研究,29(5):27-29.

ABET,2014. Engineering change:a study of the impact of EC 2000[EB/OL]. Baltimore:ABET. [2014-04-09]. http://www. abet. org/engineering-change/.

ACOSTA F X, MARTHA H C, 1982. Bilingual-bicultural interpreters as psycho-therapeutic bridges:a program note[J]. Journal of community psychology,10:52-56.

ALBIR A H,2007. Competence-based curriculum design for training translators[J]. The interpreter and translator trainer,1(2):163-195.

ALLEN N J,MEYER J P,1990. The measurement and antecedents of affective,continuance and normative commitment to the organization[J]. Journal of occupational psychology,63:1-18.

ANDERSON G L,1974. Trends in education for the professions[R]. ERIC/Higher Education Research Report No. 7. Washington,DC:American Association for Higher Education.

ANDERSON H,STEPHENSON M, MILLWARD P, RIO N, 2004. Access and engagement:a New Zealand study[J]. Best practices in access and retention in higher education,83-89.

ASTIN A,1961. A re-examination of college productivity[J]. Journal of educational psychology,52:173-178.

ASTIN A, 1968. Undergraduate achievement and institutional "excellence"[J]. Science,161:661-668.

ASTIN A, Antonio A L,2012. Assessment for Excellence:The Philosphy and Practice of Assessment and Evaluation in Higher Education [M] . Lanham: Rowman & Littlefield Publishers,Inc.

ASTIN A, Holland J L,1962. The distribution of "wealth" in higher education[J]. College and university,37:113-125.

BARON R M,KENNY D A,1986. The moderator-mediator variable distinction in social psychological research:conceptual,strategic,and social conside- rations[J]. Journal of personality and social psychology,6:1173-1182.

BARTON A,1961. Organizational Measurement and its Bearing on the Study of College Environments[M]. New York:College Entrance Examination Board.

BAUSCH K R,1977. Zur ubertragbarkeit der ubersetzung als fertigkeit auf die ubersetzung als ubungsform[J]. Die neueren sprachen,26:517-535.

BBC,2015. The Dearing Report[EB/OL]. London: BBC. [2015-08-20]. http://www. bbc. co. uk/news/special/ politics 97/news/ 07/0723/dearbrief. shtml.

BECKER H S,1960. Notes on the concept of commitment[J]. American journal of sociology, 66(1):32-40.

BENNER P,1982. From novice to expert[J]. The American journal of nursing,82 (3):402-407.

BENTLEY-SASSAMAN J,2010. Experiences and training needs of deaf and hearing interpreter teams[D]. Minneapolis: Walden University EdD Dissertation.

BLAUCH L,1955. Education for the Professions[M]. Washington,D. C. :Government Printing Office.

BOWEN D,1985. The intercultural component in interpreter and translator training: a historical survey[D]. Washington,D. C. :Georgetown University PhD Dissertation.

BROWN S R,2011. Comparison of self-assessed competence of Bachelor and Masters educated physical therapists prior to entering a Doctoral Program[D]. Cypress: Trient University International PhD Dissertation.

BURCH D D,1999. Essential competencies,responsibilities,and education of sign language interpreters in pre-college educational settings[D]. Baton Rouge: Southern University PhD Dissertation.

BUREAU OF LABOR STATISTICS,2014. Table 4 fastest growing occupations,2012 and projected 2022[EB/OL]. Washington, D. C. : US Bureau of Labor. [2015-07-22]. http:// www. bls. gov/news. release/ecopro. t04. htm.

CAMINADE M,PYM A,1995. Annuaire Mondiale des Formations en Traduction et en Interpretation[M]. Paris: Traduire.

CAMINADE M,PYM A,1998. Translator-training Institutions[A]//BAKER M. Encyclopedia of Translation Studies[C]. London & New York: Routledge:280-285.

CAROL E M,1991. Interpreting information: health care communication among family nurse practitioners,interpreters,and cambodian refugee patients[D]. Berkeley: University of California PhD Dissertation.

CARR-SAUNDERS A M,WILSON P A,1933. The Professions[M]. Oxford: Clarendon Press.

CEATL,2015. Comparative income of literary translators in Europe[EB/OL]. Bruxelles: CEATL. [2016-05-06]. http:// www. ceatl. eu/docs/surveyuk. pdf.

CHAN A L J,LIU C F M,2013. The translator status,the translation market and developing economies: a preliminary study of ASEAN countries[J]. Southern African linguistics and applied language studies,31(4):435-450.

CHAN S,2009. A Chronology of Translation in China and the West: From the Legendary Period to 2004[M]. Hong Kong: The Chinese University Press.

CHANG C,HSIAN C,CHANG Y,2011. Science learning outcomes in alignment with learning environment preferences[J]. Journal of science education and technology,20(2):136-145.

CHIEN Y C,2005. A study of Taiwan's current executive MBA programs[D]. Idaho: University of Idaho PhD Dissertation.

CILT,2013. National occupational standards in translation (revised 2007)[EB/OL]. Northants: CILT. [2013-03-29]. http://www. cilt. org. uk/ home/standards _and_qualifications/uk_occupational_stand ards/interpreting. aspx.

CLIFTON R A,1997. The effects of social psychological variables and gender on the grade point averages and educational expectations of university students: a case study[J]. The Canadian journal of higher education,27(2/3):67-90.

CLIKERMAN P M,SCHWARTZ B N,LATHAN M H,2001. The effect of the 150-hour requirement on new accountants' professional commitment, ethical orientation, and professionalism[J]. Critical perspectives on accounting,12(5):627-645.

CONLEY T M,2012. Nonprofit marketing education in the United States: an examination and interpretation of the prevalence and nature of curriculum[D]. Denver: University of Denver PhD Dissertation.

COOK V J,NEWSON M,2007. Chomsky's Universal Grammar: An Introduction[M]. Oxford: Blackwell.

DANIEL C A,1998. MBA: The First Century[M]. Cranbury: Associated University Presses.

DAUZAL S N,2008. The politics of contemporary translation pedagogy: exploring the blurred borders, developing implied margins[D]. Normal: Illinois State University PhD Dissertation.

DEBRA L R,2000. Interpreting in Legal Contexts: Consecutive and Simultaneous Interpretation[D]. PhD Dissertation. The University of Calgary.

DRESSEL P L, MARCUS D, 1982. On Teaching and Learning in College[M]. San Francisco: Jossey-Bass.

DREYFUS H,2001. How far is distance learning from education? [J]. Bulletin of science, technology & society,21(3):165-174.

DREYFUS H,DREYFUS S,1986. Mind Over Machine: The Power of Human Intuition and Expertise in the Era of the Computer[M]. New York: Free Press.

EL-DALI H M,2011. Towards an understanding of the distinctive nature of translation studies[J]. Journal of King Saud University languages and translation, (23):29-45.

EUROPEAN COMMISSION,2011. Annual report 2011[EB/OL]. Brussels: European Commission. [2015-05-20]. http://ec. europa. eu/dgs/translation/programmes/emt/key_documents/emt_annual_ report2011_en. pdf.

EUROPEAN COMMISSION, 2012. European Master's in translation (EMT) strategy[EB/OL]. Brussels: European Commission. [2015-07-27]. http://ec. europa. eu/dgs/ translation/programmes/emt/key_documents/emt_strategy_en. pdf.

EUROPEAN COMMISSION,2013. Competences for professional translators, experts in multilingual and multimedia communication[EB/OL]. Brussels: European Commission. [2013-05-28]. http://ec. europa. eu/dgs/ translation/programmes/emt/index_en. htm.

EUROPEAN COMMISSION, 2015. Translator profile[EB/OL]. Brussels: European Commission. [2015-07-28]. https://ec. europa. eu/ dgs/translation/workwithus/staff/profile/ index-en. htm.

EUROPEAN COMMISSION, 2017. EMT mid-term review 2017 [EB/OL]. Brussels: European Commission. [2017-08-07]. https://ec. europa. eu/info/sites/info/files/report_emt_mid_term_review_final. pdf.

EUROPEAN SOCIETY FOR TRANSLATION STUDIES, 2014. Translator-training observatory[EB/OL]. Tarragona: Intercultural Studies Group. [2014-07-12]. http://isg. urv. es/ tti/tti. htm.

FIGUEROA M, 2014. Engagement: premise and promise[EB/OL]. Fullerton: CSTF. [2014-11-24]. http://www. fullerton. edu/ freshmanprograms/aboutus/First% 20Year% 20Matters_Spring11. pdf.

FLEXNER A, 2002. Medical education in the United States and Canada[EB/OL]. Standford: Carnegie Foundation for the Advancement of Teaching. [2016-03-11]. http://archive. carnegiefoundation. org/pdfs/ elibrary/Carnegie_Flexner_Report. pdf.

FRANCO J M, 2011. An exploratory study of the curricular integration of ethics in executive MBA program[D]. Chicago: Loyola University Chicago PhD Dissertation.

GALON-MANAS A, ALBIR A H, 2015. Competence assessment procedures in translator training[J]. The interpreter and translator trainer, (1): 63-82.

GILE D, 2009. Basic Concepts and Models for Interpreter and Translator Training[M]. Amsterdam: John Benjamins B. V.

GOBEN B, 2010. Satisfaction with sign language interpreters in Texas[D]. Beaumont: Lamar University MEd Thesis.

GOUADEC D, 2007. Translation as A Profession [M]. Amsterdam: John Benjamins Publishing Co.

HAYES P L, 1991. Educational interpreters for deaf students: their eesponsibilities, problems and concern[D]. Pittsburgh: University of Pittsburgh EdD Dissertation.

HIATT M D, 2003. The impact of the Flexner Report on the fate of medical schools in North America after 1909[J]. Journal of American physicians and surgeons, 8(2): 37-40.

HILTON A, 2013. An examination of teaching professionalism in an undergraduate accounting program at the University of British Columbia-Okanagan[D]. Vancouver: The University of British Columbia MA Thesis.

HU S, KUH G D, 2001. Being (dis)engaged in educationally purposely activities: the influences of students and institutional characteristics[J]. Research in higher education, 43(5): 555-575.

IAMLADP, 2015. Results of survey on recruitment and testing of translators and interpreters [EB/OL]. New York: IAMLADP . [2015-02-07]. http://www. iamladp. org/PDFs/2009_docs/R8_WG_on_Training2009Report. Pdf.

JONES B E, 1993. Responsibilities of educational sign language interpreters in K-12 public schools in Kansas, Missouri and Nebraska[D]. Lawrence: University of Kansas EdD Dissertation.

KARLINER L S, JACOBS E A, CHEN A H, et al, 2007. Do professional interpreters improve clinical care for patients with limited English proficiency? A systematic review of the literature[J]. Health research and educational trust, 42(2): 727-754.

KAUR K, 2007. Working with families from culturally and linguistically diverse communities in Queensland: an Australian exploratory study[J]. Children Australia, 32(4): 17-24.

KIRALY D, 1990. Toward a systematic approach to translation skills instruction[D]. Urbana-Champaign: University of Illinois PhD Dissertation.

KIRALY D, 2001. Towards a constructivist approach to translator education[J]. Quaderns: revista de traducció, (6): 50-53.

KOLLER W, 1992. Einführung in die Übersetzungswissenschaft [M]. Wiesbaden: Quelle & Meyer.

LANGFORD L, 2011. Medical interpreters knowledge of key terminology and principles of genetic counseling[D]. Columbia: University of South Carolina MS Thesis.

LATTUCA L R, STARK J S, 2009. Shaping the College Curriculum: Academic Plans in Context[M]. San Francisco: Jossey-Bass.

LIS-LEMANSKA I, 2013. A model of training translators/Interpreters at academic level in poland in the light of the research conducted and the latest legal tegulations[A]//PIATKOWS-KA K, KOSCIALKOWSKA-OKONSKA E. Corres pondences and Contrasts in Foreign Language Pedagogy and Translation Studies[C]. Switzerland: Springer International Publishing.

LUDMERER K M, 2010. Commentary: understanding the flexner report[J]. Academic medicine, 85(2): 193-196.

MANZANO G, 2002. Burnout and engagement: Their relations with students' accomplishment, professional maturity and dropout tendency[J]. International journal of social psychology, 17(3): 237-249.

MARIE-ROSE M, 2011. Working with interpreters in child mental health[J]. Child and adolescent mental health, 16(1): 55-59.

MARTA L, 2008. Studies in the development of translation competence[D]. Pecs: University of Pecs PhD Dissertation.

MARTINEZ R, 1990. A model interpreter training program for psychological assessments[D]. DeKalb: Northern Illinois University EdD Dissertation.

MCCLELLAND D, 1973. Testing for competence rather than "intelligence"[J]. American psychologist, 28(1): 1.

MCGAGHIE W C, 1993. Evaluating competence for professional practice[A]//CURRY L, WERGIN J, ASSOCIATES. Educating Professionals: Responding to New Expectations for Competence and Accountability[C]. San Francisco: Jossey-Bass.

MCGLOTHLIN W J, 1964. The Professional Schools[M]. New York: Center for Applied Research in Education.

MCKELVEY M, 1997. Emerging environments of biotechnology [A]//ETZKOWITZ H, LEYDESDORIFF L A. Universities and The Global Knowledge Economy[C]. London: Cassell Academic.

MCNEESE J R, MCNEESE M N, 2010. Student involvement/engagement in higher education based on student origin[J]. Research in higher education journal, (7): 1-11.

MELNYK K, 1997. The role of sign language interpreters in kindergarten to senior 4 educational settings[D]. Winnipeg: University of Manitoba MEd Thesis.

MICHAEL W B, BOYER E L, 1965. Campus environment[J]. Review of educational research, 35(4): 264-276.

MILLER K E, ZOE M S, PAZDIREK L, et al, 2005. The role of interpreters in psychotherapy with refugees: an explorary study[J]. American journal of orthopsychiatry, 37(1): 27-39.

MORO M, 2011. Working with interpreters in child mental health[J]. Child and adolescent mental health, 16(1): 55-59.

MOROS E A, 2009. Challenging traditional notions of theory and practice in the history of translation studies: two exemplary cases[D]. Binghamton: Binghamton University PhD Dissertation.

NEWMANN F, 1992. Student Engagement and Achievement in American Secondary Schools[M]. New York: New York Teachers College Press.

NOEL L, 1985. Increasing student retention: new challenges and potential[A]//DELWORTH U, HANSON G R. Increasing Student Retention[C]. San Francisco: Jossey-Bass.

NORTHCOTT J, BROWN G, 2006. Legal translator training: partnership between teachers of English for legal purposes and legal specialist[J]. English for specific purposes, (25): 358-375.

NOS, 2015. What are national occupational standards[EB/OL]. London: NOS. [2015-07-28]. http://nos. ukces. org. uk/Pages/ index. aspx,

NOS, 2015. What are national occupational standards[EB/OL]. London: NOS. [2015-07-30]. http://nos. ukces. org. uk/Pages/ index. aspx.

OECD, 2014. Skills beyond school: OECD reviews of vocational education and training[EB/OL]. Paris: OECD. [2015-05-20]. http://wfcp. org/ wp-content/uploads/Skills-Beyond-School-Synthe sis-Report. pdf.

PACTE, 2005. Investigating translation competence: conceptual and methodological Issues[J]. Meta, (2): 609-619.

PENA A, 2010. The Dreyfus model of clinical problem-solving skills acquisition: a critical perspective[J]. Medical education online, 15: 1-11.

PETERSON D G, 1979. Accrediting Standards and Guidelines: a Current Profile[M]. Washington, D. C. : The Council on Postsecondary Accreditation.

PHENIX P H, 1964. Realms of Meaning: A Philosophy of the Curriculum for General Education[M]. New York: McGraw Hill.

PIKE G R, KUB G D, 2005. First- and second-generation college students: a comparison of their engagement and intellectual development[J]. The journal of higher education, 76(3): 276-300.

PRIETO C F, LINARES F S, 2010. Shifting from translation competence to translator competence: can constructivism help? [A]//PELLATT V, GRIFFITHS K, WU S. Teaching and Testing Interpreting and Translating[C]. Bern: Peter Lang AG.

PRINCE C D, 1986. Hablando Con El doctor: communication problems between doctors and their Spanish-speaking patients[D]. Standford: Standford University PhD Dissertation.

PYM A, GRIN F, SFREDDOC, et al. ,2013. The Status of Translation Profession in the European Union[M]. London: Anthem Press.

RANDOLPH K A, FRASER M W, ORTHNER D K, 2006. A strategy for assessing the impact of time-varying family risk factors on high school dropout[J]. Journal of family issues, 27(7): 933-950.

ROBBINS L, 1963. Higher Education: Report of the Committee Appointed by the Prime Minister under the Chairmanship of Lord Robbins, 1961-63[M]. London: HMSO.

ROTHE-NEVES R, 2007. Notes on the concept of translator's competence[J]. Quaderns: revista de traducció, (14): 125-138.

RUSSELL D L, 2000. Interpreting in legal contexts: consecutive and simultaneous interpretation[D]. Calgary: The University of Calgary PhD Dissertation.

SAGHIR C A, 2012. Needs assessment of knowledge, skills, and values for urban planing professionals based on competencies set forth by professional planning organization[D]. Detroit: Wayne State University PhD Dissertation.

SAINZ M J, 1993. The role of translation in Uruguay[J]. Language international, 5(6): 32-34.

SAWRIKAR P P, 2013. How effective do families of non-English-speaking background(NESB) and child protection caseworkers in Australia see the use of interpreters? A qualitative study to help inform good practice principles[J]. Child and family social work, 20(4): 396-406.

SCHAFFNER C, 2012. Standardisation and benchmarking for improving translator training[J]. Chinese translators journal, 33(6): 37-45.

SCHAUFELI W B, MARTINEZ I M, PINTO A M, et al, 2002. Burnout and engagement in university students: a cross-national study[J]. Journal of cross-cultural psychology, 33(5): 464-481.

SHREVE G M, 1997. Cognition and evolution of translation competence[A]//DANKS J H, SHREVE G M, FOUNTAIN S B, et al. Cognitive Processes in Translation and Interpreting[C]. Thousand Oaks: Sage.

SIMON J H, 1994. An ethnographic study of sign language interpreter education[D]. Tucson: The University of Arizona PhD Dissertation.

SKOUSEN K F, 1996. Improving the effectiveness of 150-hour accounting programs: Some research possibilities[J]. Journal of accounting education, 14(2): 215-220.

SMITH A C, STREET S, 1980. The professional component in selected professions[J]. The phi delta kappan,62(2):103-107.

SPENCE M,1973. Job market signalling[J]. Quarterly journal of economics,87(3):355-374.

STARK J S,1998. Classifying professional preparation programs[J]. The journal of higher education,69(4):353-383.

STARK J S,LOWTHER M A,HAGERTY B K,et al. ,1986. A conceptual framework for the study of preservice professional programs in colleges and universities[J]. The journal of higher education,57(3):231-258.

STARK J S,LOWTHER M A,HAGERTY B K,1987. Faculty perceptions of professional preparation environments:testing a conceptual framework[J]. The journal of higher education, 58(5):530-561.

STATISTICA,2014. Market size of the language service industry from 2010 to 2018 [EB/OL]. New York: Statistica. [2014-12-29]. http://www. statista. com/statistics/ 257656/size-of-the-global-language- services- market/.

STERN G G,1963. Characteristics of the intellectual climate in college environments[J]. Harvard educational review,(33):5-41.

STUARD V,2008. Perceptions of interpreter qualification by deaf consumers and hearing interpreters[D]. Malibu:Pepperdine University EdD Dissertation.

THRELKELD A J,JENSEN G M,BRASIC C,1999. The clinical doctorate:a framework for analysis in physical therapist Education[J]. Physical therapy,(79):567-581.

UNESCO-UIS, 2011. International standard classification of education [EB/OL] . Montreal: UNESCO. [2015-05-19]. http:// www. uis. unesco. org /Education/Documents/ isced-2011-en. pdf.

US DEPARTMENT OF LABOR, 2015. Secretary's commission on achieving necessary skills [EB/OL]. Washington,D. C. :Department of Labor. [2015-07-25]. http://wdr. doleta. gov/ SCANS/.

US NEWS AND WORLD REPORT,2015. Interpreters and translators:Salary[EB/OL]. Washington, D. C. :US News and World Report. [2015-08-15]. http:// money. usnews. com/careers/ best- jobs/ interpreter-and-translator/salary.

WANG Y,2008. A corpus-based study on the compression strategy in Chinese (Cantonese)-English simultaneous interpreting[D]. Hong Kong:The Chinese University of Hong Kong PhD Dissertation.

ZHANG Y,GAN Y,CHAM H, 2007. Perfectionism, academic burnout and engagement among Chinese college students:a structural equation modeling analysis[J]. Personality and individual differences,43(6):1529-1540.

附　　录

附录 A　调查问卷

翻译硕士培养调查问卷

亲爱的同学:

你好!

非常感谢你抽出时间回答这份问卷! 我们正在开展有关翻译硕士培养的研究。为了进一步提高翻译人才培养质量,我们需要翻译硕士研究生的参与。你们的意见很重要,因此特别邀请你填写下面的问卷,也特别准备了小礼品表示感谢。问卷答案并无对错之分,且实行匿名制,你无需有任何顾虑。研究结论的科学性取决于你回答的真实性。请在符合你实际情况的选项上打"√"或在横线上填写。本问卷均为单选题,我们承诺对所有问卷信息保密,仅将其用于学术研究,不会泄露任何个人和学校信息。

课题组

2014 年 9 月

一、问卷填答者信息。请在对应的选项上打"√"。

d1 你的性别:

①女　　　　　　　　②男

d2 你的年龄是＿＿＿＿＿＿周岁。

d3 你的家庭所在地是:

①乡村　　②县镇　　③中小城市　　④省会城市　　⑤直辖市

d4 你所在学校翻译硕士的学制是:

①2.5 年　　　　　　②3 年

d5 你现在是:

①研一学生②研二学生③研三学生

d6 你在真实翻译职业环境兼职/实习过:

①否　　　　　　　　②是

d7 你是在职攻读学位：

①否　　　　　　　　　　②是

d8 高中毕业后，你进入的院校为：

①专科　　　　　　　　　②本科

d9 你第一学历就读的院校为：

①普通高校　　　　　②"211 工程"大学　　　③"985 工程"大学

d10 你第一学历的专业是：

①非英语　　　　　　　②英语

d11 你通过的最高级别的外语水平等级为：

①大学英语四级　　　②大学英语六级

③英语专业四级　　　④英语专业八级

d12 你现在就读的大学为：

①综合类　　　　　　　②外语类

d13 你现在就读的大学位于我国：

①西部　　　　　　　　②东部

d14 你已取得了翻译资格证书：

①否　　　　　　　　　　②是

d15 你对毕业后可从事的翻译工作：

①不了解　　　　　　②了解一点　　③了解

d16 你对当前翻译工作者收入情况：

①不了解　　　　　　②了解一点　　③了解

d17 你毕业后打算：

①没打算　　　　　　②国内高校深造　　　③国外高校深造

④就业（非翻译类）　⑤就业（翻译类）　　⑥创业　　　　　⑦其他

d18 你认为本校翻译硕士课程结构需要调整：

①否　　　　　　　　②不确定　　　　　③是

d19 你认为本校翻译硕士课程内容需要调整：

①否　　　　　　　　②不确定　　　　　③是

d20 如果让你重新选择，你还会攻读翻译硕士学位：

①否　　　　　　　　②是

d21 如果让你重新选择，你会选择目前就读的大学：

①否　　　　　　　　②是

d22 如果让你重新选择，你会选择目前这个城市来深造：

①否　　　　　　　　②是

d23 你对翻译硕士课程学习经历的满意度是：

① 非常不满意　　②不满意　　③一般　　④满意　　⑤非常满意

二、请仔细阅读下面的每一道题,并根据你对本校翻译硕士培养环境的感知,在对应的数字上打"√"。

序号	题目	完全不同意	不同意	不清楚	同意	完全同意
h1	我国相关法规政策利于翻译硕士培养	1	2	3	4	5
h2	翻译职业收入高	1	2	3	4	5
h3	翻译职业地位高	1	2	3	4	5
h4	翻译行业就业机会多	1	2	3	4	5
h5	翻译行业雇主积极参与翻译硕士培养	1	2	3	4	5
h6	翻译专业组织积极参与翻译硕士培养	1	2	3	4	5
h7	本校重视翻译硕士培养工作	1	2	3	4	5
h8	本校为翻译硕士提供了充足的图书资源	1	2	3	4	5
h9	本校为翻译硕士提供了适宜的上课环境	1	2	3	4	5
h10	本校为翻译硕士提供了适宜的生活环境	1	2	3	4	5
h11	本校为翻译硕士提供了充足的学术交流机会	1	2	3	4	5
h12	本校为翻译硕士提供了充足的翻译实习/兼职机会	1	2	3	4	5
h13	本校对于翻译硕士所在学院与其他学院同等重视	1	2	3	4	5
h14	本校翻译硕士研究生与其他硕士研究生享有平等权利	1	2	3	4	5
h15	本校翻译硕士专兼职教师比例合适	1	2	3	4	5
h16	本校翻译硕士教师学历水平高	1	2	3	4	5
h17	本校翻译硕士教师教学能力强	1	2	3	4	5
h18	本校翻译硕士教师重视课程教学	1	2	3	4	5
h19	本校翻译硕士教师教学态度认真	1	2	3	4	5
h20	本校翻译硕士教师教学投入度高	1	2	3	4	5
h21	本校翻译硕士教师教学效果好	1	2	3	4	5
h22	本校翻译硕士教师翻译实践经验丰富	1	2	3	4	5
h23	本校翻译硕士教师能胜任目前教学工作	1	2	3	4	5
h24	本校翻译硕士课程目标清晰	1	2	3	4	5
h25	本校翻译硕士理论与实践课比例合适	1	2	3	4	5
h26	本校翻译硕士课程开设顺序合理	1	2	3	4	5
h27	本校翻译硕士课程内容适切	1	2	3	4	5
h28	本校翻译硕士课程实践以真实翻译任务为主	1	2	3	4	5

三、请仔细阅读下面的每一道题,并根据你的实际情况,在对应的数字上打"√"。

序号	题目	完全 不符合	不 符合	不 确定	符合	完全 符合
c1	我对翻译硕士专业充满热情	1	2	3	4	5
c2	翻译硕士专业能充分发挥我的特长	1	2	3	4	5
c3	我满意自己选择了翻译硕士这个专业	1	2	3	4	5
c4	为提高专业学习,我愿意做任何事情	1	2	3	4	5
c5	翻译硕士专业有利于我未来发展	1	2	3	4	5
c6	我愿意付出全部的努力学好自己的专业	1	2	3	4	5
c7	与翻译硕士专业相关的工作晋升机会多	1	2	3	4	5
c8	翻译硕士专业有利于实现我的理想	1	2	3	4	5
c9	翻译硕士专业没意思,我觉得心情压抑	1	2	3	4	5
c10	我喜欢专业中的挑战和困难,以及战胜它们后的快乐和成就感	1	2	3	4	5
c11	与翻译硕士相关的任何实践,我都乐意参加	1	2	3	4	5
c12	我认为,青年人要有一技之长,就该学好所学专业	1	2	3	4	5
c13	国家需要各类各专业人才,青年人有义务学好自己的专业	1	2	3	4	5
c14	与翻译硕士相关的工作进修机会多	1	2	3	4	5
c15	我非常愿意告诉别人我现在所学专业	1	2	3	4	5
c16	我选择翻译硕士主要是因为就业形势好	1	2	3	4	5
c17	我认为,应该"进一行,学一行,爱一行"	1	2	3	4	5
c18	翻译硕士专业给我提供了足够的自我发展空间,能实现自我价值	1	2	3	4	5
c19	上专业课,我都能保持最佳兴奋状态	1	2	3	4	5
c20	翻译在国家建设中有重要作用,为了国家的明天,我该学好	1	2	3	4	5
c21	毕业后,我会从事翻译方面的工作	1	2	3	4	5
c22	翻译硕士专业能真正激发我的潜能,取得最佳成绩	1	2	3	4	5
c23	课外,我常看与专业有关的书籍或与同学讨论专业问题	1	2	3	4	5
c24	每个大学生都应学好自己的专业,成为合格、优秀的专业人才	1	2	3	4	5
c25	毕业后,我会继续在翻译方面深造	1	2	3	4	5

四、请仔细阅读下面的每一道题,并根据你学习翻译硕士课程的实际情况,在对应的数字上打"√"。

序号	题目	从来没有	极少	有时	经常	总是
t1	早晨一起床,我就乐意去学习	1	2	3	4	5
t2	学习时,我感到精力充沛	1	2	3	4	5
t3	即使学习不顺利,我也毫不气馁,能够坚持不懈	1	2	3	4	5
t4	我能持续学习很长时间,中间不需休息	1	2	3	4	5
t5	学习时即使精神疲劳,我也能很快恢复	1	2	3	4	5
t6	学习时,我浑身有力且干劲十足	1	2	3	4	5
t7	我发现学习富有挑战性	1	2	3	4	5
t8	学习激发我的灵感	1	2	3	4	5
t9	我对学习充满热情	1	2	3	4	5
t10	我因我的学习而感到自豪	1	2	3	4	5
t11	我清楚学习的目的和意义	1	2	3	4	5
t12	学习时,我忘了周围的一切	1	2	3	4	5
t13	学习时,我感到时间过得很快	1	2	3	4	5
t14	学习时,我心里只想着学习	1	2	3	4	5
t15	我难以放下手中的学习	1	2	3	4	5
t16	我沉浸在学习中	1	2	3	4	5
t17	全身心投入学习时,我感到很快乐	1	2	3	4	5

五、请仔细阅读下面的每一道题,并根据你的实际情况,在句子后面对应的数字上打"√"。

序号	题目	完全不符合	不符合	不确定	符合	完全符合
s1	我具有的翻译领域专业知识足以胜任翻译工作	1	2	3	4	5
s2	我具有特定专业领域(如法律、经济)的知识	1	2	3	4	5
s3	我具有的术语知识足以胜任翻译工作	1	2	3	4	5
s4	我具有的一般性百科知识足以满足翻译任务的需要	1	2	3	4	5
s5	我具有的中文语言能力足以胜任翻译任务	1	2	3	4	5
s6	我具有的英文语言能力足以胜任翻译任务	1	2	3	4	5
s7	我具有的中英文双语转换能力足以胜任翻译任务	1	2	3	4	5

续表

序号	题目	完全 不符合	不 符合	不 确定	符合	完全 符合
s8	我具有的跨文化交际能力足以胜任翻译任务	1	2	3	4	5
s9	我具有管理翻译任务的能力	1	2	3	4	5
s10	我能对自己的翻译质量做出评估并改进	1	2	3	4	5
s11	我具有的文本审校能力足以胜任翻译工作	1	2	3	4	5
s12	我具有的人际沟通能力足以开展翻译服务	1	2	3	4	5
s13	我具有的信息挖掘能力足以获取翻译任务所需信息	1	2	3	4	5
s14	我使用翻译软件工具的能力足以胜任翻译任务	1	2	3	4	5
s15	我使用办公软件工具的能力足以满足翻译活动的需要	1	2	3	4	5
s16	我具有的组织管理能力足以满足翻译工作的需求	1	2	3	4	5
s17	我具有的承压能力足以胜任翻译工作	1	2	3	4	5
s18	我能对所有的翻译任务保密(除依法公开外)	1	2	3	4	5
s19	从事翻译活动时,我能做到公正	1	2	3	4	5
s20	我不会接受自己不能胜任的翻译任务	1	2	3	4	5
s21	从事翻译活动时,我能够做到不隐瞒任何信息,即使可能会因此失去该翻译任务	1	2	3	4	5
s22	我认为有必要对翻译从业人员进行继续教育	1	2	3	4	5
s23	我能遵守翻译职业行为规范	1	2	3	4	5
s24	我具有很强的翻译职业认同感	1	2	3	4	5
s25	我不会做有损于翻译职业声望的事情	1	2	3	4	5
s26	我能规划并实施自己作为职业翻译的专业化发展	1	2	3	4	5

六、建议。

你认为目前翻译硕士培养环境(社会、大学和课程三方面)应如何改进?

_____

_____

_____

　　问卷调查到此结束,非常感谢你的参与! 如果你对研究的结果感兴趣,请在下面空白处留下你的电子邮箱,我们将会给你发送一份研究结果。如果你有其他疑问,可发邮件到电子邮箱:li_gao71@hotmail.com。

附录 B　访谈提纲(用于翻译硕士研究生和毕业生)

1. 您认为贵校翻译硕士培养环境如何?
2. 您认为应如何改善翻译硕士培养环境?
3. 您认为自己的翻译职业胜任力如何?
4. 您认为应如何提高自己的翻译职业胜任力?
5. 您认为翻译硕士培养环境对职业胜任力有何影响?

附录 C　11 位翻译硕士研究生访谈录音转录

代号	性别	年级	本科专业	本科大学层次	本科大学所在地
1	女	研一	英语	二本	东部
2	女	研一	英语	二本	东部
3	男	研一	英语	二本	西部
4	男	研二	英语	二本	东部
5	女	研二	商务英语	大专	西部
6	女	研二	英语	二本	东部
7	女	研二	英语	二本	西部
8	女	毕业生	英语	三本	西部
9	女	毕业生	英语	二本	西部
10	女	毕业生	英语	二本	西部
11	女	毕业生	英语	二本	西部

(一)1 号受访者(女,研一)

问题 1:你好! 主要想了解一下你在读翻译硕士期间的一些真实的感受。你觉得可以吗?

回答 1:可以,可以。

问题 2:可能会问到一些比较敏感的问题,不知道你会不会介意。这些问题都和我目前正在做的一个项目有关。可以放心的是,我会对你的个人信息和所在大学的信息进行匿名处理,不会给你带来不必要的麻烦。所以,对于问到的问题,你想到什么就说什么,千万不要有什么顾虑,好不好?

回答 2:行,没问题。

问题 3:你原来本科读的是什么专业?

回答 3:我本科读的是英语,但是我们后来分专业方向了,我选的是翻译方向。

问题 4:你本科是在哪上的呢?

回答 4:本科在××大学。

问题 5:怎么会去那儿上大学? 你们家是那儿的吗?

回答 5:我家是××市的。

问题 6:那你跑得挺远的。然后又回来了?

回答 6:是的,又回来了。

问题 7:挺有意思的。那你怎么想着要读翻译硕士?

回答 7:就是在外面待了四年。可能是因为越长大越觉得家里好。看看父母。想着回来,就又回来了。

问题 8:那为什么会选翻译硕士?

回答 8:本科学的就是翻译。开始的时候没有想着要考这个专业,想跨专业考,后来想着跨的话,不好考,所以想着考本专业保险一点,就选了这个专硕。

问题 9:那为什么会选择你现在所在的大学? 有没有考虑其他的学校?

回答 9:有,当时最先考虑的是××外国语大学,因为本科在这个城市上的。最后就是家人觉得考回来比较好,回家方便,所以就选了离家近的城市。看了几所大学的真题,发现××大学的真题比较偏医学方面,专业性比较强,以前没有这方面的基础,感觉挺难的。最后就选了现在的大学,觉得保险一点。

问题 10:原来是这样的。现在已经过了一个学期了,你对自己的选择满意吗?

回答 10:其实,说实话,不太满意。比方说吧,我们学校,现在是一个很尴尬的位置。做兼职吧,人家翻译公司给你发一个东西过来,你翻译完了发过去。人家发现,你没有什么经验。你就是个学生,人家没有那么相信你。现在上课吧,理论方面讲得多一点。实践方面少一点。所以有的时候觉得很尴尬。

问题 11:那除了想做兼职的时候,觉得自己还不能胜任工作,那你觉得是什么原因呢? 哪方面的能力?

回答 11:觉得可能还是自己的原因吧。人家给你发一个专业方面的东西。翻译完了,就会叫一个这个专业的同学看看。觉得自己实力不到位。有时候就是这么想的。

问题 12:你觉得应该怎么提高呢? 需要提高什么呢?

回答 12:提高的话,我觉得就是实践挺重要的。平时多翻。翻了以后才知道不足。也有一些方法,通过多训练,就会越来越顺手。

问题 13:你觉得要胜任翻译这个工作,最需要什么能力? 或者说哪方面最需要?

回答 13:我觉得还是翻译的能力。英译汉,汉译英。理论方面,我觉得倒不是那么那么重要。

问题 14:那你觉得要怎么提高呢？你能做什么？课程呀,老师能做什么？或者学校能做什么？

回答 14:学校方面。我现在觉得咱们开的一些课程,有些课是重复的,像我们去年学了这些东西,今年开的课,又教了这些东西。理论方面,以前讲过。自身方面,我觉得,就是太泛了。像我同学,她是在××大学,他们的范围比较小;像我同学,她就是海洋方面的,专一些,我们就是很泛。

问题 15:学校就是应该更细化专业方向？

回答 15:对。

问题 16:老师方面呢？你觉得你们的师资怎么样？

回答 16:说实话？

问题 17:对,你一定要说实话。因为是项目的需要。

回答 17:刚才说的是我的心里话,现在我也是想到什么说什么。师资方面,开始的时候,我觉得××大学是一个很好的大学。说实话,来了以后,我不知道是我自己的感觉还是什么。跟我以前本科的老师相比,有的老师当然很好,像××老师,我觉得特别好。每节课她都非常认真对待,不枯燥,让你能静下心来听。其他老师吧,有些我觉得还没有我本科的老师好。

问题 18:这个"好",你觉得是哪方面需要提高呢？哪些方面不如你本科的老师？

回答 18:老师,不知道是不是我自己对他们的标准太高了。有些老师用英语讲课,但我觉得他们的口语都不太好。有的时候感觉她只讲她的,也不管同学是不是能听进去。上课她有 PPT,上课照着 PPT,给你复述的感觉。有点不太好的感觉。老师讲老师的,同学做自己的。

问题 19:你觉得怎么样会好一些？希望有哪些改变呢？希望是什么样？

回答 19:我喜欢××老师。给我们上课的老师,一般都是博士嘛。他们的知识都是够的,就是不能很好地给学生表达出来。这得看老师对课堂的设置。

问题 20:院里呢？你觉得需要什么改变？

回答 20:院里,我觉得有些课程可以合并。有的东西都是重复的。像我们今年的课程,基础笔译。我觉得基础笔译应该在研一第一学期的时候开。院里的原因吧。去年因为没有老师能带这门课,今年才开。课程设置方面,还是有一些问题。

问题 21:大学呢？你觉得学校对于这门课重视吗？

回答 21:学校嘛。说实话,我不是专硕嘛,说白了,我内心,还有很多同学就是这样想的。学校要收我们三年的学费,然后我们在学校只待一年。每周每天只有一节课。第一年上课,第二年实习,第三年回来答辩。不知道学校是怎么想的。相比较学硕,没有那么重视专硕。老师还是很想把我们培养成专门的翻译人才。希望我们能够学好。

问题 22：你现在觉得自己愿意以后当翻译吗？

回答 22：说实话，我觉得我自己对这个其实不太感兴趣。实践后，我觉得翻译这个工作，如果当成一个事业的话，不太能养活自己。我学的不那么好，最多以后做个兼职。现在是打算考博。如果以后在学校当老师，我可能会继续学这个专业。我会跨专业考博。换个专业。

问题 23：你下一步打算继续学习，考博。那你周围的同学呢？他们有没有人打算以后当翻译？

回答 23：我们班 48 个人。我觉得，应该都不太想以后当翻译。基本上都打算考公务员，工作。翻译嘛，市场就这个样。相比人家那些专业院校，确实没有那么多市场，以后还是要生活的。可能会换一个方向。

问题 24：你刚才说，跟那些专业的相比，你指的是哪些？

回答 24：比方说，外院。西外、上外、北外。还有其他的专业比较强的一些院校。

问题 25：他们"强"表现在哪些方面？

回答 25：我觉得，他们，相比于我们这种。像××大学，是一个比较综合性的院校。我考的时候，选择这个学校是有一定的原因。这个学校的强项不在这，可能招的时候，门槛比较低一些。招的人，相比于专业院校的，能力也会差一点。知识方面都会有一些差距。现在造成了我们信心方面不那么足。

问题 26：那你觉得外语院校与综合性大学，在培养翻译硕士方面，有什么区别呢？提供的环境？

回答 26：我觉得是有的。拿近的来举例的话。××外跟我们学校，学习语言的环境肯定是不同的。因为我有同学在那上学。他们学习语言的氛围更强一些。这边没有那么浓。

问题 27：语言能力和翻译能力的培养有差别。你觉得什么样的环境有助于培养翻译能力？

回答 27：我觉得首先还是看自己。你对它有没有兴趣。我们班同学吧，说实践吧，要说没有，也不全是。有的时候，还是会实践。帮一些人翻译一些东西。越来越发现，不喜欢这个东西了。当你对一个事情，不那么热爱的时候，就不会投入那么多的精力去学它。我平常都不愿意去翻译这些东西。这样的话，其实最主要的还是自身的原因。你要是翻译多的话，开始的时候会走一些弯路，翻译多的时候，你会发现，翻译里面还是有一些东西，会随着你的实践，比以前要好。

问题 28：那怎么让自己有兴趣呢？

回答 28：让自己有兴趣。有些人可能喜欢英语呀，也喜欢口译、笔译。她喜欢这个。她会找各种机会、各种途径去实践。一般的人会觉得学历不到位，对这个不感兴趣,就止步了,满足于现状。

问题 29:有的人天生就有兴趣?

回答 29:也不是天生吧。她有这个实力,越做的话,越能从中获得一些满足感、成就感。她以后就会越来越喜欢这个。

问题 30:需要比较浓厚的兴趣,才能把这个事情做好。那比如说兴趣都差不多,一个在××大,一个在××外,你觉得毕业的时候两个人会有什么不一样吗?

回答 30:这个我倒没有细想。不过,我觉得应该是有差别的。毕竟外语院校是语言类的专门院校。人家主打的就是这个。课程呀,老师方面,可能更专业一些,可能会有差别的。

问题 31:学习了这段时间,你觉得自己对于翻译这个职业、这个行业了解程度怎么样? 有多少了解?

回答 31:有一些吧。经常会关注这方面的消息。比方说微博上吧,口译、同传,一些人的微博。

问题 32:那你觉得他们的社会地位、收入怎么样?

回答 32:其实我觉得这个前景不太好。我学的笔译。口译可能会好一些,机会也多一些。笔译吧,现在市面的价格,我们这些新手,人家让你翻译东西,市场的价格也就是 40 块钱一千字,多一些的也就是八九十。市场对于这方面没有一定的规范。

问题 33:收入方面,你觉得多少比较合理? 心理价位?

回答 33:我觉得英译汉起码 120 块钱每千字,汉译英的话还要高一些。

问题 34:那社会地位,你觉得怎么样?

回答 34:翻译的社会地位,你像口译的,高翻学院的,他们的地位确实很高。对于我们一般的人而言,地位其实就没啥地位。

问题 35:这样想的话,以后就不打算当翻译。不过,你还有时间。现在也还不到一年,也不用特别早就决定。你觉得本科大学所在的城市和现在相比有什么不一样? 像行情。你感觉待遇是不是好一些,还是差不多?

回答 35:它是个旅游城市。它的工资水平和物价水平不匹配。物价很高,工资不高。翻译的价格和这儿的差不多。不过,沿海城市机会比较多。现在是内地。

问题 36:如果你是在××外国语大学上,会和现在有什么不一样吗?

回答 36:会不一样的。这个学校实力还是比较强。学习英语或者日语的氛围特别特别强,而且他们实践的机会也挺多的。

问题 37:我想问的就是这些,你有没有什么想问的,想说的?

回答 37:也没有什么想说的。我听说,每年我们翻硕找工作其实不太好找。这个对于我们很多人来说,都是一个非常担忧的事情。害怕上了研究生,浪费了三年的时间,出来和本科还是一样的。

问题38:那你觉得现在可以做什么呢?

回答38:我现在的打算就是,我们研二就实习,我想去上海、深圳一些沿海的城市待一待。他们那用到我这个专业的机会多一些,锻炼的机会多一些。待上一年。好的话,就在那边发展,不好的话,就回来继续考博。

问题39:这学期自己有什么打算吗?

回答39:有。我们有翻译量的要求。我自己找了几本书。打算翻译成中文,算是一种翻译实践吧。再看有没有翻译的兼职。他们给你的都是一些专业性比较强的。接了以后,对这方面就有一些了解。

问题40:挺好的。不过你刚才说要翻译书。如果是国外的书,翻译成中文出版的话,一般是要对方授权的。否则别人得到授权了,而你翻译了,虽然得到了翻译实践,但不能出版,还是有些可惜。如果能翻译并出版,就更好了。

回答40:这个我还没考虑到。是的。

问题41:其他的你还有什么想说的,想问的吗?

回答41:我也没有了。

问题42:那以后你有什么的话,也可以和我联系。谢谢你。

(二) 2号受访者(女,研一)

问题1:你好! ××同学,下面的问题是我研究项目需要的一些信息,收集的所有内容都会匿名的,请你实话实说,不要有什么顾虑,好吗?

回答1:好的,没问题。

问题2:好的,谢谢。你今年是研一,对吧?

回答2:对。

问题3:来××大学读翻译硕士之前,你是在哪儿读的本科呢?

回答3:黑龙江。

问题4:那还挺远的。是哪个学校呢?

回答4:××师范。

问题5:你们学校在黑龙江的省会城市吗?

回答5:在××油田附近。

问题6:感觉那比较冷。你本科学的是英语,还是其他专业?

回答6:本科也是英语,国际贸易方向。

问题7:那你是黑龙江的还是西安本地的?

回答7:我家就在西安附近,因此当初报考学校的时候,就选西安的学校。

问题8:你当时选择翻译硕士,是出于什么原因呢?有没有想过报考学术型的硕士?

回答8:当时接触翻译课时,就觉得这门课是当时所有科目里面,最感兴趣的。

我当时就想考翻译。同时,翻译硕士是专硕,不需要考二外,就觉得比较轻松。不想学二外,想着只要把中文和英文学好就行了。我觉得翻硕挺适合的。

问题9:那是出于什么原因选择了现在就读的这所大学呢?

回答9:我当时考虑了××师范大学,还有××院,还有××大和××大,其实这几个大学我都考虑了。因为我本科就是师范类的,所以我就想上一个综合类大学。再加上我当时看了一下××大和××院的题,我觉得不是很适合。因此我就一下子就确定××大学了。当时看××大学的题,我挺感兴趣的。

问题10:你说的"不适合"是什么意思呢? 为什么感觉会不适合?

回答10:我们当时考百科,就是,我想一下,当时的百科考的东西我不愿意去积累,不感兴趣,我也不想去积累,然后我就直接排除了。因为××大比较偏文学、文化这个方向,这些东西我觉得积累了对以后也有好处,不白复习,就是这样。

问题11:你可否举例说明一下××大和××院考的是什么?

回答11:××院考的是经济类的,××大考的是航天类的。我觉得我不感兴趣的,我也记不住,不是很喜欢。

问题12:现在来学校已经一个多学期了,你对自己的选择满意吗?

回答12:我觉得,可能是我自己的原因吧,感觉没有得到特别的重视。

问题13:这种感受是因为什么呢?

回答13:可能是我自己的原因。因为也有其他同学考别的学校。他们比较忙,也比较有事。我就觉得一天,我也说不上来。他们导师带着,会做一些项目什么的。我们这边太闲了。

问题14:其他方面怎么样? 比如上课的老师,你满意吗?

回答14:我比较喜欢××老师。她的课挺有意思的。我现在就觉得老师离我们距离比较远。

问题15:是什么原因,为什么会有这种感受?

回答15:感觉没有像本科的时候,可能本科的时候也比较小,老师和我们接触得比较多。

问题16:你希望是什么样的?

回答16:我也说不上来。

问题17:那你觉得老师的水平怎么样?

回答17:老师的水平挺好的。××老师讲的一个英汉比较这个课,我就比较喜欢。就是有很多东西,他能补充的上来。

问题18:其他的呢? 其他老师感觉怎么样?

回答18:让我想一下。其实我一直有一个想法,应该给翻译硕士开一些汉语的课。

问题19:现在有没有呢?

回答 19：去年有一个××老师讲的，中国文化。这个我也觉得特别好，能增加一些知识。我还是觉得应该再开一些语言类的。因为翻译需要两种语言都掌握得非常好。我发现英文需要自己再努力一些，我觉得还是有必要再提高一下语言驾驭能力，汉语的语言驾驭能力。

问题 20：比如说，什么课？

回答 20：就是文学院学的一些东西。我觉得我们应该学一点。

问题 21：根据你所了解的，你觉得需要增加什么科目？

回答 21：比如说现代汉语。××老师最近让我们看《现代汉语》这本书，让我们自己下去学。因为她发现我们在翻译的时候，汉语说不成句子。我觉得这个挺有必要的。如果能开个课，就更好了。我觉得我们应该多阅读一些东西，不管中英文的，都应该阅读。因为语言驾驭能力都是在阅读中提高的。

问题 22：你觉得阅读的方式应该是什么形式的？比如说要不要开成必修课？

回答 22：我们都是研究生了，要养成一个阅读的习惯。如果能开成必修课，就最好了。我觉得我们的课其实挺少的。

问题 23：大概有几门？

回答 23：一星期大概 6 节课。

问题 24：其他大学，你了解到的，开课情况怎么样？

回答 24：我了解到的，人家晚上还上课。

问题 25：那他们白天也有课吗？你们一周大概 6 节课，他们一周多少节课？

回答 25：他们好像是，如果我没记错的话，他们要上 13 节课。

问题 26：一节课 2 个小时？

回答 26：对。

问题 27：你当时问的是哪所大学的同学？

回答 27：××大。

问题 28：你希望课多一些，是吗？

回答 28：嗯。剩下的就不用老师督促了，我们自己可以。应该多做一些读书报告。我们同学打电话，都说我这星期有一个报告，我要做什么，经常说。我觉得别人可忙了。

问题 29：你刚才说别人的课比你们多，那具体的科目区别大不大？

回答 29：科目我没有问过。

问题 30：那其他方面？给你上课的老师，大概有四五位？

回答 30：对。

问题 31：这些老师平时自己都翻译东西吗？平时你和老师有这方面的交流吗？

回答 31：这个我也不太清楚。平时很少和老师交流。

问题 32：你们这些老师当中有没有从外面聘请来的？

回答 32：都是咱们这边的。都是咱们院的。

问题 33：其他方面，你希望院里有什么改进吗？

回答 33：我想想。可以多举办一些活动。

问题 34：比如说什么活动？

回答 34：就是关于学习类的竞赛吧。

问题 35：其他学校有开展这些活动吗？ 有什么好处呢？

回答 35：就觉得比较有意思，能知道同学中有哪些有才华的人。

问题 36：举办这些活动和翻译硕士的培养关系大不大？

回答 36：我觉得举办一些英语的、中国文化的竞赛，我觉得还是比较有帮助。

问题 37：那整体而言，你对学校提供的培养环境满意吗？ 哪些地方需要改进？

回答 37：可以多一些见习、实习。

问题 38：什么样的？ 现在有没有实习？

回答 38：现在没有。因为我经常听同学说，他们也是专硕，才研一就开始去外面实习。

问题 39：具体是做什么？ 是去翻译公司，还是别的？

回答 39：他们是师范类的，是去学校。

问题 40：也是翻译硕士吗？

回答 40：不是。是师范类的。

问题 41：和你们不太一样。你觉得实习会有什么作用？

回答 41：让我们了解一下所学的专业在工作中有什么要求，让我们知道自己哪块还不太好。

问题 42：已经学习了一个多学期了，目前院里有没有给你们提供什么机会呢？

回答 42：现在还没有。可能得明年。

问题 43：平时老师布置的作业，翻译类的作业多吗？

回答 43：翻译作业，也做。不过，有时难的话，我就不做了。难的话，就想着听老师讲，找答案什么的。不尝试自己翻译，因为觉得太痛苦了。翻译不下去，就想看一下，怎么翻译。

问题 44：这些翻译都是课本上的，还是别的？

回答 44：老师找的一些。我特别喜欢的一个是老师去年布置的一个读书报告，还有××老师寒假留的一个论文。我觉得收获最大是自己学。上课总是捕捉不到什么东西。老师布置读书报告和论文时，我当时就查阅了很多书，也特别享受这个过程。我觉得这样长进挺快的。

问题 45：这个对于自己做翻译的能力，有没有什么帮助？

回答 45：这个没有。翻译还是得练。翻译的提高有两点：第一点就是多做英译汉或汉译英练习，必须要翻译实践。第二点就是阅读。多看一些英文小说，多看一些中文文章。这些我目前只做到一小点，就是看中文，老是不能迎难而上。看一本英文小说，看着看着就不看了。一有点难题，就不想往下面进行。

问题46：那你觉得一个多学期了，自己哪方面有进步？跟刚开学的时候比较呢？

回答46：进步。嗯。其实我觉得应该多开一些基础的翻译实践课。本科当时最喜欢翻译的时候，就是因为我们老师每节课会有一些段落，让自己先翻译一下，然后比较怎么弄。我感觉这样就参与到课堂中了。

问题47：现在有这种吗？

回答47：我觉得现在我们离得太远了。以前我们就在一个小小的教室。老师一有什么，就写到黑板上。交流的特别特别多。现在就是说话都听不见。都是大教室。不能互相交流。

问题48：小教室好一些？

回答48：对，对。感觉小教室特别适合。

问题49：你感觉来到这，自己是满意、高兴，还是不满意、不高兴？

回答49：还行吧。喜欢一些设施。

问题50：比如说什么呢？

回答50：图书馆比较好。

问题51：学了这么长时间，就目前来说，你打算以后从事翻译吗？

回答51：没有自信从事这个。因为觉得可能做不好。

问题52：为什么？还有两年多的时间，有可能提高的。

回答52：可能两年后会。可是现在感觉还是拿不起活。

问题53：拿不起活，最主要的原因是什么？

回答53：拿不起活是因为英文不过关。

问题54：是不是有什么办法可以提高呢？需要学校开一些课，还是自己努力？

回答54：做一些努力吧。多练习。多一些阅读。

问题55：英文的还是中文的？

回答55：英文的。

问题56：你觉得对自己英文水平有帮助？

回答56：我觉得会。最起码看着熟。

问题57：当初选择翻译硕士你是出于兴趣，一学期下来，你现在打算毕业后当翻译吗？

回答57：我觉得可能不会吧。

问题58：什么原因呢？

回答58：就是觉得能力还不够。

问题 59:对于翻译职业的收入,你有所了解吗？怎么看待？

回答 59:我听说不高。

问题 60:虽然收入不高,但当你有能力时,会考虑当翻译吗？

回答 60:可能会吧。我好像比较喜欢文学翻译,对其他的不是十分感兴趣。可能是我不够努力,我就是觉得学翻译比较有趣。

问题 61:你觉得翻译职业的社会地位怎么样？

回答 61:社会地位？我觉得应该挺好的。

问题 62:你感觉大家会怎么看待这个职业？

回答 62:怎么看待？我觉得应该挺尊敬的吧。

问题 63:已经学习了一个学期了,剩下的时间你有什么打算呢？

回答 63:我就希望能好好学习。

问题 64:现在没有吗？

回答 64:就是我刚才说的。碰见难的,就不想翻译了。

问题 65:什么原因呢？

回答 65:其实我觉得要每天多给我些任务,多给我些压力。要是自己给自己学,就比较懒。也会帮同学翻译一些。一有责任,就会学。

问题 66:你希望能是什么样的？

回答 66:如果能从外面接一点活。希望承担责任。如果没及时完成,就会有一些后果。有一次我伯父给我一个公司的文件。我就觉得有责任,几天都在琢磨那份东西。觉得还挺享受的。做了一件正事。想逼迫自己学习的话,就会从外面接活。否则不会好好练。

问题 67:目前有没有从外面接活呢？

回答 67:我没有从外面接活。不过,最近是毕业季,我帮别人翻译,赚点钱。这样的实践挺好的。能赚钱,还能练习。

问题 68:自己联系的？

回答 68:对。给身边几个朋友说,要是有人想翻译,就给我说。

问题 69:你对报酬满意吗？

回答 69:还行。不过,很多人问一下价格,就没有后音了。有的人愿意。

问题 70:他们对你翻译的满意吗？

回答 70:翻译了几篇。他们还没回话。还没给老师看。

问题 71:有没有想过其他的方法,让自己多一些实践？

回答 71:去年我的实践是给人带家教。给一个考研的辅导班带。今年就是给人写论文。

问题 72:是给人翻译论文摘要吗？

回答 72:很多二本学校的人英语程度还是很差的。他们写一篇汉语的论文,我把他们的翻译成英文。还有的就是我直接帮他写。这样还挺锻炼我写作能力的。

问题73:收入怎么样?

回答73:500块钱。

问题74:他们觉得价钱高吗?

回答74:我不想600块钱写3篇。我只想五六百块钱写一篇。这个还是我自己想出来的。因为我在朋友圈里看到有人问,有没有帮写论文的。我就在想,这不是毕业季了吗,因为我今年正在愁找什么兼职。因为我想买的东西很多,又不能老向家里要。我就得想办法做一些兼职。

问题75:你感觉自己写得还可以?

回答75:我只能说尽力了。我特别享受这个过程。我比较喜欢查资料,喜欢总结。把汉语资料总结成英文,把英文资料提炼一下,或者转换一下。

问题76:你们现在有没有开一些翻译职业道德、翻译伦理的课程?

回答76:没有。

问题77:如果有人让你翻译一些违背道德或伦理的东西,你会翻译吗?

回答77:犯法的当然不能做。但是就像代写论文这个,我是觉得有需求就有市场。其实确实不太好。但是有的学生她根本就写不出来呀。我知道很多学校,因为我也是从一个不太好的二本学校来的,我有的同学,英语系的同学,大学英语四级都没有过。她实在是写不出来呀。我们那个学校高考四百八九十分就能上了,报专业也不是他们愿意报的。英语底子就不好,大学又没人管,就不学。要毕业,就没办法。

问题78:你觉得要提高自己的翻译能力,就要做些有责任感的东西,对吗?

回答78:对。就是必须逼着我做。可能是因为我现在还是学生,我现在没有什么责任。以后要是做翻译,就会尽力完成任务吧。不做什么没有压迫性的,就是一个懒学生。

问题79:老师不检查,不要求交吗?

回答79:老师要求交的,我是肯定会做的。不要求交的,就有点懒。要是感兴趣的话,也会花一个下午的时间去做。

问题80:我想了解的就是这个多。你有没有什么想了解的,想说的?

回答80:我也希望自己能学好,以后能干翻译的活。

问题81:还有两年多的时间,你愿意的话,还是来得及的。给自己一些压力,提高自己。那先这样,谢谢你接受访谈。

(三) 3号受访者(男,研一)

问题1:你好!××同学,我是××同学给你说过的老师。可以访谈一下你就读翻译硕士的情况吗?

回答1:可以,可以。

问题2:下面的问题是我自己一个研究的需要,所以回答的时候,请实话实说,不要有什么顾虑。相关研究发表时,都会匿名的。

回答2:好的。

问题3:你原来读的是什么专业? 本科的时候?

回答3:原来就是这个专业。

问题4:原来是在××的高校吗?

回答4:原来是在别的省,考到现在的大学。

问题5:哪所大学呢?

回答5:××学院。

问题6:离这比较近?

回答6:对。

问题7:那你上翻译硕士主要是什么原因呢?

回答7:一开始,其实我想学翻译,本科的老师就说,学翻译要不就是学硕那边不是有个翻译理论与实践的那个,还有就是翻译硕士。然后,我当时的话,二外特别不好。他就说,那你想学翻译,就学翻硕吧。然后,我就去考这个了。

问题8:怎么会想到××大学来上?

回答8:开头选了好多学校,后来从里面找。××大学招的相对多一些。

问题9:选择现在就读的大学,是出于什么原因?

回答9:刚开始也不知道。后来找到××大学考试更多的资料,其他学校的资料就只有一点点,不是很了解。

问题10:现在对自己的选择有什么样的感受?

回答10:感觉,还好吧。

问题11:已经上了一个学期的课了,对于课程你的感受如何?

回答11:我不知道其他学校是什么样,××大学的课有翻译理论方面、中国文化方面的课。我们也有这些课。也有一些口译的内容。感觉笔译方面的课少。

问题12:现在怎么样?

回答12:现在我们有了。我们有一门课,叫《高级翻译理论》,还有一门叫《基础笔译》。这两门课讲的东西其实是差不多的。我开始没注意到。后来有老师上课问我们,是不是也有基础笔译这门课,他说这两门课好像讲得差不多。感觉第一学期没有学到关于笔译的东西。《翻译概论》那本书也不是特别好。翻译硕士这套书其实不是特别好。

问题13:那你们希望有哪些课?

回答13:我们学笔译的,可能还是希望多一些笔译方面的课。有课的话,能督促大家学,没课的话,都不学了。

问题14:其他方面呢? 你们现在有笔译课,上学期没有,对吧?

回答14:对。

问题15:其他的呢? 你还希望开设哪些课?

回答15:基本上都有了。

问题16:笔译方面的实践多不多?

回答16:这学期刚开始,还在讲理论的东西。上学期好像是挺少的。上学期的课就没有一门是针对笔译的。

问题17:对于上课的老师,你感觉怎么样?

回答17:老师还不错。

问题18:对于老师,你有没有什么希望?

回答18:我想不出。

问题19:一学期下来,感觉自己哪方面的能力得到提高了?

回答19:翻译方面的东西。以前好多单词,都不知道。

问题20:其他方面呢?

回答20:其他方面没有了。我是觉得第一学期没有开笔译课。其他课都是根据书讲的,讲了什么是翻译、为什么要翻译、翻译的原则,大概讲了一遍。

问题21:你觉得这些和做翻译有没有关系?

回答21:只讲了一些关于翻译的内容、做翻译的素养。

问题22:你觉得如果要提高自己的水平,最主要的是什么?

回答22:最主要的还是要练。有个老师上课的时候说,自己开始不知道怎么翻译。她的老师就给她说,先干五年,就知道了。

问题23:现在有没有考虑过毕业后做什么工作呢?

回答23:毕业后,我是想尝试做翻译的工作。

问题24:你了解翻译收入的情况吗?

回答24:一般,也不是很好。口译可能好一些。英语也没有其他语言那么高。

问题25:你以后还打算做翻译吗?

回答25:我是想找一个和翻译有关系的。要不然学了这么多年!

问题26:如果身边有朋友咨询你要不要读翻译硕士,你会建议他读吗?

回答26:如果他有兴趣的话,我会建议他。

问题27:你会建议其他同学到你现在的大学来上吗?

回答27:我建议过。

问题28:和其他大学相比,你建议考自己就读的大学是出于什么原因?

回答28:我来了已经半年,感觉就是大家学习的氛围还挺好的。不管是去教室、图书馆,都在学。

问题 29：有没有和其他同学交流，其他大学的翻译硕士怎么样？

回答 29：说××师范大学的比较多。

问题 30：你对自己目前的就读经历的整体评价如何？学校对你们重视吗？

回答 30：我感觉还挺重视的。

问题 31：我想了解的就是这些，谢谢你。

（四）4 号受访者（男,研二）

问题 1：××同学,你好! 我在做一个有关翻译硕士的研究,想问一下这方面的情况,现在开始可以吗？

回答 1：好的。

问题 2：你今年是研二,在学校的时间快两年了,对吧？

回答 2：对。

问题 3：你可以先说一下你本科的学校吗？

回答 3：××师范学院。

问题 4：那你当时学的是什么专业？

回答 4：原来是商务英语。

问题 5：怎么想到报考翻译硕士？

回答 5：我是 2009 年上大学,那时还没听过有翻译硕士这个专业,但是就特别想上英语专业的研究生。到了大二,2010 年,很多学校就开设翻译硕士这个专业了,就开始考虑西部几个城市。大一的时候,看到旁边做翻译的同学,就特别崇拜,想报翻译。结果发现口译有点难,就选择笔译。

问题 6：你打算以后从事笔译工作吗？

回答 6：还是希望从事跟笔译有关的,想做翻译。

问题 7：你刚才说到"挺羡慕""挺崇拜的",究竟是什么原因促使你报考翻译硕士? 你身边有人做翻译吗？

回答 7：确定考这个专业是在大二下学期。遇到考其他外语大学的同学,就和他们一起准备。以前有个学生毕业,就考到××外,当过几个国家领导人的翻译,所以就羡慕。第二个原因是有几个学长考了××大的笔译专业,所以自己就想考这个专业。

问题 8：那你现在的想法和当初的一样吗？

回答 8：现在觉得翻译的这条路不是好走的。以前觉得上了研究生,通过几年的学习,应该能达到做翻译的要求,现在觉得口译难度挺大的,笔译也不太容易。这条路很难走,但不会放弃这条路。就是发现翻译不是条好走的路。

问题 9：在学校已经待了快两年的时间,你如何评价学校培养翻译硕士的整个环境呢？

回答 9:首先从英语学习环境来说,肯定还很不错。和我们以前的学校相比,这有英语广播。老师还开设了口译课程。给本科生还开设了翻译方向的课程。很多学校没给本科生开翻译课程。这是我们学校一个不错的地方。第二个是这儿的学生特别有思想,特别是在做翻译这个方面。英语环境、翻译环境都挺好的。第二个是老师在翻译方面也不错。比如说××老师,翻译了很多书。不管是从老师的翻译情况,还是学生的翻译学习情况来说,都是很好。

问题 10:那××老师给你们代课了吗?

回答 10:没带课,但是听过他的讲座。开会的时候,也给我们讲讲翻译方面的东西,都是不错的。

问题 11:其他老师的情况怎么样?

回答 11:××老师也不错。还有到××博去实习,还有××老师,在这方面都很不错。好多老师有留学经验,做过很多的翻译实践,可以向他们学到很多东西。

问题 12:就目前学校培养翻译硕士的环境来说,如果要提高或者改进一下,你有什么建议?

回答 12:首先我觉得虽然是笔译专业,口译能力不能落下。口译的,训练后,可以担任笔译的工作;但是笔译的要想担任口译的工作,那难度很大。口译转向笔译的容易,但是笔译转向口译的难。所以希望我们学校开设一些口译课程。不能让笔译的只会做笔译。还有一个,就是学生实践的平台太少。如果不是自己在网上找一些翻译的活,就是在学校里面看书。没啥锻炼的机会。

问题 13:现在如果让你去承担翻译任务,你觉得自己这方面的能力怎么样?

回答 13:一般如果难度不是太大,应该可以。但是总觉得自己还是不够。如果去一个会议,担任会议口译,难度小一点的,规模小一点的,还可以。但是难度一大,毕竟没有在那个场合锻炼过,有点怯场。小规模的,还可以。大规模的不敢。然后笔译,比如说文学翻译,也许不是我们要学的,学校开设的课程过于宽泛。它可以开得更仔细些。就像××大,像航空翻译。海事大学,有海洋方面的翻译。把学生某方面的能力提高上去,要不然就像我到一个翻译公司去,它的单子肯定会很专业。化工类是化工类,石油类是石油类。它让你做某一方面,你没有做过这方面,没有经验,就不敢做。我感觉要开设得更精细化一些。

问题 14:除了你刚才讲的,你觉得还有哪方面的能力需要提高?

回答 14:作为一个翻译专业的,首先是站在公共场合不紧张,要有上场敢做的胆量,给学生更多的平台。像学校的高级口译实验室很多,真正能用得上的,我知道的,入学到现在,将近两年,高级口译会议室一直闲置在那。我们可以把那利用起来。锻炼学生不怯场,锻炼学生灵活,就是翻译能力吧。

问题 15:除了院里可以做的,你自己如何提高自己做翻译的能力呢?

回答 15:我觉得,刚开始进入学校的时候,把自己的英语基础水平给扎实好。

第二个就是汉语水平,汉语基本功,要打牢。光靠上课那点时间是不够的。要把自己的基础知识、汉语能力、英语能力,打牢了,然后通过考证来提高自己的能力。平常如果不考证,光看几本小说,肯定不够。你知道自己的水平不够,不敢做,要通过考证来提高自己。我教育部的考了,人事部的,二级笔译太难,没考过,但是还在考。一直在考,通过考证来锻炼自己。现在在准备教育部的三级和人事部的二级考试。最近在看一些翻译的书,天天背单词,看语法,看一些文化沟通差异方面的。每天最少要花 4 个小时左右时间,看翻译方面的。

问题 16:你目前拿到哪些证了?

回答 16:英语方面,有专业四级、八级。还有商务英语中级。这些都拿到了。但是通过专业八级不一定能胜任翻译的工作。

问题 17:你现在打算考哪一个?

回答 17:考过了上海的中级口译,还有一个教育部的中级口译。目前有三个:上海的、教育部的、人事部的。教育部的比人事部的容易得多。现在在准备人事部的二级口译和教育部的三级口译。

问题 18:你觉得哪一个的社会认可度更高一些?

回答 18:认可度最高的是人事部的。其次是上海口译。然后再下面就是教育部翻译。

问题 19:平时在看翻译方面的书,学习的时候,感觉自己是否很投入呢?

回答 19:自己想看。不管是进公司,还是到学校去,教英语,教翻译。还是喜欢学翻译。逼迫自己去学习。怕自己英语基础不好,也在天天背单词、看语法。基础打牢了,也要看一些文化差异方面的。

问题 20:每天大概会有几个小时的时间用于翻译方面的学习?

回答 20:跟翻译有关的,一天大概要花 4 个小时左右。

问题 21:你感觉自己这方面投入的时间够不够?

回答 21:时间肯定是不够。但是现在每天在外面实习,在办公室做兼职,但是我觉得每天三四个小时也是很不错的。

问题 22:你外面的实习和翻译有关系吗?

回答 22:在讲英汉翻译的课。给他们上课对我翻译的水平也是很大的提高。教书的时候,自己也在学。

问题 23:平时有没有接一些翻译方面的活?

回答 23:接过。都是笔译。合同方面的校对,接过书的翻译。完稿了,但是没有修改,也没有出版。最近也在加班加点地修改,到时看能不能出版。

问题 24:是自己联系的,还是?

回答 24:工作室的。你帮它接一个活,审稿通过后,出版。主要是针对中学生。

问题 25：你对它给你的报酬满意吗？

回答 25：不满意。一千字 12 块钱。但是没办法，中国整个社会就这样，学生太廉价了，特别是在校的学生。现在就是锻炼的机会。我给我的学生说，哪怕不给钱，你也可以给人家干这个活。现在缺少的就是锻炼，缺少的就是机会。

问题 26：这个是英译汉还是汉译英？

回答 26：英译汉。英译汉都比汉译英便宜。我们如果做汉译英的话，顶多是四五十左右。书的话，小说，就是 20 左右。汉译英，基本价格都是在三四十左右。汉译英、英译汉价格差距不是太大。一本书的话，不是按字算，基本上都是六七百块钱，顶多八九百。

问题 27：书的字数多吗？

回答 27：英译汉，一本书译完后大概在七八万字左右。

问题 28：对于毕业后可能有的待遇，你怎么考虑的？有没有什么担忧？

回答 28：应该够自己生活。我以后还是想进学校。进学校在教英语的同时，我肯定也会接一些翻译方面的活。那个时候自己挣钱、自己生活。翻译价格方面会提高。而且我之前也做过翻译，有一点经历，有经验。那时要价肯定要高一点。

问题 29：那你觉得目前价格低是什么原因？只是针对学生吗？什么样的价格比较公道？

回答 29：对于翻译大家来说，他们的价格肯定高。对于学生来说，汉译英和英译汉的价格在 50～80 可以接受。说到学生的价格为什么比较廉价的原因，第一个是现在学英语的人太多了，英语人才，翻译人才不是太缺。做的人多了，它的价格肯定会偏低。第二个是现在社会上的人看到学生做翻译，一心想赚钱，一心想得到机会锻炼，所以他们就压低价格。

问题 30：你觉得有没有什么措施可以改变这种情况？

回答 30：我觉得最根本的是学生要提高自己的实力，敢于和那些压低学生价格的人叫板。有一个底线，价格的底线。不能太低，毕竟学生也要自己挣钱生活。太廉价了，肯定不行。学校也可以和外界联系，给学生更多的笔译和口译锻炼的机会。肯定学校和外面联系的时候，比较公平。学校可以帮助学生提高价格。找一些更好的、更公平的翻译公司。

问题 31：你觉得是不是英语专业毕业的就可以做翻译？还是必须要有翻译资格证？

回答 31：要看翻译什么。你学英语，学了单词、语法，只能做底层的、简简单单的翻译。如果想做石油、铁路这些专业性强的，必须通过更好的培训、深造，比如读研究生。不是所有学英语的都能做翻译。我大学毕业拿到专业八级证，感觉自己拿到专业最高级的，水平应该可以了。但是我记得大四毕业的时候，接了一个稿，英译汉，澳大利亚旅游部门关于旅游的一个法规，三天时间。那时候翻了，给他，他说,你这是什么。结果稿子给他,没通过,他也没给钱。那时候感觉要想做好翻译,拿到一个专业八级证是远远不够的,很多年的实践和学习,去积累,才能胜任翻译这个工作。

问题 32:最重要的是什么能力?

回答 32:最重要的是语言的基本功,运用汉语的基本功。基本功扎实了,再学一些文化方面的,这样才行。

问题 33:读翻译硕士以来,感觉自己哪方面的能力提高了?

回答 33:我觉得帮助最大的还是翻译方面的思想。背单词、看语法、听英语新闻,是英语的基本功。但最重要的还是思想开化了,逻辑会更清晰。掌握了翻译思想、翻译理论,可以用别的套路来翻译。主要是翻译思想、翻译理论。

问题 34:如果重新选择的话,你会选择读翻译硕士吗?

回答 34:我应该会选择口译。做口译是真正的梦想。笔译一是低估自己,二是太累,三是对自己身体不好,一直都要趴在电脑旁边。口译一个小时就能挣人家一个月的工资,很赚钱。

问题 35:做口译的话,需要口译证书还是不需要?

回答 35:口译证只是一个敲门砖。没有口译证,不是说你就不能做口译。我们学校很多老师没有口译证,但的确做过很多口译工作。可以有,也可以没有。对于学生,我觉得考证的过程能锻炼自己。

问题 36:如果重新选择学校的话,你会选择哪所大学?

回答 36:心里话,会选更好的学校。谁都会选东部的学校,因为东部的学校经济发达,联系更广。像我一个上海××大学的同学,也是笔译,他在外企兼职,也有出去的机会。在这要找一个翻译,特别是口译的机会,特别难。如果让我重选,我会选择中部大城市,比如武汉,或者东部城市。

问题 37:你觉得和城市所在地有关系?

回答 37:肯定有关系。对于这,机会也还可以,如果让我选中东部的,我选东部的;让我选西部的,我肯定会选这。如果从西部的高校来选,我会选择西安的高校。像××师范大学、××大学。

问题 38:如果从这几所大学里面选择,你会选择哪所?

回答 38:我最想去的是××大,985。

问题 39:你觉得去了那会有什么不一样?

回答 39:首先人家科研经费更高,好多老师有经费。会花更多的钱去训练老师,去提高老师的能力。从外面邀请更多的老师过来。再一个是学校好,吸引人才过来。找工作也好找。

问题 40:你觉得找工作好找?那和你从事翻译有什么关系?

回答 40:我觉得那边招的学生肯定少。像上海的学校,笔译专业一次能招七八十。××大只招十几个、几个。这样一个老师带一两个学生,学生得到锻炼的机会肯定更多。招生少,一个学生能享受更多的资源,其他学生享有一个资源。这肯定不一样。

问题41:你所了解到的招生人数少的学校还有哪些大学呢?

回答41:××师大。2013年招生时只招十几个。还有××电子科技大学,也只招十几个。这样虽然对学生比较残忍,学生当然希望招的人数越多越好。但对于整体培养来说,人数越少越好。几个老师培养几个学生,学生肯定更希望这样。

问题42:你在选择报考学校的时候,考虑了大学层次、招生人数,对吧?

回答42:对。

问题43:那你当初报考××大的时候,是怎么考虑的?

回答43:我第一个看的是××工大。那几个招的人数太少了。当时一个也不敢报。××工业大学在2013年招25个,这边招45个,所以从人数上我选择了这边。还有一个原因是××工业大学还有其他学校,它的参考书特别多,像百科,有十几本参考书。还有指定用书。我就不知道怎么准备。这儿的参考书也就那么几本,不是太复杂。还有一个就是我一年的老师说,你就选××大吧。××工大是理工科比较强,但文科方面也许还不如××大。所以我就选××大了。

问题44:你看来是经过慎重考虑的?

回答44:××大有一百多年的历史,××工大是五十年代建的吧。我比较喜欢有历史的学校。我刚选择这个学校的时候,还不知道有新校区。我不是到老校区去看的。我特意从××到××来看老校区。这个学校历史比较悠久,有古朴的味道,就选××大。想不到过来到了新校区。

问题45:如果在××大和××工大之间做选择,你会选择哪个?

回答45:我会选择××大。我会选综合性的大学。

问题46:综合性大学不同于理工科大学的地方是什么呢?

回答46:就拿××大来说,它的强项是历史、文学,虽然它有考古学、经济学一些学科。它出过很多的作家,有一百多年的历史。这些奠定了它文学、人文气息。这儿的人文气息更浓。

问题47:现在依然是这么认为? 翻译学习和学校的历史有关系吗?

回答47:这儿的风气和历史影响我做好一个人,但做好翻译,还不够。文学翻译、文化翻译,这些东西。要成为一个真正的翻译人才,光教这些还不够,要面对社会需求。社会需要专业人才,像刚才说的铁路、海运、计算机方面的翻译。现在培养的是我都会。你给我一个合同,我会翻译,但翻译得不精。如果我专门学习这一行这个领域的翻译,比如我只学石油翻译,其他的也学,主要要石油翻译,以后我只接石油方面的笔译和口译的活。找工作更容易。找工作有个专门的领域,有个固定的点。

问题 48:你最想学哪个领域的翻译?

回答 48:我最想学的是科技含量更高的,比如说航空翻译、太阳能、能源翻译。

问题 49:你所了解到的市场最需要什么翻译?

回答 49:更专业化的人才。

问题 50:具体哪个领域的?

回答 50:我觉得啥领域都缺专业性的人才。学校可以根据自己的特色去设计,像考古、地质。专门开一个像考古翻译或者说地质翻译。

问题 51:你有没有碰到这样的情况,就是人家给一个专业的,比较难,自己翻译不了的?

回答 51:目前接过的有合同。科技含量高的,我也不敢做。我只能接合同,旅游类的、文学类的。人家给我科技含量高的,目前我也不敢接。

问题 52:报酬有区别吗?

回答 52:科技含量高的肯定高。合同翻译不是按字。我也接过证书的翻译,上面就几个字。一般是按多少张来付报酬。

问题 53:还有一半多的时间在学校,自己打算除了考证,还有什么计划吗?

回答 53:我现在做的是,打牢自己的基础。汉语基础和英语基础。特别是词汇。遇到不会的,不可能啥都要查字典。在背牛津字典。我现在下苦功夫背字典。

问题 54:不上研究生的话,也可以背字典。

回答 54:这是基本功。基本功是什么人都可以学的。要想做得更好,肯定是经过培训,经过深造。

问题 55:剩下的时间主要是基本功?

回答 55:对。打好基本功,然后学点更高的东西,像翻译理论。主要是实践。

问题 56:实践的话得自己去找?

回答 56:对,自己必须去找。

问题 57:其他同学实习的机会也是自己找吗?

回答 57:大部分都是自己找的。因为我们这个专业有翻译量的限制。大部分同学还是到外面去做翻译。

问题 58:想问的就是这些了,你有什么想问的或者想补充的?

回答 58:我觉得学校和老师对于学生的现在和未来,影响都很大。学校应该给学生提供更多的机会,而不是让学生在外面瞎摸索。有的学校开的一些课,就是光拿一个课本在上面读。这样学一年、两年,还不如不学。不仅对学生有害,对学校的整个声誉也有害。给学生提供更多的平台,不是把实验室放在那做个摆设。可以开开,让学生自己去锻炼。

（五）5号受访者（女，研二）

问题1：××同学，你好！想了解一下你上翻译硕士课程的感受，可以吗？

回答1：好的。

问题2：访谈过程中，请你一定说出自己真实的想法。最后研究的发表不会泄露任何个人信息的，好吗？

回答2：好的。

问题3：可以先说说自己当初为什么想报考翻译硕士吗？

回答3：因为我当时考研的时候，自己的起点不是太好，原来是专科，自考了本科。高职的课程还是很单一，我学的是商务英语，如果我要报另外的一种，我觉得我没有把握。刚好我对翻译又挺感兴趣的。所以就考这个。对这还挺有感情的，所以就没有考虑别的学校，就报这个学校了。

问题4：原来就在高职？

回答4：对。因为高职开的课还是很单一的。当时学的是商务英语。如果要报另外一个，我觉得我没有把握。之前好多东西都没有学过。看了下目录，如果肯下功夫的话，还是能考上的。

问题5：上了这么长时间，对翻译硕士课程满意吗？

回答5：课程只有研一一年的课。研一那年的课，我觉得比较复杂。就是门门都有，挺广泛的，但是没有一门是往深里钻的。有一门课，就是相当于即时翻译（同声传译），本身我们就是需要知道怎么做，但是就大概扫了一遍，还让我们当听说课上了。我觉得应该把大家需要的课多上。现在是研二，我觉得研二有问题。当时说分导师，我就想着帮导师做些事情，好好武装自己。但是，反正没有导师和学生见面会。分了导师后，导师和学生也没有见面。因为把我分到××大学老师那了，也没有提供那个老师的联系方式，啥都没有。所以说是分导师是白分了，根本就没办法联系这个老师。还是自己摸索，没有老师指导。

问题6：对于上课的老师，你感觉怎么样？

回答6：老师，我觉得都挺好的。尤其是××老师，讲得最好了。她的知识很渊博，讲得很透彻，很有底气。就是即时翻译的课，本来我们要学习一下如何记录，但他/她就是把那一放，让大家译。上完后其实没什么作用。因为都不太会，也不太懂。其他就是在放听力，让听、听、听。其他课我觉得都挺好的。还有一个就是我觉得课开得太杂了。面挺广的，但是没有实际去学一个东西。

问题7：你想深入学什么？

回答7：学校应该把翻译课专业化，像新闻翻译、法律翻译。现在是什么都涉及，有一本书里面主要是广交会的发言稿。翻译要分类，翻深、翻精，就挺好的。没必要开那么多课程。理论是必须要有的。除理论外，再专业化一点。

问题 8：对于师资配备，你有什么想法？

回答 8：老师的配备？翻译课，我觉得，尽可能找一些有实际经验的老师。比如说研一的时候，我们班同学去那个××大学听过一个讲座。那个老师是××的老师，她也是给学生教的翻译。她是有很多实战经验的。她讲的东西觉得很实用，因为是实际生活中发生的。给我们上课的老师有些可能根本就没有做过翻译。可能很少，或者可能就没有做过。自己就是照本宣科。我们是可以自己看书的。

问题 9：你觉得院里和学校可以如何提高或改进这方面的工作？

回答 9：院里，反正我觉得学习这东西，还是得通过实践。学校应该给学生多提供一些实践机会。比如说，你分了这个导师。导师和学生或者学生和导师好好配合，多实践。光是研二和研三让自己去弄的话，自己还是瞎摸索，有点抓瞎。现在自己也不知道翻译哪方面的。自己也比较懒。没有人监督，自己做起事情比较懒。还是希望有导师的监督和指导。这样自己可能就能把握得更好了。

问题 10：你感觉一年多的时间，自己哪方面得到提高？

回答 10：觉得这些理论技巧学完了，自己之前这样翻译，像是理论通了似得。把知识和实践对比下，懂了是怎么翻译的。这些技巧我觉得是很宝贵的东西。理论方面提高了。

问题 11：哪些方面还需要提高？

回答 11：就是再专业化点。人家需要的是电子呀、法律呀、医药方面的，我们根本就不会。挺难的，要很精细。哪方面都涉及了，但是不精。我觉得如果能开几门专业的课，像我们当时开旅游翻译一样。光涉及这个，会把这个弄得更好。但是其他科目就太杂了，翻译类型太杂了，没有深入。

问题 12：其他方面或者可以给你们提供的条件呢？

回答 12：我们上学其实最关心的就是就业、实践。现在安排的是给职院代课。我觉得职院这几年为学生做了很多东西。我今年代的是大三的。他们马上要毕业了。职院的领导和老师对学生的就业特别关心。每天都会给学生发很多信息，哪有招聘，应该怎么做呀。我觉得这样挺好的。研究生这方面我咋觉得学校做得挺少的。我想学校可能想都研究生了，已经成人了，这些东西自己去干、去找。但是我觉得上研究生，除了在职的，都是直接从本科升上来的学生。还有像我这种没有实际工作过，就是一直代课，其实找工作的能力不是很强。对于信息的掌握不是很多。老师说可以自己去网上找，但是学校如果能做的话，这样就更方便了。

问题 13：你怎么评价自己个人的努力呢？每天用于专业学习的时间是多少？

回答 13：我个人努力程度不够。主观上，真的是自己想学得更好、更深入，自己更加努力，也可以。但是好像自己本身就不稳定。或者就是对就职什么的，挺渺茫的，不知道从哪下手。因为目标很模糊，所以导致能动性不是很努力。研一挺努力的。研二没有什么事情可做。每天不太做翻译，但是坚持听 VOA 新闻。三个小时多吧。最近还在读呀、背呀。半个小时到一小时之间。

问题14：这样做是出于什么考虑？

回答14：通过背、读、听，把听力和口语练得更好。笔译这两天准备做。因为笔译我们有翻译量，我准备开始翻译。但是不知道翻译什么东西，还在纠结。有些同学可能都开始做了，我还不知道做什么。我想翻译一个专业化的东西，可能更好，但是不知道翻译什么。

问题15：毕业以后，打算做翻译吗？

回答15：其实我挺想做教育的，挺想教课的。如果能从事翻译方面的教学，更好。但如果这个实现不了，我可能就找一个专业翻译。我的目标很模糊。学校要不行的话，我到时再学一个专业化的东西，比如说中药、电子、法律。把这个学通后，做这方面的翻译。

问题16：是否翻译过这几方面的东西？

回答16：没有。

问题17：是否有到翻译公司实习的机会？

回答17：没有。因为翻译公司，我之前找过，人家说是你起码得有多少万字的翻译量，才能做这个东西。所以我得提前把学校的翻译量完成。我几年前去过一个翻译公司，他们翻译东西就挺专业化的。觉得自己词汇达不到。

问题18：你觉得翻译公司最看重什么？最需要什么人才？

回答18：他们要看你的学历，看你是不是这个专业的。然后看你有多少万字的翻译量。看你之前任务的强度，还有精度。给你做个面试。面试主要就是笔试。他有电脑，会有一篇文章出来，让你翻译，会限定时间的。

问题19：主要看能否通过他们的考试？

回答19：对。还看你有没有经验。如果没有经验，就很难聘用的。

问题20：翻译资格证书对这个有帮助吗？

回答20：应该就挺好的。但是我就一直没考。因为我现在觉得，考一些证，出来后可能没有很大的作用。反正之前考的专四、专八呀，出来作用不大。一般比如说你去找工作，如果应聘的是语言类的，他会让你去说的。你一张口，别人就知道你什么程度。这些证书开始的时候可能有用，但到最后作用不是很大，还是自己的实力得加强。

问题21：就学校提供的条件和个人努力方面，你觉得哪个更重要？

回答21：还是学校给提供的实践机会，应该是。我真的希望能跟导师在一块，如果翻译什么东西的话，就会学很多东西。跟导师的互动，挺重要的。但是我们学校的老师，几乎就是……没人管。然后学校如果把考翻译资格证书，稍微辅导一下，或者说讲一下，我觉得会更好。学校开课应该跟实际工作相结合，不是像以前那样开几门课，把课上完。我觉得应该跟就业紧密相连。我当时跟××聊。他/她公司开了好几年,做外贸的。我说我们这商务英语专业的学生毕业,好多就没有从事这方面的工作。还有好多毕业前就考什么分单员、操作员什么的。说是这些证要不要都无所谓,说做分单员什么的,都不用上大学,上个中专都够了。这个主要是考实践的。学校开的课和实际工作都不太相称。课本都很旧很旧了。教得太泛了,和工作不太相适合。开课要改革一下。其实开课的过程不是老师自己商量,应该到社会上,一些翻译公司,和工作的去谈谈,到底社会更需要什么东西。然后定内容,然后开什么课程。把一些省略,把一些加强、深入。这样挺好的。因为学校开课,可能都是老师自己商量。还是旧思想、旧传统。作用不是很大。

问题 22:你是说以前学的课程应该和用人单位商量一下?

回答 22:对,对。因为学校开课现在都是商量、讨论。我觉得书的选用,也是挺有讲究,要更新。一些内容可能都不用。要及时把书更新,把书的内容跟工作的人讨论讨论,哪些有用需加强,哪些没用就简化。因为学习的目的都是为了出来找工作。

问题 23:如果重新选择的话,你会选择翻译硕士吗?

回答 23:除了这个,我还想选择对外汉语专业。那个还是比较实用的。

问题 24:重新选择的话,你会选择哪所大学的翻译硕士?

回答 24:我想选××大的。他们翻译硕士是偏向医学类的。这样比较具体。出去就业比较有底气。因为他们一直学这个专业。出来工作就会比较好找。

问题 25:你和那的学生或老师有接触吗?

回答 25:不认识。我当时考完了,都考上了,在网上一看他们是招医药类的。当时我一看,就觉得比较好。后来学校举办翻译大赛,我和其他同学去了,问那的学生,他/她说他们的课挺具体的,很专业化的。

问题 26:现在主要在做什么?

回答 26:我们没人管。我就在职院上上课。听说在 6 月多要交一个翻译,5 万字翻译量。但是具体日期也不知道,也没人通知。研二分导师的时候,说要举办一个师生见面会,也没有。等于说就是没人管的状态。挺迷茫的。老师的心思可能都放在出什么核心呀,自己的事情,和学生的互动特别少。我听说××老师做得挺好的。他/她带的学生按时给发任务,按时收稿。这个我觉得挺好的。他/她还挺尽职的。其他老师没听说有什么动静。当时分导师,分了校内的还说和导师吃个饭,看看有什么可以做的,结果导师说没什么事的话,这两年都不要和我联系。毕业时再说。这些老师真的挺不负责任的。可能也是学校分给他的学生太多,量太大。据我所知,学生说的,翻译硕士就是学校的"菜篮子"。不停扩招,就是为了揽钱。该做的工作不是做得很到位。这是很多人的说法。像我,我到现在还不知道导师是谁。

问题 27:一个导师带的学生多吗?

回答 27:一个导师带的就是四五个,三四个。不是很多。但不知道是不是还带别的年级的学生。

问题 28:都是学校的老师,有外面的人吗? 有分给翻译机构的吗?

回答 28:没有,没有。当时分完导师,我还想不通,为什么把我分给校外了。不过后来听说除了××老师,校内校外的导师都是一个效果。××老师还是挺尽职的。按时发,按时收。可能会比较忙。不过我觉得还挺幸福的。起码是有人管着。

问题 29:主要靠自己?

回答 29:对,对。我还是想强调一下,学校开课要和单位的人协商,不是老师自己商量。老师实践经验可能不是很多。课程改革还是挺重要的一件事情。

问题 30:有机会的话,我替你表达一下。不过,任何事情也都有个过程。谢谢你接受访谈。还有什么想说的吗?

回答 30:我和很多同学说过,好多还是希望老师能派点活干。做的时候可能有怨言,但做的过程会挺有收获的。有老师管的话,翻译量可能都已经完成了,会更好。大家都挺乖的,都在找翻译的活。他们还真是挺希望有人带着的。

问题 31:好的。谢谢你。

(六) 6 号受访者(女,研二)

问题 1:××同学,想请你谈谈翻译硕士课程的学习情况,可以吗?

回答 1:好的。

问题 2:可以说说你本科是在哪儿上的吗?

回答 2:原来在××上的大学,××工业大学。

问题 3:什么原因促使你到现在的大学攻读翻译硕士?

回答 3:毕竟以前是学英语的。还是想考这个方向。女孩子嘛,学这个语言还是挺那个啥的。当时就是想考自己这个专业。对翻译还是有一点兴趣。以前不是这个方向,不过有时同学会让翻译个东西,然后觉得也挺想学的,就选择了这个。

问题 4:打算以后毕业了当翻译?

回答 4:但是我觉得,就通过这两年,现实问题就让自己觉得以后不太会专门从事翻译。

问题 5:为什么呢?

回答 5:当作一个职业可能不太会。比如感觉我们这毕竟不是沿海,也不是靠东边,机会也不是特别多。而且觉得做笔译的话,得一直对着电脑,有时会有一点点枯燥,也会疲劳。又觉得女孩子,一把年纪了,又要找……自己不会把它当一个全职来做。

问题 6:除了觉得辛苦,你觉得翻译的收入怎么样?

回答 6：收入，应该是多劳多得吧。和自己的能力还是挂钩的。如果一个人能力很全面，知识体系什么的，收入就高一点。没有一个特别的定论。说翻译挣的钱很少什么的，这也和自己个人能力挂钩的。

问题 7：翻译的社会地位呢？

回答 7：翻译的地位，我觉得，挺高大上的，也挺重要的，担负的责任也挺什么的。像政府报告的口译者，责任挺大的。毕竟翻译也是一门艺术。如果能当好一个好翻译，其实是挺厉害的。

问题 8：和一年级相比，感觉自己哪方面得到提高？

回答 8：我感觉，研一更侧重一些课程理论，有些实践，二年级可能实践更多一些吧。毕竟我们这个专业还要求翻译量。我觉得有些遗憾，自己没参加一些现场的翻译，哪怕是帮忙、辅助性的。我觉得比较少。不像上海、北京那边，就特别多。或者可以说，我们没有很主动地走出去。这方面还是有点欠缺的。

问题 9：觉得自己一年级和二年级的能力方面，有没有大的差异？

回答 9：我觉得是在进步的。对整个语言的把握，翻译技巧什么的，还是有进步的。毕竟本科不是这个方向的。也学过一些基础的，通过研一的课程，还是有进步的，然后通过研二的实践，也增加了一些自己的实际能力。

问题 10：你现在在哪儿实习？

回答 10：我现在主要是在院里，在××老师办公室。代课，平时做些翻译，就这些。

问题 11：平时有翻译的机会吗？

回答 11：我是自己找的，没有在外面接。因为在外面接，他会要求你今天晚上12 点前完成，我害怕影响工作什么的，就没有接手外面的。

问题 12：你是如何自己找的？

回答 12：就是同学会让我帮她翻译一些论文，从导师那也拿到一些论文摘要和一些材料，我就想自己翻一翻，积累一些素材，想着研三毕竟还有开题、写论文、毕业，我想这一年多翻一些，为接下来做些准备。

问题 13：怎么提高自己从事翻译的能力？

回答 13：因为这些材料肯定会有各种各样的素材，可能有一些术语，本来不知道，通过参考资料、网络，就会有一定的提高，也会看一看别人翻译的，都是一种提高吧。

问题 14：对于院里给翻译硕士提供的条件、课程、师资方面，你如何评价？

回答 14：我觉得挺好的。老师都挺负责的。研一的时候也会给我们开二外的课，还有××教授讲的中国文化，都挺不错的。因为翻译它毕竟什么都会涉猎，对中西方的文化更重视一点。我觉得考虑得还挺全面的。

问题 15：有没有什么课需要增加的？

回答 15：比如新闻类的，新闻英语。我们一年级上学期不是有一个旅游翻译，就挺好的。就是翻译和另外一个东西相挂钩，更实际一点。我们有些英汉、汉英，什么题材都有，经济、文化什么都有。

问题 16：你觉得哪个更好？或者你希望是什么样的？

回答 16：我觉得上学期上的旅游翻译，就是出去了两次，还挺好的。深入到实际情况中来。可能之后从事这种的比较少，但是我觉得这种经历特别好。

问题 17：这对于自己哪方面有帮助？

回答 17：实际应用能力，还有就是锻炼自己的胆量。我觉得就是实际应用能力更大一点。毕竟参加工作后，要走出去，与人接触，打交道。这种方式其实挺好的。

问题 18：其他方面的课？

回答 18：还有××老师上的跨文化交际，我觉得那个也特别好。她平时特别负责。她会每学期让我们写读书报告，还有论文。也不是特别着急让我们交，有的是过了个假期。会查一些资料，多看一些书籍，才写出来的。我记得我当时写的是关于留学生的，在外国的中国留学生；一学期写的是在中国的外国人。之前是通过电话或者 QQ 交流，我就了解到一些中西方的文化差异。虽然没有出国，但是通过这个，我也是以采访的形式，更全面地了解中西方的差异。挺好的，也运用了课本上的一些理论什么。

问题 19：对于师资配备或者教学，你有什么建议？

回答 19：我觉得，我也代表了课下我们同学之间的交流。我们交流会说起来，觉得，我就实话实说，就是感觉××老师开设的一门课，收获的不是特别大。可能我们就是通过写一些读书报告、论文，来提高的。非文学翻译，去年写了很多读书报告，每章都会写。可能通过这个，我们对整本书会有一定了解。但是感觉自己的提高不是那么大、那么多。这也算是我们平时交流的一种声音，也算是一种心声吧。

问题 20：希望如何改进呢？

回答 20：是不是这种理论性的就是有一点点枯燥？或者互动再多一点。不过她给我们上的英汉视译，会让我们在下面录一些音频，两人一组，这种形式挺好的，包括上课的时候也会让我们录。是不是非文学翻译，有些侧重理论，这种互动、练习比较少。不知道是不是和课程有一定关系，所以应用得、练习得比较少。

问题 21：对于师资，是否还有什么建议？

回答 21：我不知道是不是研究生一般都不会配外教？外教可以来交流一下。我觉得现在的，目前的，给我们上课的老师都挺好的。××老师就特别负责。我是觉得我导师，就是××，他也是翻译方向的。这些老师平时可以给我们交流一些方法、心得。我们将来毕竟要面临就业和找工作。他的经验肯定更加丰富。可以多一些交流。还有××教授,不知道他还带不带其他级,我们这级反正没有他的课。大家还挺期待他上课的。

问题22:为什么期待他给你们上课?

回答22:他毕竟翻译过很多作品,像××的。在翻译领域也是有一定地位的。我们就很期待他和我们分享更多的心得。

问题23:有呼吁过吗?

回答23:我们主要是不知道向谁呼吁。主要也没什么渠道。大家也觉得自己太渺小了。我们也就是在下面说说,感觉向上报也不太现实。大家也就没有说。一般都是听从院里安排。

问题24:感觉学校是否重视你们?

回答24:挺重视的。

问题25:有什么感受?

回答25:对课程各方面要求都挺紧的。首先不能旷课,考试挂科就会劝退。期末考试都是以闭卷的形式。去年听说学长们答辩,要求都是挺严的。开题什么的,要求都挺严格的。这几年学校对专硕的重视挺多的,包括师资的分配,都挺那啥的。

问题26:一个导师带几个学生?

回答26:四五个。

问题27:和老师交流的机会多吗?

回答27:跟导师交流的机会?我觉得我还可以。去年也向他要了一些材料,也有过交流。去年写了一封申请书,他也帮我看了看,也挺负责的。

问题28:以后专门从事翻译工作的可能性大不大?

回答28:我觉得不是特别大。我可能会回家乡那边,机会也不是特别多,不像沿海那种。可能会找一个稳定一点的工作。可能真的不会全职来当翻译。

问题29:如果有人咨询你,你会建议他考翻译硕士吗?

回答29:我不会盲目地推荐他考。还是要看他自己的兴趣爱好。兴趣还是最好的老师。如果他有兴趣,我还是会建议他考翻译硕士。

问题30:会建议报考你现在的大学吗?

回答30:我会。因为我觉得××大的氛围还是挺好的。我选择这个大学,也是对它的一种向往。如果要考这儿的,我会推荐他考。

问题31:你觉得你就读的大学不同于其他大学的地方是什么?

回答31:我感觉翻译硕士,在中国,大多数学校都是两年,但是像咱们,还有××外、××大学,也是三年。这也是有利也有弊。因为是三年,所以第一年上课,第二年实习,第三年就是毕业、找工作的事。划分得也很清楚。不像两年的那么赶。我觉得虽然××大这个设计战线拉得长一些,但是挺合理的。有一定合理性的。

有一年的时间实习，可以去南方，上海、北京那边，去实习。

问题 32：和其他三年制的大学相比？

回答 32：我没有具体了解。不是很了解。

问题 33：整体而言，你对现在的学习经历满意吗？

回答 33：挺满意的，挺好的。

问题 34：想了解的就是这些。你有什么要补充的吗？

回答 34：你觉得我们读了翻译硕士，是不是都不会做专业的翻译？这个现象是好还是坏？对我们有什么建议吗？

问题 35：初衷是培养翻译，但毕业后都不从事翻译，还是和学位设立的目标相悖的。

回答 35：对。而且现在开设这个学位的学校越来越多。真正拔尖的还是寥寥无几的。

问题 36：当初怎么想着报考这个专业？

回答 36：我当初对这个是感兴趣的。当初没有考虑自己的职业方向，没有明确的方向。当初还想去报社做一个新闻翻译。现在觉得也不太现实。还有，将来学校能给我们提供一些翻译领域的实习，更好一些。通过学院来联系，更靠谱一些。在研一下学期的时候，院里可以给我们找一些实习的机会。自己找的话，不靠谱。

问题 37：好的，谢谢你。

（七）7 号受访者（女，研二）

问题 1：××同学，你好！我想了解一下你就读翻译硕士的学习经历，可以吗？

回答 1：好的。

问题 2：你原来读的是什么专业？

回答 2：大学本科读的是英语，是教育方向。

问题 3：本科是在哪所大学？

回答 3：我本科是××师范学院。

问题 4：你们家是这儿的，还是其他地方？

回答 4：不在这，在××。

问题 5：出于什么原因，想上翻译硕士呢？

回答 5：当时感觉年龄还比较小，没想着工作，就考了个翻译硕士。

问题 6：英语专业的也可以报考其他的研究生，具体是什么原因促使你报考翻译硕士？

回答 6：我有个学姐，考的就是翻译硕士。当时我对自己未来的规划也不是特别清楚，和那个学姐关系比较好，询问了她一些情况，就考了翻译硕士。

问题 7：她也在这所大学？

回答 7：对。她原来和我在一所大学，我也跟着她考到这。

问题 8：××还有其他大学，是什么原因使得你选择了现在的大学？

回答 8：感觉这个学校建校比较久一些，也是个"211"大学。××大、××工大偏理工类的，就没有选择。××院是因为不是"211"，就没有选。

问题 9：上了快两年的课，你感觉那些课怎么样？

回答 9：研一的课还是挺有用的。之前对这方面了解得不是很多，老师上课就引进门了，我也能学到很多东西，理论上的。但是实习的时候，感觉还是不好上手。

问题 10："不好上手"的原因，可能是什么？

回答 10：一个原因可能就是翻译得少。翻译少的话，技巧这方面可能掌握得不是太好。有时遇到一些句子，特殊的词，就不会处理。

问题 11：你觉得院里可以做什么来帮助你？

回答 11：我感觉这个专业硕士跟学术硕士还是应该有点区别的。咱去年不是还上过旅游翻译，那是个实践课。从我的角度来说，那个课就比较好一点。还能发现景区的一些翻译错误。大家可以在一起商讨。这样的效果是比较好的。

问题 12：对于课程，你有什么建议？

回答 12：我感觉现在开的这些课程，文学的也学，商务的也学，我觉得各个都学，研一只有一年，各个都学。比如说研一的时候，就把方向一定，文学的就上文学翻译；非文学翻译就上和专业相对应的那几门课。

问题 13：应该早点明确方向？

回答 13：对。我觉得应该细化一点。研一一上来，没有分导师，大家一起上课。到研二的时候，我觉得专攻一个方向，需要指点，肯定还是需要花很多时间的。

问题 14：和刚入学相比，感觉自己哪方面的能力得到提高了？

回答 14：比如说我上那个非文学翻译这门课，我学的理论方面的东西还是比较多的。我现在写的东西就是关于非文学翻译的。文学翻译，有可能自己之前文学功底不是很好，学到的东西少一点。

问题 15：特别希望提高哪方面的能力呢？

回答 15：我想想。我觉得还是翻译的时候，一些技巧性的东西，翻译无定本，但我感觉还是一些技巧性的东西。专业词汇都可以查到，但是翻译广告宣传类，或者是商标，如何处理这些文本。遇到认知方面特殊的词，应该如何处理。遇到名胜古迹时，应该如何处理。具有针对性的，开设一些课程。

问题 16：现在的情况如何？以前的课有没有这方面的？

回答 16：课本是从头，比如说，文学翻译，就是把所有的理论给你讲一遍，但是我觉得还是有重点地讲比较好。还是要和实践结合，毕竟是专业硕士。

问题 17：对于师资和教学，你感觉怎么样？

回答 17:给翻译硕士配备的老师,从我心里来说,都比较好。

问题 18:可以具体解释一下吗?

回答 18:在传授一些知识的时候,有侧重点。

问题 19:老师们平时会拿过来一些翻译任务给你们吗?

回答 19:翻译任务就是在课堂上,或者一个学期,翻译任务不是很多,但是写文章还是会有很多。比如说老师会布置写哪方面的文章,布置翻译任务,在课程中,很少。

问题 20:有没有接受过真实的翻译任务?

回答 20:老师给的,还是自己接的?

问题 21:两方面都有。

回答 21:我自己有接一些活。老师没有给过这方面的活。

问题 22:已经快两年了,你感觉什么对你帮助最大?

回答 22:还是一些引导作用。再一个就是从跨文化交际和翻译概论两门课的启发比较大。告诉我们如何写文章,发文章时应该注意什么格式。它会告诉我们。

问题 23:翻译方面有没有特别想学的什么?

回答 23:翻译方面?因为我现在在外面接了一些活,童话故事,想在这方面学习一下。因为接了这方面的活,我才知有这方面的兴趣。

问题 24:觉得自己哪方面的能力需要提高?

回答 24:需要提高的东西很多。首先就是比如说翻译有很多理论性的东西,需要弄懂,但是我现在还是没有弄懂,比如说翻译批评呀,很多方面没有搞清楚,理论方面需要提高。再一个就是实践上的,处理语法的时候,感觉自己倒腾不过来。这两天在看本科时候的语法书。

问题 25:语法造成的困扰,是英汉方面还是汉英方面?

回答 25:是汉英翻译。

问题 26:中文的语法还是英文的语法?

回答 26:英文的语法还是很弱。有时候在处理一些句子结构的时候,还有虚拟语气。

问题 27:如何提高呢?

回答 27:看一些语法书,应该也是能捡起来的。关于翻译理论这方面,需要多看一些文件。我借了很多关于理论方面的书,但是有时还是看不懂。

问题 28:希望得到什么帮助呢?

回答 28:没想过。看不懂的话,我还是会看一些文献的。

问题 29:什么文献?

回答 29:比如说在中国翻译上的,各个学报上的文章。看网易视频课程。看文字累了,就看一会儿视频。

问题 30:院里和学校可以做些什么来帮助你?

回答 30:我觉得现在有点晚了。

问题 31:也许对于你是来不及了,但对于以后的或许会有帮助。

回答 31:研二整个一年都是在实习,我是想研一既然没有给大家定方向,研二定方向,再开一学期的课。他们对翻译有认识后,就知道自己应该提高哪些地方。开上一学期课,让大家对自己的不足进行提高。再一个就是把方向定了以后,就专攻这个方向,就比较好一点。大家现在都是胡子眉毛一把抓。

问题 32:其他的呢? 需要改进的地方?

回答 32:只想到这一点。

问题 33:你如何评价目前实行的三年的学制?

回答 33:我觉得两年半已经 OK 了。因为实习的话,一个单位,正儿八经的,你去实习,人家也不会把翻译任务给你。很多人在外面做翻译,但真正做翻译的东西还不是很多。把实习的时间缩短一点,然后做自己的论文。我觉得两年半的时间已经够了。

问题 34:如何分配两年半的时间?

回答 34:可以上一年半的课程。实习半年,然后就给半年时间做论文。我觉得这些时间已经够了。

问题 35:两年半或三年的学制对于你做翻译的能力,是否会有差异?

回答 35:我不这么认为。研三的时候大家都在做论文,翻译实践的量其实很少。我觉得把时间缩短,让大家早毕业,早点进入社会,多接触翻译文本,这样对学生或是学校都是挺好的。

问题 36:对于翻译职业的收入,你有所了解吗?

回答 36:我现在也不是特别了解。口译还行,笔译的应该不是很高。

问题 37:怎么会有这种感觉?

回答 37:从身边的人,观察出来,笔译的工资不是很高。再一个是我的亲身经历,自己的感受。尤其是对于我这种还在读书的学生,他们给的工资也不是很高。

问题 38:什么样的报酬比较合理?

回答 38:我现在做的是英汉翻译,一千字一百块钱。现在还是学生,觉得还可以。

问题 39:翻译的社会地位怎么样?

回答 39:听起来,还算可以。

问题 40:毕业后,打算从事翻译吗?

回答 40:我现在感觉我更适合教师一点。

问题 41:为什么?

回答 41:因为我本科的时候就是教育方向。本科的时候有当教师的实习。寒假、暑假会在外面做一些兼职。觉得这方面还是比较适合我。还有是我身体的因素。长时间做翻译,对着电脑的话,我眼睛近视的度数大。

问题42:不考虑身体这个因素的话,你对翻译感兴趣吗?

回答42:还是会选择的。做教师的时候,不会放弃翻译的。

问题43:觉得做全职的翻译,会怎么样?

回答43:全职的翻译,相对比较辛苦。因为要一直对着电脑,眼睛度数已经很大了,不能再……

问题44:你会建议其他同学攻读翻译硕士吗?

回答44:如果他非常感兴趣,我觉得是完全可以的。

问题45:如果有人问你,要不要选择你现在就读的大学,你会怎么说?

回答45:如果他想来这,他肯定也会在这走一圈,转一转,看一看。相对来说,我感觉咱们学校的文化呀,相对来说,我还是喜欢这。

问题46:有什么特别的感觉吗?

回答46:尤其是到××校区,感觉很古朴,很有文化底蕴的。

问题47:去其他大学转过吗?

回答47:去过××师大、××外。

问题48:还有其他的想说的吗?

回答48:就是在研一的时候分导师。让有翻译经验的人,或者职业翻译来给我们上课。现在的老师就是教育方面、理论方面比职业翻译要好。实践方面让职业翻译讲,可能我们在操作方面会更好。

问题49:这些就是我想了解的,谢谢你。

(八) 8号受访者(女,毕业生)

问题1:××,我正在进行一个有关翻译硕士的研究,可以谈谈你读翻译硕士感受吗?

回答1:可以。

问题2:已经毕业快一年了,可以谈谈你读翻译硕士的动因吗?

回答2:当时是因为考研的时候报的是学术的,结果我那年的分没有进复试线,差了五六分。后来人家学校就打电话说,开了一个翻硕这个专业,看愿意不愿意调剂过去。然后我当时就答应调剂过去了,我当时不太喜欢翻译这个专业,因为我觉得我自己文采不咋地,翻译的话,可能就是对这个要求的还挺高的。但当时怕要是再耽搁的话,再复习,考不上。然后,所以才调(剂)的。我们班当时45个人,我看能有,好像是,翻硕第一专业报了12个人,其余全都是调剂过来的。

问题3:你原来学的什么专业?

回答3:大一、大二、大三全都是英语类的。大三第二个学期分了四个方向,商务、翻译、教师、旅游。我当时选了翻译,因为要考研。考研里面好像说是有翻译。说是四个方向,其实大家上课基本上还是一样的。个别的加了一些课。

问题4:你本科在哪上的?

回答4:我是××翻译学院的。

问题5:也就是说你原来的专业和翻译还是有关系?

回答5:有点关系,其实也不大。我虽然报的是翻译,但上课和其他的都差不多。就是一两门课不一样。我们侧重翻译,但我感觉自己提不起来啥兴趣。因为要考研,才报了翻译方向。学校里面,大体上来说,都差不多。就一两门不一样。

问题6:毕业后,你在哪工作?

回答6:本来要去一个培训机构,后来到8月初,我找了一个学校,是个民办的,大中专,叫××电力专修学院,挺远的。课程挺轻松的,代的比较基础的。在那待了半年,今年要生孩子,就辞了,再没去。

问题7:你当时是否想过毕业后做翻译?

回答7:我肯定不做翻译了。研二时候要求实习,我当时一开始进了一个翻译公司。一块去了5个人。本来说要待半年,后来在里面待了一个月。太辛苦了。反正公司里面,整个氛围也不太好。后来我们5个人就相继出来了。出来以后,再没有一个人干翻译了,做些编辑之类的杂活。我那一年在网上找了一个翻译公司,在网上接活。前后整个大概有一年时间。每天做翻译,每天对着电脑。虽然能挣一点钱,但是付出的那个代价太大了。每天啥都不干,光做翻译。连饭都顾不上吃。后来我就再不想干翻译。进翻译公司,干全职翻译,简直是要命的。再不能干翻译。

问题8:为什么没时间吃饭?

回答8:因为它给的量挺大的,你要在规定的时间内交稿。睡觉就得在晚上12点以后了。每天晚上睡觉的时候,满脑子都是翻译。任务做完了,还没啥;做不完,晚上睡不好,白天还可焦虑了,感觉吃饭都可浪费时间了。一般都订餐订到楼下。我这样前前后后做了一年,感觉瘦了不少,而且头发掉得可快了。同学都说,你不要再干了。能挣点钱。当时给我的是一千字四十。其实一点都不高。挺辛苦的,所以我就想,毕业后绝对不能干这个。他们说翻译公司,好的话,除了底薪,一千字才二十块钱。

问题9:英汉翻译?

回答9:英汉、汉英都有。一般我接的活中,汉英多一些,都是工程类的、建筑工程类的。

问题10:汉英翻译的报酬会高一些?

回答10:差不多。四十、四十五吧。因为我接的英汉特别少,所以我就记得是个四十。英汉特别少。他们都是需要翻译成英语的。

问题11:有没有你所了解到的,做全职翻译的,收入、生活还不错的?

回答11:全职翻译的,我们也有同学在翻译公司坐班,我听他说基本工资人家给你发一千多一点,每天要坐班,每个月给你一定的量,把这个量翻译完了,才给你按一千字二十块钱给你。要挣得多,就得拼死拼活。看效率。有的人说,刚一进去,根本就翻不完。熟练后,一星期把基本量翻完,剩下三星期都是在挣钱,但是也挺辛苦的。一个月撑死也就是拿个两三千块钱。挺累人的。学这个专业,要不然就是特别精,好得不行了;要不然就是不要学。我们班这一届毕业的,据我所知,反正没有一个人进翻译公司做翻译。有教书的,有做编辑的,都没人做翻译。我现在也做不了了。从去年上班到现在,我没做。因为那个东西太浪费时间了,太熬人了。

问题12:你觉得报酬比较低,多少是比较公道的?

回答12:我在网上查的,上海那边有七十的、六十的。我觉得六七十还可以。听别人说的,有跟接活的人认识的,给的高一些。一百的也有。一百的就已经很好了。六七十差不多,四五十的太低了。

问题13:当时为拿学位被调剂过来的?

回答13:对。当时我考了369,想往校外调,报了一个××那边的大学,当时打电话问同学和老师,是到××上二本院校,还是在这上翻硕。他们给我分析说,毕业后很多还是看学校的,××大毕竟也是211,就去这吧。后来也不太想出省,就在这上了。上了以后,三年里面,感觉真的不太好说。感觉没有多少收获,可能跟自己的付出也有关系。但是我感觉研二那一年,我还实习了一年,还翻译了一年的东西。要求的翻译量也达到了。但是到现在,一点都不喜欢回忆以前的事情。

问题14:问题出在哪?

回答14:我们当时是第一届。学校这边,不像文学那边,管得已经很成熟了。这边管的也不咋的;上课的老师全都是从文学、翻译那边调过来的,不是翻译专业给你配了多少老师,而且我们也没分方向。你想,翻译那么庞杂,啥都不分,就这么上了三年。感觉稀里糊涂过来的。跟个人有关系,跟学校也有关系。

问题15:你认为应该如何改进?

回答15:当时说的是我们到时分导师的时候,两个导师,一个校内的,一个是校外的。就这还是把××大学外国语学院所有老师都分了。我当时是××老师代我的。××老师对我们说,她对翻译这一点都不了解,所以我们到后期做毕业论文时,我们也没写翻译报告,写的都是学术类的,但是特别特别水。因为是翻译的,本来写翻译报告、实践报告最好了,但是当时传达的是,要求我们尽量写学术论文。我们三年下来没看过几本书,都是搞的实践比较多。后来反正就这样。学校的课程,反正也是挺糊弄人的。我们一开始还提意见,到最后就没人说了。因为上课就前前后后上了一年时间,研二这一年实习,大家都跑光了;研三就交论文毕业了。

上课头一年大家还说一点,说分个方向,起码把笔译和口译分开,到后来,再也没人提这些了。我们的课程挺笼统的。翻译概论、文学翻译、非文学翻译都有,然后还有一些什么商务翻译。反正课都上了。但是没有一个侧重点。

问题16:上课的老师有无校外的或者职业翻译?

回答16:我印象中没有。当时口译课,本来是××老师代,后来她比较忙。学校里刚好有个留学生,过来上了两三堂课吧。我们班当时一个脾气不太好的男生都生气了,说口译课是口语课呀?因为那个男娃只懂外语,不懂汉语。就叫那个人上了。一个黑人,我记得是。除了这个以外,其他课就没有找校外的给上过。都是学校老师上的。

问题17:对于这些,毕业后的你有什么改进的建议?

回答17:首先,学校里面如果想改的话,得从态度上把这个翻硕当个专业,得重视一下。我们之前,完全是捎带性的,放羊式的管理。学校里面好像根本没人管。分导师的时候,也是稀里糊涂一分。我们是文学、语言学导师下面的学生。有些导师教文学的,离翻译还近一些,还指导一下;我们是分到语言学这边的。随便一分,导师不够。校外导师,压根就没有。当时好像说是导师不够了,××师大的老师过来指导,但是一直没见过人。所以就是挺烂的。态度方面是一点。

课程方面,最好是,开了笔译课,压根就别开口译课。一心一意专攻笔译。我们当时笔译也练,口译也练。口译课是××老师代,挺紧张的。我觉得这样不好,没必要,一心一意开好笔译。要不然一心一意开好口译专业。××外里面是分开的。还有我觉得,像商务的可能还需要的比较多,分个小专业过去。像非文学的,可以分一个;文学的,也可以分一个。文学类的,我感觉基本没人学。因为太内行了,太不好翻了。

问题18:你了解到的其他大学的翻译硕士怎么样?

回答18:我们那一年,我身边的,上翻译硕士的还挺多人的。有同学在××师大上的,还有在××外上的,还有在××大学上的,还有在××的××大学上的。人家都挺成熟的,起码笔译和口译是分开的。笔译是笔译,口译是口译。我们有个同学在××师大上的,她把她的笔译笔记给我发过来。她每周都做笔译作业,导师给改,还给写批语,哪里要注意。他们的老师一般是老外,汉语也特别精通。感觉她的资料特别多,给我发一大包。人家信息可能比较那啥。

问题19:也就是说不同地区所以有不同差异?

回答19:但是××那有个××地区,我们有同学在那上口译。他们那也不错。有两个:一个是笔译,一个是口译。都是分开的。他们平时训练的强度也特别强,要求的也特别高。学生在里面,肯定能学到不少东西。

问题20:那的老师也是老外吗?

回答20:这我没问。但是他们每天都要做,每天都要练。我们当时啥都没布置,说实话,一学期能做个三四篇、两三篇吧。就这还是××老师要求的。其他老师要求的特别少,一学期就做一篇吧,算是期末考试。

问题21:英译汉和汉译英?

回答21:对。感觉还是要求上边跟人家的差距太大了。感觉学校好像把翻译硕士顾不过来的,而且还招了那么多人。本来说招30个,后来招40个。感觉是力不从心。

问题22:其他学校招生的人数怎么样?

回答22:人家一个班就是20个人吧。不是好像,就是20个人、十来个人。不会像这是40个人。我一说40个人,人家说,你们那好强呀。

问题23:如果非要说一点翻译硕士对你的帮助的话,你感觉自己哪方面得到提高?

回答23:以前不喜欢翻译。虽然不知道学了啥,但是后来能翻译东西了。我敢弄这个东西,这个事情了。而且我这人还比较负责,不太出错的,接的活比较多。在这一点上,算是有点进步吧。大学的时候,我跟你说过,我一点都不喜欢翻译。为了考研,才选了这个方向。后来能做翻译了,而且也不太排斥。后来觉得累,收入低,也不做了。但如果按七八十给的话,毕业后做这个的可能性很大。因为挣不来钱,还累人,才不做了。

问题24:对于需要提高的,但当时未能得到提高的,你觉得有哪些方面吗?

回答24:咋说,当时的课上得没啥质量。我自己私下里练得也不多。但是研二那一年练得够多了。我觉得研一的时候,理论课和实践课没结合起来。这样说好像也不太对。老师讲,也就是把课本上的PPT做一下。我觉得好像也没啥。说不上来。

问题25:跟你的期望有什么差异?

回答25:期望当时是有的。当时想着,起码都练了一年了,把人事部的笔译考试能过了,后来发现还是差很多。而且人事部出的题,平时我们也练了些。考试的时候,感觉跟我平时做的根本不是一个套路的。他们时政类的多一些。我平时做的都是工程类的。语法我肯定都没问题。工程类的是把意思传达就可以了,但是时政类的,说法都有个套路。当时想着把那个考试一过,这样翻硕算是比较成功,圆满地完成了。

问题26:你们班有同学过了这个考试吗?

回答26:有一个。这个女生本科就是这儿的。我听别人说的,她从大四的时候,就开始自己做翻译。上了翻译硕士后,自己还开了一个小型的翻译团队公司。她接活,然后找下面人做活。特别忙。她翻译的量,应该是我们班最大的。她好像是考了两次,还是三次,才过的。我们同学,××师大的,20个人,过了3个人。

问题27:除了不熟悉内容外,还有什么原因吗?

回答 27：单词积累不够吧。我查了好多单词。人家说单词，能不查最好不查。考试的时候，时间特别紧，好多人都做不完。感觉我查单词查得多。因为英翻汉里面，好多单词都没见过。××师大的考过的同学给我说，不要查单词，推敲一下，把意思大概翻出来。查单词，根本做不完。我当时凑合做完了，但是感觉英翻汉不太好，汉翻英还行。

问题 28：你认为上不上翻译硕士是否有助于你考这个翻译资格证？

回答 28：上翻译硕士时，学校里面开始没说，非要考过这个证才毕业。大家松了一口气。如果说非要考过才发证，或者说起码要考个证，我们大家，至少我自己不是平时那个状态。都怪自己，不够努力。跟学校里面的要求也有关系。毕业，拿学位，心里没有那么大的疙瘩了。能努力就努力，努力不了就算了。也是有点关系。自觉性不够。我觉得我读研这三年都没有我大学四年努力程度多。现在毕业了，本来还不好意思说，后来想其实也没啥。

问题 29：读了翻译硕士，有没有使得你对翻译更有兴趣了？

回答 29：没有。从一开始，就是调过来的。当时很多报翻硕，是因为翻译硕士不用考二外。考试的要求比较简单些。好多人就报这个，包括考到其他学校的。我当时一心一意学了二外，打算考学术类的，就没想学这个翻译。所以就从来没练过。我复习考研的那一年，考翻硕的练翻译的这块可多了，我压根都没练过，就这样进来了。不爱学，也不感兴趣。第一年就晃过了，到研二的时候，不干这事也没其他事，而且我们当时说到研二第二学期的时候要交够十万字的翻译，汉翻英、英翻汉各五万字。为了这个任务，才逼自己做这个翻译。做着做着，只要一上这个道，就不那么排斥了。但是也不是非常喜欢。就是还能做，做了一年。后来就再不做了。把这个任务完成了，到研三、现在，做的字数可能特别特别少。

问题 30：你觉得整个社会给翻译的报酬怎么样？

回答 30：真低，真低。而且我之前还看到一个帖子，说上翻译硕士的人太多了，搞翻译的太多了，翻译的质量参差不齐。很多人为了做翻译，要求就不高了。这样把整个行业的价位就给拉低了。其实这个行业，质量好的话，价位还是可以的。但是因为人太多了，都做翻译，做得不好的也是那么个要价，把好的要价也给拉下来了。整体水平不太高。反正像我翻译的，别人翻译的，拿到一起看的，谁也都差不多。但是价位就是那个价位。有的不如你的，人家还拿的价位高。整个不太好。整个行业不太好，所以没人打算从事这个行业。

除了人多，可能是水平不高。像特别高的水平，它给 45，人家不干。但是话说回来，自己那能力，想找个一百的，我觉得我找不到。

问题 31：接活的时候，翻译公司对你的能力有要求吗？

回答 31：公司一般发测试稿。人家根据你做测试稿的质量，决定要不要录用。

问题 32：你觉得翻译的社会地位如何？

回答 32:社会地位跟挣的钱是一样的。挣得多的,地位好点;像我们这种,完全是拿命在换钱。不花心思,不费事,你的钱就挣不来。你说这地位,我觉得挺卑微的。

问题 33:如果有人咨询你,要不要读翻译硕士,你会怎么建议?

回答 33:要读就读好的,要不然就别读了。好的就像那种专业性的,整个从师资力量、课程设置比较好一些。那些大学的可以读一下,其余的像这种练手的就算了。

后来也有人找我,说她想读翻译硕士。我说,你能考学术的,就考学术的吧。考不上学术的,你再看看其他学校的学术的也行。翻硕感觉就是不太那啥。不建议读翻硕,不建议读这儿的翻译硕士,可以考虑一下××外的。那的确实厉害。我当时有同学考那的。考研的时候大家一起复习,天天做翻译,我觉得她翻译的可好了,就那样天天练,还差了两三分没考上。感觉那的竞争可残酷了。这样的话,进去后才能正儿八经学到点东西。

问题 34:到底有没有学到?

回答 34:反正人家比我们任务多,比我们活多,比我们要求高,特别是口译那边的。天天练,天天做。不管是老师要求的,还是自己练的,就挺严格的。我们这正儿八经没人管。

问题 35:你所了解到的他们的就业怎么样?

回答 35:××外的我了解还不太多。就是有人愿意做翻译。我有个同学,虽然是日语的翻硕,她就想找一个和翻译有关的。她不想找个外贸公司的。我们都没人想干这个。

问题 36:不同的大学,好像是有些不同?

回答 36:××大要是把这个开好了,考起来也没那么容易。但是我感觉一年比一年多。我们第一年是 40 个,第二年是 50 个。一年比一年多。后来我听说,管理上是严格了,比我们第一年的要严格些。但是大体上,还是一样的。管不过来,人太多了。要精益求精的话,人不能太多。感觉把我们练手了。练手也行,给后边人提高一下,也可以。但是好像提高也没多大。

问题 37:你们那会,在职的多还是非在职的多?

回答 37:非在职的多。非在职的男女加在一起有十个人左右,十二三个吧。

问题 38:大部分都是被调剂过来的?

回答 38:我记得我们班第一志愿报的是 12 个人,其余 28 人全是调剂过来的。而且这 12 个都没刷,考得再烂也上了。

问题 39:你们班有没有特别喜欢翻译的?

回答 39:喜欢翻译的,好像少吧。反正我们班有那么两三个女生挺用功的。不知道是本身就喜欢翻译,还是学了这个专业。但她们毕业后也没有从事翻译。

据我所知,我们班毕业的是没有从事翻译的。

问题40:有没有后悔过?

回答40:也不能说一点东西都没学到。起码还拿到个学历嘛。我妈说,你就再怎么抱怨,起码你还拿到个学历。好多时候我都不愿意这么想。因为报××大学术类的,学位是一方面,另一方面是我想把自己提高一下,自己有所改变。但是现在证明我确实没有怎么样。能力上面没有怎么提升,但是时间已经过去了。很多人说,你都是硕士了,请教你个问题,这话说得我自己感觉耳朵可那啥了,耳朵可烧了。以前学的都没了,后来的也没多少提高。就我看来,敢做翻译了,是我唯一的有突破的地方。

问题41:是因为有实践了?

回答41:跟实践有很大关系。

问题42:感觉问题挺多的?

回答42:问题就是挺多的,都不敢放到一块想。感觉就是混了三年,混了一个学位。很多时候别人说,你是××大毕业的,我都不好意思说我是××大毕业的。我感觉我在这学的东西太少了,或者不足以让别人说我是××大毕业的。我觉得我的能力真不行。

生完孩子后,找工作的话,翻译的肯定是不从事了,英语的也不一定能从事。再看吧。身边也有人搞跟翻译无关的,编辑、销售,搞得还挺好的。

要是让大家说实话的话,我敢说大家都这样。开始还都抱着希望,后来就都没兴趣了。研二的时候让交翻译任务,很多人都是在网上搜的。

问题43:想了解的就是这些,谢谢你。你有什么想问的吗?

回答43:我就想知道,学校有没有改变。比如说分导师方面。不能让非翻译的导师带学生。我们导师的原话,我对这个还不是太了解,你们有问题,就找××老师多问问。

我就希望,少招点人,好好培养。别像我们这样,可不愿意干翻译了。

我们同学说,××大就是为了挣钱。三年的学费两万七。

问题44:和你们那会不太一样了。谢谢你!

（九）9号受访者（女,毕业生）

问题1:××,你好!我是××介绍的,在进行一个有关翻译硕士培养的研究,可以了解一下你读翻译硕士的经历吗?

回答1:可以。

问题2:可以先谈谈选择翻译硕士的原因吗?

回答2:当时选择这个,就是因为喜欢翻译。想着出来干和翻译有关的工作。其实我考的时候,有个老师给我说,你考下××大学,这边好像还不错。专业也是新开的。我们是第一届。当时就觉得还不错。因为当时我听到一句话，翻硕注重实效性。因为一直在做，出来上岗位的时候，有一定基础。我就觉得这样好，完全不像学硕那边一直学理论。我既可以做翻译，可以学一些东西，实际操作性比较强，才选了这个专业。

问题3：你原来读的什么专业？

回答3：我原来读的就是英语语言文学。因为我们那边是没有翻译方向的，学校本科是不分方向的，都是英语语言文学。考研的时候才分的。

问题4：你本科是在哪上的？

回答4：我是××交通大学。

问题5：那离这还是有点距离。你现在的工作和你学的翻译硕士有关系吗？

回答5：我现在是老师。说没关系吧，都是英语。说有关系吧，和翻译又没有直接挂钩。但毕竟还是教学，教的是英语。跟刚开始的时候的想法还是有差异的。

问题6：平时有没有做翻译的机会？

回答6：以前有。在学校的时候，就做翻译。我不是今年才刚上班，这段时间没有。不过前几天有一个。这个东西没有扔掉，但也没有把翻译当成主业来做。

问题7：你现在是在什么学校当老师？

回答7：高中。

问题8：回顾翻译硕士学习经历，感觉自己哪方面的能力得到提高了？

回答8：我觉得读翻硕对我本身没有多大的提高，因为我读研的时候，一直在外面代课，代本科生。现在回想起来，那三年都是我自己去实践，去教学，都是自己实践得来的；反而课堂上理论这些我没有学到多少东西。回来觉得教书这个职业还不错，侧重点就不在翻译上了，在教学方面。因为我们学校只有研一有课。学制本来是两年，他们非要弄三年。研二这一年就是实习。实习学校根本就不管。研三回来就写论文。研一就在上课，其他时候自己在干自己的事情。感觉跟学校好像没多大关系。

问题9：你觉得学校应如何改进，来帮助学生？

回答9：我觉得学生既然选择这个专业，他肯定喜欢翻译。既然喜欢翻译，他想让自己得到机会，希望学校在实习方面……我们同学大部分当老师了，除了是自己找的翻译公司特别特别不理想，还有学校当时对我们就不好。我希望学校能够，既然大家学了这个专业，实习的时候尽可能帮助学生，给他们提供机会。和公司合作，和企业合作，可能机会要比我们找的好得多吧。我们自己好多时候是找不到的。学校在这方面能多帮助帮助学生，做到为学生着想。

问题10：有没有哪所大学在这方面做得比较好的？

回答10：我听说人家××院做得挺好的。我们一块的有去听过，人家那边翻硕挺重视的，课程也挺好的。我自己不太了解。

问题 11:你们班毕业的同学从事翻译的多吗？

回答 11:基本上，我身边的，我知道的，基本上都是老师。做翻译的很少。学了这个翻译，反而出来做翻译的特别少。这真的需要研究一下，到底是什么原因。需要帮助以后的学生找一条好的出路。像我们这样，在学，但学了以后，又做其他的职业。我是觉得我这个专业，学了三年，像是荒废了一样。

问题 12:选择这个专业的时候，你喜欢翻译？

回答 12:对。不是因为突然不喜欢了，而是因为觉得自己喜欢这个专业，我想学。学了后，发现我自己适合当老师，因为我和学生相处得特别好。慢慢地喜欢这个行业，所以才会把翻译放弃掉。不是说老师教得不好，学校的关系，完全是因为我自己。

我以前特别不喜欢老师这个行业。做了以后，发现还真好。和学生处得好，特别适合这个职业。

问题 13:你刚才说到希望学校提供实践的机会，其他方面呢？ 比如师资、教材等方面。

回答 13:教材挺好的，老师也不错。但是有个现象，可能我们当时的口译课是口语课，外教代了两个星期，不知道什么原因走了；又换了一个外教，代了也没几天。感觉像代初中生一样，他来了，给你一个话题，几个人一组就说说说，最后叫一个同学总结下观点。非常简单的那种。毕竟学翻译，到了读研的这一步，想学深层次的东西，后来没几个礼拜，又走了。后来院里的老师代了两个礼拜，又换了一个。口译课需要特别优秀的老师，能出口成章。那个老师也不是说不好。给学生代课，不能三天两头换老师。

问题 14:通过和大家的交流，可能是什么原因使得大家没有选择翻译职业？

回答 14:我想主要是跟自身的专业素养和能力有关。素养和能力不是特别强的话，你想去一个公司，人家是不要你的。去个一般的公司，你干的活和你获得的报酬，根本不成比。还有一个原因是，读研出来，年纪也不小了，做翻译这个职业不是一个稳定的职业，有可能要出差，跟着项目走，这个时候，当你有了家，有了孩子，你不可能再到处跑。我觉得跟这个也有原因。

问题 15:你觉得现在的翻译，收入怎么样？

回答 15:我有个同学，读研的时候，给一个慈善机构做翻译。我们那会一千字是五六十，他好像一千字能赚好多钱。其他的，我身边的，都是不太好。

问题 16:翻译职业的社会地位怎么样？

回答 16:两个极端。高的特别高，给国家总理做翻译，社会地位很高。但要是一般的，翻译公司的，社会地位真的不高。可能是因为刚进去的，人家用得比较多，赚得又那么少，社会地位不高。可能慢慢地，业务熟了，就好了。

问题 17:要成为一名好的翻译，最重要的能力是什么？

回答 17:最重要的,真的,一定是自身的专业素养。你自己有能力,到哪都可以。自己强大了,到什么地方都是强大的。一定要靠自己。

问题 18:这个"强大"具体应如何实现?

回答 18:自己努力。我记得我当时我考××口译证的时候,那时候还挺努力的。每天都去图书馆,每天都坚持听、说、写,就觉得还可以。后来考过之后,慢慢就放下了。然后一放下,就感觉立马就不行了。要坚持学,每天给自己定一个时间。这个时间要做什么。做好计划,定好时间,一定要坚持。坚持一段时间放下,前边的工作就白费了。

问题 19:当时这样做的原因是什么?

回答 19:当时就想着多一条路。给自己把路留宽。想多给自己一个机会。

问题 20:什么"路"?

回答 20:翻译证。我毕竟学的是这个专业,当时想往教师这个行业转,当学了专业,我也不想放弃。所以我把两者都坚持着。主业是教师,可以把翻译当副业。当教师平时空闲的时间,完全可以做翻译。专业没有扔掉,还可以给自己赚些外快。当时就这样想的。

问题 21:决定考翻译证是受其他人影响的吗?

回答 21:当时我和宿舍关系好的一个,一起考的。当时时间比较多,就决定考个证。我们俩结伴而行,一块去图书馆,一块吃饭。两人在一块互相鼓励。一个人的话,时间长了,就不想起来,不想去了。两人在一块,就一直坚持着。

问题 22:周围同学中,像你们这样的多吗?

回答 22:我们班上就我们俩考了。

问题 23:考的是几级的?

回答 23:三级。想着先考一个简单的。

问题 24:后来继续考了吗?

回答 24:没想。考完了,就想着算了吧。好像有个什么事,时间比较紧,就没有坚持这个。

问题 25:如果当时继续把口译的证书也考了,会不会对自己有什么作用?

回答 25:我觉得对我现在的职业没有什么大的影响。当时花费那么大精力和时间,现在想想觉得很可惜。觉得稍微坚持一下,不管考过没考过,对自己有个交代,不像现在半途而废那样要好。

问题 26:如果现在身边有朋友要考翻译硕士的话,你会如何建议?

回答 26:只要喜欢就去做。但是选择了,就要好好学。不能像我这样,因为到最后,我没有坚持我这个专业。不能说转行,但我转了一个小行吧。我会把我的经验都告诉他。学好了,肯定有用处。

问题 27:如何学好呢?

　　回答 27:努力、坚持。一定要坚持。上课老师讲的理论,一定要好好听。我以前上课的时候,听一听就玩会手机。课要好好上,但是最重要的一点是要实践。如果学校没有给你机会,你无论如何要自己找机会。不要等着学校安排。刚开始做翻译的时候,不要想着钱多还是钱少,要看这个东西能不能让我自己学到东西。学到的东西,对自己以后的职业有没有帮助,这是最主要的。一定要好好学。做翻译一定要坚持做。

　　问题 28:如果有人想报考你所就读的大学,你会如何建议?

　　回答 28:好呀。今年就有个学生问我,我说你要考就去考。因为和××院比起来的话,××院做了好多年,在很多方向肯定要比××大成熟,××大才是第二年。我就说你觉得你考得上××院,就去考××院;要是觉得自己差一点,考××大也不是说不好,因为它是刚开的专业,老师也挺重视的。给我们上课的老师都挺好的。你就去考。但你考上之后,我就把我不该做的事情都告诉她。人家要考的话,我肯定会建议的。因为毕竟是自己的母校。我没有觉得我的学校不好。

　　问题 29:如果在东部和西部的高校做个选择,它们之间有什么不一样吗?

　　回答 29:肯定不一样。肯定去东部好。你要有能力,就去东部,去发达地区。发达地区先不说学校怎么样,人家的机会,跟人交流,各种机会,外贸公司多多呀,机会多多呀,肯定去东部比较好。

　　问题 30:就××省而言,你觉得哪所大学的翻译硕士最好?

　　回答 30:××院。

　　问题 31:是因为它开设的时间长?

　　回答 31:时间长是一方面。××院是外国语大学,人家就是搞语言的,肯定要比其他的要好。因为你本身就是学语言的搞翻译。我听人讲,它们的课特别好,而且对翻硕特别重视。

　　问题 32:下来是哪所大学?

　　回答 32:那就是我的母校。这个我是有点自私,毕竟是自己的母校。我还真不知道还有哪些大学有翻译硕士。

　　问题 33:整体而言,你对自己的翻译硕士学习经历满意吗?

　　回答 33:比较满意。因为我在这个城市的三年,进步特别大。我跟我以前上大学的时候,是完全不一样的。像我现在和你说的这些话,我以前都没有胆量说,进步特别大。

　　问题 34:哪方面的进步?

　　回答 34:比如说与人的交往,人际关系,自己的专业素养。我觉得我最主要的成功,也不能说是成功,最主要的收获是从课堂上学到的东西,上课的感觉。

　　问题 35:这些和翻译硕士的课程关系大不大?

　　回答 35:不大。

问题 36：也就是说你是其他方面的进步大？

回答 36：对。就是我自己整体的提升吧。

问题 37：是什么使得你得到整体上的提升？

回答 37：社会实践。教书。给大一、大二、大四都带过。

问题 38：这和你以前大学所在的城市不一样？

回答 38：肯定不一样。这从各个方面都比那要好多了。

问题 39：想了解的就是这么多了，谢谢你！

（十）10 号受访者（女，毕业生）

问题 1：××，你好！想了解一下你以前读翻译硕士的经历，可以吗？

回答 1：可以。

问题 2：下面的访谈是我的一个研究项目，所有的内容都会匿名的，请你根据实际情况来说，好吗？

回答 2：好的。

问题 3：首先请说一下你本科是在哪所大学就读的？

回答 3：××学院。

问题 4：什么原因使得你想到××？

回答 4：这边离家近。××感觉城市也挺好的，我有亲戚老来这边出差，推荐我来这边。

问题 5：选择××大学读翻译硕士，是什么原因？

回答 5：当时在网上看的，××大刚好有翻硕这个专业。刚好也离家近，在××。比如说××大学也有这个专业，但是在××，挺远的。也是考虑到那边的环境，感觉××更适合。

问题 6：××也有其他大学开设了翻译硕士，当时有没有考虑过？

回答 6：当时考虑××大学招的人多，上的可能性大一些。我记得当时上面写的是招 50 个吧。××大学是个综合类院校，其他的，××外也招，它是语言类的。

问题 7：这两所大学可能的差异会是什么？

回答 7：××语学院可能要求口语更强，语言类的。

问题 8：培养出来的翻译硕士，会有什么不一样？

回答 8：感觉那边平时更注重口语的训练。这边就是笔译。我选的就是笔译，那边有口译和笔译。但是我同学进去后，也是分到笔译班了。

问题 9：和同学交流后，有没有发现一些两所大学的不同？

回答 9：也没怎么交流。应该差不多吧。

问题 10：毕业后，你从事的是翻译工作吗？

回答 10：其他工作，不是翻译。

问题11:现在的工作和翻译有关系吗?

回答11:没有关系。

问题12:毕业快一年了,你如何评价自己翻译硕士的学习经历?

回答12:有好有坏。学校开设的课程更偏向理论方面,应该多开些实战型的、实践类的。笔上功夫的课多一些。应该给安排一些翻译公司去实践。好多学生自己找的,都是一些学校。好多毕业后,也都找的是当老师的工作,和翻译不挂钩了。

问题13:你认为应如何改进各方面的情况?

回答13:有的课写的是文学翻译,或者非文学翻译,光听课程,大家还以为是实践性的,但是正式上课后老师讲的更偏重理论性。给你讲它的简史、背景。课上不做实践。就算老师布置了一些课下的作业,下堂课来的时候,也不说上次布置的作业。翻译的好坏也不做评价。感觉自己的翻译水平没有什么提高。都是自己在下面练习,自己翻译。

问题14:师资情况如何?

回答14:学术方面没的说。但是实践方面少,实践方面就没有什么,也不知道老师的情况。

问题15:对于师资方面,有什么建议?

回答15:希望老师上课,除了上课本身,讲一些理论知识,让大家对这节课有大概的了解;其次就是老师要准备一些实战型的案例,让学生在课堂上翻译。就算这节课没时间讲解,下节课再回头讲上节课的任务。用PPT的方式呈现给大家,说一下怎么翻译的效果会更好一些。这样大家会学到一些翻译的技巧吧。

问题16:有无职业翻译给你们上课?

回答16:没有。基础口译那门课是看着课本,练习口语说话。但是那个有利有弊,好处就是大家在课堂上能口语交流,练习练习口语,能够想一想口语怎么说,动脑筋;问题是老师也没怎么说如何翻译会更好。只是练习,对于练习的成果,没有什么评价。

问题17:是否满意自己翻译硕士的学习经历?

回答17:还行吧。大家可以互相交流一下,翻译的知识理论能有所了解和提高。但是遗憾的是,实践的太少了。毕竟学的是笔译专业。笔上功夫有点少。基本上大家私下自己去练习,提高也是自己去提高。老师对这方面的指导少,提高的大部分都是理论知识的提高。

问题18:和入学时相比,感觉自己哪方面的能力通过翻译硕士的学习经历,得到了提高?

回答18:翻译东西的想法吧。本科就会以这种方式去翻译,翻译的比较浅表一些。通过三年学习,有理论知识的积累,多看了一些翻译资料,也有分配的任务,翻译水平比以前有所提高。

问题19:要胜任翻译工作,什么能力最重要?

回答19:翻译技术方面的能力。词汇量,英语词汇量,还有结构、语法。主要是这些。

问题20:什么原因使得你毕业后没有选择做翻译?

回答20:之前也想过找个翻译的活。本科的时候有外教,外教不太支持我们做翻译。他觉得这个工作对女孩子来说,太辛苦,太累了。其次就是大部分人,家长、亲戚朋友觉得翻译可以当个兼职的工作。好多网上有这种兼职翻译,全职翻译的还是少。

问题21:你觉得翻译的收入如何?

回答21:翻译收入还算可以吧。也可以了,对于女孩来说。我现在在××,这边的翻译公司比较少。跟自己所处的地方有关系。

问题22:翻译的社会地位怎么样?

回答22:社会地位可以,挺好的。

问题23:是因为累,所以不想做翻译?

回答23:对,对。之前我有同学实习的时候做翻译,天天对着电脑,天天也有任务量,完成的质量要和组长、师傅商量,不停地打回来修改;有的时候还会加班。我觉得对女孩子来说,有点累。

问题24:现在的工作累吗?

回答24:现在可以说没有不累的工作。哪个工作都不好干。

问题25:如果有人征求你的意见,要不要读翻译硕士,你会怎么说?

回答25:我会先问他,你觉得你翻译的怎么样? 你喜欢这个职业吗? 如果他很感兴趣的话,会建议他读翻译硕士的。和个人的兴趣爱好有关系。如果他自己也不清楚,如果家里更倾向让他当老师,他也想当老师的话,他可以干一个英语教育类的。

问题26:你当时选择读翻译硕士,是出于兴趣吗?

回答26:出于兴趣。首先是因为翻硕不用考二外,因为我的二外不是很好;其次是本科的时候,也有上翻译课。当时自己的成绩也还行,自己也挺有兴趣的。

问题27:但是毕业后没有做翻译?

回答27:虽然说我干着现在的活,但以后会兼一些翻译的活。现在每个人光靠干一份工作的话,都不行。除非是那种国企单位,或者自己创业。

问题28:现在的工作和英语有关吗?

回答28:没有关系。我干的这部分和英语没关系,不过我们公司其他部门的有和英语有关系的。但关系也不大,只会涉及一点点。

问题29:你会建议那些想考翻译硕士的人,报考你所就读的大学吗?

回答29:差不多,也会吧。因为××大学的名声在外面也是挺好的。有时要么看专业,要么看学校的名气。像我同学读的是计算机,教育类的,这个专业不是很好找工作。但是她选的学校是××外国语大学。选了一个名气很好的大学,专业不是很好的大学。

问题30:如果在××大和××外之间选择的话,你会如何建议?

回答30:我得看她学的是什么专业。

问题31:还是翻译硕士。

回答31:得看她英语学习的好坏了。如果她的口语挺好的,笔译也挺好的,就是××外;如果都是中流的,一般般,就是××大学。

问题32:这两所大学的毕业生在能力方面有差异吗?

回答32:差异应该不大。因为那边好像他们的实践课也不是很多,大部分出来也是当老师。

问题33:东西部高校的翻译硕士有区别吗?

回答33:东部沿海地区毕竟发展得好一些,城市发展也快,生活节奏快,高校也多,人的机会也多。发展会更好一些。好多也说不准,综合来看。

问题34:想了解的就是这些,你有什么想补充的吗?

回答34:没有了。

问题35:好的,非常感谢你!

(十一) 11 号受访者(女,毕业生)

问题1:××,你好! 想请你谈谈自己读翻译硕士的经历,好吗?

回答1:好的。

问题2:当初选择读翻译硕士,你是出于什么原因?

回答2:我们当时不是第一届。我当时也不知道翻译硕士,我是被调剂的。

问题3:你本来报的是什么?

回答3:本来报的是学硕,是文学。以前××大文学和语言学的分数线是一样的,到我们这年,因为报文学的人太多了,文学的分数线高了,392 的分数线,但是语言学的分数线是 361 还是 368,我考的是 380 多,就被调剂到专硕这边了。

问题4:你本科学的是什么专业?

回答4:本科学的是,其实侧重的是翻译。

问题5:也是英语专业?

回答5:对。

问题6:你本科是在哪上的?

回答6:××文理。

问题7:你们家就在这?

回答7:不在这,在××。

问题 8：当时报考××大，是怎么考虑的？

回答 8：但是考研的时候，想着××大是 211 呗。不知道为什么一开始就不喜欢××师大。××外，当时不知道有专硕这个情况，学硕那觉得挺难考的。当时就选××大了。结果那年考××师大的录取率还比较高。考这两个的都不行。

问题 9：毕业后这么长时间，你在做翻译吗？

回答 9：当老师。

问题 10：英语老师？

回答 10：对。

问题 11：平时会做一些翻译吗？

回答 11：现在做翻译很少了，几乎不做了。去年还在做，不管是网上的，还是什么的。

问题 12：是什么原因？

回答 12：当时我们上学（翻译硕士）的时候，不是研二，第二年一年都属于实习期。去了翻译公司，去了两个月不到。那两个月觉得其实翻译真挺累的，而且还不挣钱。他给我们每天的量在 5000 字到 7000 字左右。我们每天都在翻，而且不给算工作量。每个月就领实习工资 500 块钱。两个月挺难熬的。……国外翻译的价比国内的高得多。我们是在网上接的，就是国内这边的，一千字的好像是四五十的，但是，我当时弄美国的这个，他给的是一千字在 300 左右，200 到 300 左右。……有一次译得特别少，才两百多个字，他给我 60 多块钱。国内的还是低。我们当时（实习的翻译）公司给客户的报价是，汉译英好像就是一千字 110，英译汉是 100。公司给客户报价已经很低了。但是给公司里的专职笔译是，好像是一千字 15 还是 20。然后给兼职译员，兼职译员一般比专职译员的水平高一些，好像给他们的是 35 或 40，一般都不会超过 50。国内翻译相对来说工资比较低。

问题 13：你当时给国外翻译的是什么？

回答 13：他们做的比较专，是法律方面的，不是我的强项。只有那些公共领域的，他才会考虑到我。他把大家的长处摸索出来，然后看适合你的才给你。我当时翻译的都是什么×战警、问卷调查什么的，就是 iPhone，还是 Windows 旗下的一些问卷调查。我觉得应该让一些职业译员来给翻译硕士授课，应学习一些翻译软件。咱学校最大的一个缺点是没有细分方向，应分成商务、旅游、会展，都可以细分一下的。……三年学习主要是对自己对于翻译的认识有帮助。

问题 14：如果还有类似的国外的翻译的活，你会考虑吗？

回答 14：可以考虑。只要翻译的量不是特别大，强度不是特别紧。因为他们这些活是限制时间的。比如说今天给你，说明天早上 8 点之前要。不管难度还是字数，都是让自己克服。

问题 15：对于他们的要求，你感觉怎么样？

回答15:感觉他们这个公司好点。我之前给他们说过了,我的强项不在法律,公共领域还将就可以应付。但之前在翻译公司实习的时候,公司不管接什么活,都给我们分下来。那个时候感觉难度挺大的,但是为了按时完成工作量,其实翻译质量不是很好。

问题16:在决定要不要接受翻译任务的时候,收入是一个重要因素吗?

回答16:因为翻译这个活跟其他工作的要求不太一样。好像没有什么翻译活还挺轻松的。但是只要工作量一大,每天都在加班。当时是白天在上班,晚上在加班,周末也在加班,就是当时在翻译公司实习的时候。工作强度太大,自己的付出和回报不成正比,也是一个因素。

问题17:你所了解到的,国内翻译整体收入如何?

回答17:还是低。当时翻译公司给外边报价就低。一千字汉译英是110,英译汉是100。给客户报价这么低。给专职员工好像是一千字15还是25块钱,然后给兼职译员,他们水平一般高一些,给他们是35或40。一般不会超过50。因为翻译完一稿后,还要请人校对。国内翻译整体工资水平比较低。我说的是笔译,口译不太清楚。

问题18:你觉得是国家和国家间翻译收入悬殊?

回答18:对。

问题19:你有没有了解美国翻译的收入与其他行业相比的情况?

回答19:没有了解。

问题20:翻译职业的社会地位如何?

回答20:地位? 我觉得做笔译的都是默默无闻,不为人知,属于幕后工作者。

问题21:你觉得大家向往翻译职业吗?

回答21:有点差距。就拿笔译和口译来说,你听过很多口译人员,不管年轻还是年长,你都会知道。但是笔译工作者,你知道的很少,除非是老师平时告诉你哪些作品是谁翻的。大家一般看到作品的时候,不太注意这个译本是谁翻译的。如果是学语言的,才可能会注意到。

问题22:这种情况会得到改变吗?

回答22:以后应该会改变的。

问题23:如何改变呢?

回答23:我国本身已经很重视英语了,外语人才多起来,就有这种意识。应该把翻译工作者的地位给提高一下。政策应该有倾斜。工资上,宣传上,做一些工作,可能会起到作用。

问题24:还有什么呢?

回答24:国家政策得倾斜。学校、教育部门,要宣传,多鼓励。师资力量,除了学校的老师,还应该有一些社会上认可的经验丰富的译员。让学生多接触一些翻译软件。因为我们当时上完学之后，就学了些理论。去了公司，我们用的还是有道、谷歌这些。只是查查词。我当时给美国那个做的时候，他就有个软件。当时给我传过来，让我自己在电脑上装。他那相当于译文已经出来了，修改就可以了。他那是一句一句的，不能整篇往上粘。他们的软件高一些。翻译的文本的质量比谷歌和有道的好一些。

问题25：其他方面？

回答25：翻译硕士是专业学位。当时我们很担心，是不是只发一个证。为这事，我们还专门问了好几回。

问题26：你如何看待三年的学制？

回答26：三年的学制，对于我们来说是浪费。我们当时有一少部分，1/3的同学去实习了，剩下的那些都没有正儿八经的相应的实习，都是当先工作了。学校要是推荐我们去一些优秀的公司去实践的话，不管是私立的，或者是跟政府的，因为政府各部门没有翻译这部门的存在，做做也挺好的。

问题27：给你们上课的老师，有职业翻译吗？

回答27：没有。都是学校的老师。

问题28：有邀请外面的人给你们做讲座吗？

回答28：讲座好像也很少。学校是第一届，不是很重视。当时的讲座都是学术的。在学校的一两年，也听了很多讲座，都是文学、语言学的。翻译的，几乎是没有。

问题29：如果有人想当翻译，你认为你以前的翻译硕士课程能否培养出这样的人才？

回答29：我觉得很难。如果基本功好的话，可能做笔译还行。但是我觉得学校最大的缺点是，应该把这细分一下。分方向。不管是中外翻译理论，文学翻译、非文学翻译、商务翻译，学的科目很多，没有一个是真正用得上的。其实应分成商务、旅游、会展、经济，细分一下。这样第一学期学理论，以后可以投入实践中去。

问题30：其他还有哪些方面你觉得学校和院里可以改进的？

回答30：专业方向细分一下。师资力量方面，得填充一些译员吧，一线的译员。相当于聘任兼职老师。可以先做讲座，后来可以和这儿的老师合代一门课，可能会更好一些。课程应该和实习或者实践结合一下。

问题31：你所了解到的，给你们代课的老师平时做翻译吗？

回答31：有老师做，也有老师没做。有老师做文学翻译的，也出版的，挺鼓舞人心的；还有老师做非文学翻译，平时也在接一些翻译活。听到这些，我们还是挺有信心的，但是其他老师就是很少听说。

问题32：上了翻译硕士的课，对你哪方面的能力帮助最大？

回答32：对翻译的一个认识吧，一个更深层次的理解。以前以为只要把两种语言掌握了,就可以出去做翻译。理论是必要的,但不是全部的。

问题 33:要想胜任翻译工作,什么能力最重要?

回答 33:如果侧重非文学翻译,笔头功夫最重要,包括对母语和外语的掌握。一定要多练,有正确的引导。练习的强度应该加大。

问题 34:具体来说呢?

回答 34:当时给我们的翻译量是 10 万字的英译汉或 5 万字的英译汉,但是我们把这些东西交上去后,没有回馈。我们也知道对于老师来说,任务量非常大,但是老师要进行一些指导的话,我觉得会好一些。或者说把这些转化为平时,让我们不断地翻,就跟作业一样,给我们批改,这样可能我们的进步会大一些。虽然说硬着头皮做了 10 万字翻译,只是做了,交了,但是最后没有什么真正的价值。

问题 35:和同学交流所了解到的其他院校翻译硕士培养情况如何呢?

回答 35:我有同学在一个外语院校,我觉得他们的强度特别大,每天都特别累,他们最后的能力会比较强一些。我们这届人比较多,我们的导师一直不确定,刚开始还说有一部分是社会上的译员什么的。但是我们到研二的时候才定的导师。咱学校不是翻译的老师少,有好多都是文学的和语言学的,有些能沾上边。如果说导师的方向,是语言学文学比较偏的,对我们平常的指导不是很大。而我同学在的外语院校的师资力量比较雄厚一些,他们老师就是平时一直在做着翻译,会带学生做一些翻译或者说项目之类的。但是我们翻译硕士的所有学生在研期间没有跟导师做过项目。

我当时还有同学在××上翻译硕士。我觉得人家现在出来就特别强。她上的是两年,也是翻硕。出来以后在一家国企工作。她学了好几种语言。她当时进那所大学的时候分数不是最高,笔试成绩是倒数第二,是压着线进的。期间主要是他们学校有一个类似于交换生的机会。他们主要是为了传播中国文化,去一些国家教他们武术什么的。她去了半年,去的是××。这个对她之后的成长,作用是非常大的。他们的机会很多,我们学校就没有。可能也有地域的原因,机会非常少。

问题 36:你认为进入外语院校或非外语院校读翻译硕士,毕业后的能力会有差别吗?

回答 36:我认为外语院校毕业的能力要强。

问题 37:你们和导师的交流多吗?

回答 37:这儿的学生太多了。最多是一个导师带的学生有 10 个左右。一个年级就 10 个,还有研二、研三的。老师也特别忙,手底下可能有 20 来号人,根本顾不上。所以翻译硕士班那时比较受冷落一些。明显的感觉。当时分了导师以后,导师就出国了,出国一年。回来时论文已经开题了。一稿已经写了。开题时不在。

问题 38:和班主任或辅导员沟通交流过想法吗?

回答 38:平时他工作也太忙了,不理我们。

问题 39：主动找过吗？

回答 39：关于导师，我们找过。一直到我们开题前，放寒假的某一天，突然把我们叫回去，分导师。不是采取双方自愿，突然之间就被分到那。

问题 40：你认为什么样的方式好一些？

回答 40：如果说导师把方向列出来，学生根据方向、喜好来选老师。双方自愿选择，更好一些。以前都说翻硕实行的是双导师制，一个是校内，一个是校外。校外导师是一线的译员。但学校一开始没有做到这一点。

问题 41：如果有人咨询你，要不要读翻译硕士，你会怎么建议？

回答 41：其实也挺好的。我们是刚开始，发展下去也会好的。而且那么多人读学硕，最后能做什么，我也不是很清楚。学翻译硕士相当于多了一种技艺。想往学术那边走，也可以走的过去。

问题 42：如果有人问是否要报考你曾经就读的翻译硕士课程，你会如何建议？

回答 42：我觉得，我还是会推荐的。首先我是从那出来的。然后，它里面还是有很多好老师的。如果说上××大的翻译硕士，有好导师带的话，也是有好的前景的。再者，现在考试压力这么大，翻硕和学硕相比的话，翻硕的录取率会高一些。

问题 43：想了解的就是这些，非常感谢你！